谨以此书，献给那些在科技成果转化道路上砥砺前行的探索者们。

科技成果转化体系图解

田海燕　赵伟　张雪颖　编著

天津大学出版社
TIANJIN UNIVERSITY PRESS

图书在版编目（CIP）数据

科技成果转化体系图解 / 田海燕，赵伟，张雪颖编著. -- 天津 : 天津大学出版社，2024. 8. （2025.5重印）
-- ISBN 978-7-5618-7814-9

I. F124.3-64

中国国家版本馆CIP数据核字第20241S10Y1号

出版发行	天津大学出版社
地　　址	天津市卫津路92号天津大学内（邮编：300072）
电　　话	发行部：022-27403647
网　　址	www.tjupress.com.cn
印　　刷	北京盛通印刷股份有限公司
经　　销	全国各地新华书店
开　　本	710mm×1010mm　1/16
印　　张	16.75　插7
字　　数	281千
版　　次	2024年8月第1版
印　　次	2025年5月第2次
定　　价	76.00元

《科技成果转化体系图解》

专家委员会

编写委员会

主　编：

田海燕　天津海河教育园区管委会

赵　伟　天津科技成果转化投资服务有限公司

　　　　天津技术产权交易有限公司

张雪颖　天津市科技创新发展中心

　　　　天津天开发展集团有限公司

执行主编：

熊彦锋　王　利　马莉莎

编写成员：

张　峰　熊彦锋　刘　凯　秦　颖　崔国旗　杨　帅

王　利　史晓华　罗　伟　翟运红　于明珠　刘思研

刘耀文

序　言

2015年，国家修订《促进科技成果转化法》，吹响了全面推动新一轮科技成果转化改革的新号角，科技成果向经济、产业和社会发展转移转化的速度和效果大幅提升。

天津市积极贯彻落实国家法律法规和支持政策，密集出台了一系列促进科技成果转化的新政，形成了较为完整的政策体系。为推动政策扎实落地，天津市面向全市高校院所、科技型企业开展政策宣讲与服务，解答成果转化难点和堵点问题，编制系列工作指引，服务社会各界。同时，科技、财政、人社、教育、组织、纪检、审计等部门协同配合，解除科技人员在技术入股、收益分配、职称评审、尽职免责等方面的顾虑，大大激发了科技人员成果转化活力，涌现了一批亿元教授、千万级教授，创办了一批科技型企业。十年间，全市技术合同成交额从400亿元增长到2 000多亿元，增长了4倍。

但是，科技成果转化政策出台密集、逻辑性强，政策要点需要融会贯通。转化过程涉及高校院所、资产管理公司、科研人员、合作企业等多个主体，涉及资产评估、合同签订、产权变更、技术合同登记、国资管理、财务管理、工商登记、收入分配等多个环节，涉及企业所得税、企业增值税、个人所得税等多个税种，法律和政策问题复杂。面对市场海量的需求，虽有众多政务服务人员和技术经理人，但仍应接不暇。《科技成果转化体系图解》一书，正是在这样的背景下应运而生，它以图解的形式，系统梳理了科技成果转化的全过程，为社会各界进行实操提供了一幅幅清晰的路径图。

《科技成果转化体系图解》编委会成员长期从事成果转化实践工作，结合经验，从政策体系、操作方式、主体要素三个方面，为读者提供一套清晰、系统的科技成果转化知识框架和操作指南，帮助从业者更加顺畅地开展成果转化。这本书的专委会汇聚了众多科技管理、产业经济、法律政策等领域的国内知名专家，他们以深厚的学术功底和丰富的实践经验，对图书的完善提出了大量指导意见。

值得一提的是，此书不仅注重科技成果转化体系的完整性，更强调实践的可操作性。书中大量采用了图表、案例、流程图等直观易懂的表现形式，使得复杂的转化过程变得一目了然。这对于广大科技工作者、企业管理者、政策制定者以及相关从业者来说，无疑是一本极具参考价值的工具书。

此书既是向《促进科技成果转化法》颁布10周年的献礼，也是社会各界共同推进科技成果转化峥嵘岁月的见证。愿此书成为科技成果转化领域的一颗星星之火，与各界明灯形成燎原之势，激励我们砥砺前行。

天津市科学技术局

2024年7月30日

前　言

《科技成果转化体系图解》是一本精心编撰的科技成果转化工具书，旨在通过直观的图解方式，揭示科技成果转化体系的概貌及其内在逻辑。

党的十八大以来，以习近平同志为核心的党中央高度重视科技创新工作，把科技成果转化摆在十分重要的位置进行谋划部署，我国技术转移体系持续完善、科研人员活力不断迸发、技术市场日益活跃。2023 年，习近平总书记在深入推进京津冀协同发展座谈会上提出，“要构建产学研协作新模式，提升科技成果区域内转化效率和比重”；2024 年，习近平总书记在天津考察时提出，“要发挥科教资源丰富等优势，在发展新质生产力上勇争先、善作为”，为做好科技创新工作指明了前进方向、提供了根本遵循、注入了强大动力。

发展新质生产力，推动创新链和产业链融合，离不开科技成果转化，作为连接科技创新与产业焕新的桥梁，其重要性日益凸显。然而，科技成果转化过程的复杂性、多元性、多部门协同性以及不确定性，使得这一领域的工作充满了挑战，在实践中往往呈现出“政策法规多门，操作方式多样，主体要素多元”的特点，使得参与科技成果转化的各类人员不得要领，难以直观把握要点。本书是在总结实践经验的基础上精心编撰的一本深入浅出的工具书，方便读者更好地理解和应对科技成果转化过程中的各种问题。

本书以图表为主要表现形式，系统梳理了科技成果转化政策体系、操作方式、主体要素等关键内容，共分为十二章。本书在编排上，采用了独特的结构设计，每章伊始，都将呈现一张精心设计的核心内容总览图，这张图将作为该章的视觉锚点，帮助读者形成对全章内容的初步理解和预期。随后，每章都围绕这张总览图，逐步展开详细的分析。通过直观的图解，读者可以迅速把握科技成果转化的核心要素，理解政策背后的逻辑，抓住操作流程的关键节点，洞察主体要素间的互动关系。这种图文并茂的呈现方式，将使读者的阅读更加高效、体验更加丰富。

本书三位主编分工协作，其中，田海燕负责全书大纲编排和审稿，她提供了大量前期成果，指导并参与了各章节的编写工作；赵伟负责统筹协调和组织编写，并参与各章节的统稿和修订工作；张雪颖负责全书审核和政策指导工作。

本书还有三位执行主编，其中，熊彦锋和王利分别负责六个章节的书稿统筹工作，马莉莎负责文献综述、全书统核与图文审定工作。

政策体系部分详细解析了现行科技成果转化政策，涉及机制创新、资金支持、收益分配、税收优惠等，并以天津市为例解析了地方科技成果转化政策，方便读者全面了解国家促进科技成果转化的开源、节流、松绑等利好政策，把握政策导向，化“政策法规多门”为“合力支持”。这部分包括四章：第一章科技成果转化政策图解，沿着时间线分别对国家以及天津市的科技成果转化相关政策进行梳理，并从主体、流程等角度归纳提炼了政策要点，作者张峰、张雪颖；第二章以知识价值为导向的收益分配政策图解，聚焦开源，提炼了职务科技成果转化收益分配政策要点，结合各高校、科研院所在政策落实中存在的问题，介绍了权属改革、收益界定、收益分配中遇到的难点问题，作者熊彦锋；第三章技术合同认定登记及税收优惠政策图解，聚焦节流，介绍了技术合同认定登记的内涵、认定标准、登记流程、税收减免等内容，并对照说明了技术合同认定的三个额度及其意义和关系，作者刘凯；第四章领导干部与科研人员尽职免责政策图解，聚焦松绑，介绍了领导干部与科研人员在开展成果转化工作时的尽职条件和免责情形，防止工作出现偏差，作者秦颖，熊彦锋提供部分资料。

操作方式部分通过对比图、流程图、步骤图等形式，展示了不同科技成果转化方式的优势与局限、适用条件与实操流程，为读者提供了一套完整的操作指南，化“操作方式多样”为“巧妙组合”。这部分包括四章：第五章科技成果权属改革操作图解，阐述了科技成果赋权的内涵，并详细介绍了国内外尤其是天津有关科技成果赋权的实践，作者崔国旗；第六章科技成果转化方式操作图解，介绍了多种成果转化方式的特点、可享受的优惠政策、与企业的结合方式等，并对成果转化方式的选择和需考虑的因素进行了详细说明，作者杨帅；第七章科技成果作价投资操作图解，介绍了科技成果作价投资的流程和步骤，包括科技成果价格评估方法、作价投资的操作模式、流程与退出策略等，作者王利；第八章科技成果转化创业操作图解，介绍了专业技术人员创新创业、大学生创新创业、创办企业的常见问题等内容，作者史晓华、刘思研。

主体要素部分分析了政府、高校、科研院所、企业、中介服务机构与投资机构等不同主体在科技成果转化中的角色和动力，介绍了科技成果转化成果评价的标准和方法，探讨了如何激发各主体的积极性，以促进科技成果的有效转化，化“主体要素多元”为“有机协同”。这部分包括四章：第九章科技成果转化参与主体图解，介绍了科技成果转化参与主体的关注点、内在驱动力、彼此之间主要的互动机制等，力求通过有机协同发挥各个主体在成果转化链条中的作用，作者罗伟、熊彦锋；第十章技术转移人才成长路径图解，介绍了技术转移人才的成长路径，并重点从知识与能力、资源与实践两方面阐释积累与成长道路，力求通过提高技术经理人的综合能力，切实发挥其对成果转化各个环节的推动作用，同时实现其个人价值，作者秦颖；第十一章科技成果评估与评价图解，介绍了无形资产评估、专利申请前评估、专利价值评估、科技成果标准化评价的核心思想，并介绍了概念验证和小试与中试验证等应用场景，为筛选高质量可转化科技成果提供参考，作者田海燕，刘耀文整理部分资料；第十二章科技成果转化投融资图解，介绍了投融资内涵及体系、投融资策略、投融资流程与实操等内容，作者翟运红、于明珠。

在编写本书的过程中，编写委员会投入了大量的时间和精力，将科技成果转化的复杂过程以清晰、直观的方式呈现给读者。然而，科技领域日新月异，虽然编写委员会全力以赴，但本书仍有可能未能涵盖所有重要信息，或是在细节上未能尽善尽美，挂一漏万在所难免。非常欢迎读者对本书提出宝贵的意见和建议，这将是编写委员会前进的动力以及不断提升本书质量的珍贵资料。

愿本书成为读者在科技成果转化道路上的良师益友，共同见证科技与经济的辉煌未来。

《科技成果转化体系图解》编写委员会

2024 年 7 月 30 日

目　　录

第一部分　政策体系图解

第二部分　操作方式图解

01

第一部分

政策体系图解

第一章

科技成果转化政策图解

实施创新驱动发展战略以来，以习近平同志为核心的党中央高度重视科技创新工作，把促进科技成果转化摆在十分重要的位置进行谋划部署。以2015年修订后的《中华人民共和国促进科技成果转化法》（以下简称《促进科技成果转化法》）为代表的“科技成果转化三部曲”唱响了全面推动新一轮科技成果转化改革的新号角，在根本制度、实际操作层面都做出了有力部署，科技成果转化“四梁八柱”建设热度与市场活跃度空前提高，科技成果转化成为实施供给侧结构性改革的重要力量。据不完全统计，截至2023年底，国家各部委共出台科技成果转化相关政策50余项，在科技成果转化的收益分配、绩效工资、税收优惠、尽职免责等方面实现了巨大突破，科技成果转移转化体系日渐成熟，科研人员积极性大幅提高，技术交易市场空前活跃。

广大科技成果转化工作者为此雀跃的同时，也深感科技成果转化是一个综合复杂的体系，涉及各个主体、多个环节，而各项政策密集出台，彼此之间存在很强的逻辑关系，他们还需在政策理解和落实上进一步融会贯通。为了方便读者系统掌握、按图索骥、即查即用，本章在深入研读政策体系的基础上，从科技成果转化主体、转化流程等多个角度梳理了国家相关政策法规文件，形成了可视化图谱，并以天津市为例进行了地方政策要点梳理。

一、科技成果转化主体政策图谱

科技成果转化政策是科技成果转化工作的向导，熟悉并熟练运用这些文件是做好科技成果转化工作的前提和基础。本节以科技成果转化涉及的核心主体为基础，对科技成果转化重点政策进行梳理、汇总、提炼，便于读者按照不同主体，在转化的不同阶段按图索骥。内容详见本章总览图1~3。

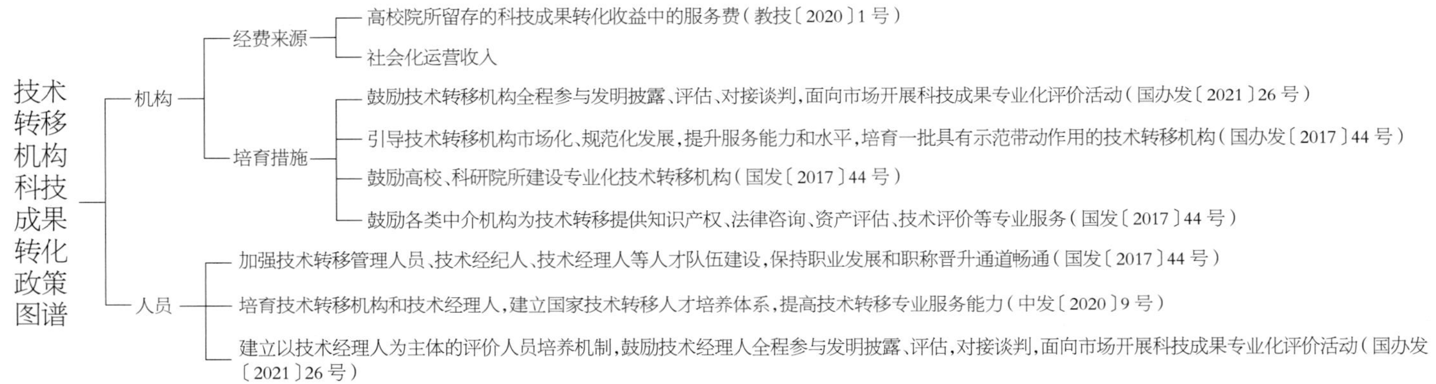

本章总览图 2

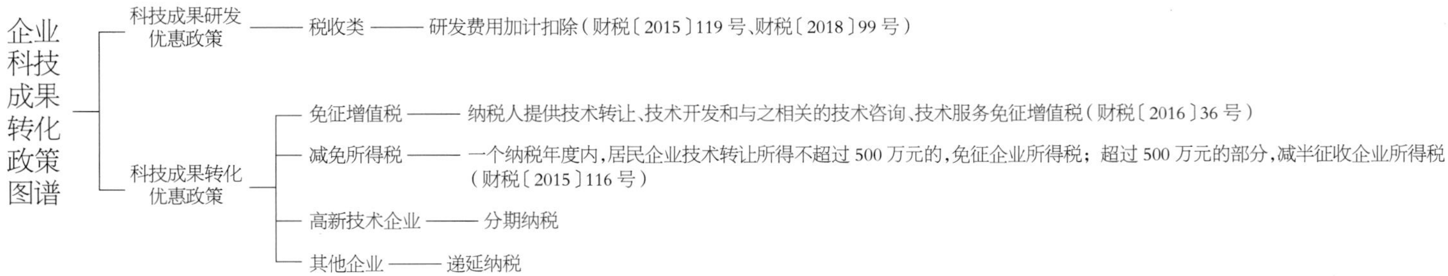

本章总览图 3

二、科技成果转化政策法规一览

（一）国家科技成果转化政策法规一览

近几年，国家密集出台了科技成果转化相关政策，涉及科研、创新创业等多个方面，本节以时间轴为主线，重点梳理了《中华人民共和国促进科技成果转化法》修订以来的政策法规文件，并整理了在《中华人民共和国促进科技成果转化法》修订之前出台的，目前仍在有效期内的科技成果转化税收政策。以时间顺序展现科技成果转化政策法规对各个方面的支持及它们之间的相互作用，可帮助读者理清科技成果转化的发展路径，详见图 1.1。

（二）天津市科技成果转化政策一览

天津市是我国创新资源最密集、产业基础最雄厚的区域之一。近年来，天津市积极贯彻落实国家法律法规政策精神，在国内率先立法通过《天津市促进科技成果转化条例》。在市级层面陆续出台《关于深化体制机制改革释放科技人员创新活力的意见》《关于实行以增加知识价值为导向分配政策的实施意见》等文件，通过加强对高校院所的宣讲，全市科技人员和企业转化科技成果的积极性明显提升。本节以时间轴为主线，梳理了天津市出台的与科技成果转化相关的政策，方便读者查阅，详见图 1.2。

三、科技成果转化核心政策要点

本节总结了实践中广受关注的科技成果转化核心环节，并针对这些核心环节集中梳理了国家的科技成果转化政策要点，方便读者提纲挈领地把握重点政策。以此为基础，通过表格的形式整理政策要点，方便读者查看并对科技成果转化政策文件的重要内容形成简单全面的理解与认识，详见表 1.1。同时，以天津市的科技成果转化政策为例，梳理地方相关政策要点，可对我国其他省份的科技部门及科技工作者的科技成果转化政策运用提供参考借鉴，详见表 1.2。

表 1.1　国家科技成果转化政策要点一览表

序号	政策要点	政策来源
1	基本概念	**《中华人民共和国促进科技成果转化法》** • 科技成果，指通过科学研究与技术开发所产生的具有实用价值的成果。职务科技成果，指执行研究开发机构、高等院校和企业等单位的工作任务，或者主要是利用上述单位的物质技术条件所完成的科技成果。 • 科技成果可以采用以下方式进行科技成果转化：自行投资实施转化；向他人转让该科技成果；许可他人使用该科技成果；以该科技成果作为合作条件，与他人共同实施转化；以该科技成果作价投资，折算股份或者出资比例；其他协商确定的方式
2	权属改革	**《中华人民共和国促进科技成果转化法》** 国家设立的研究开发机构、高等院校对其持有的科技成果，可以自主决定转让、许可或者作价投资，但应当通过协议定价、在技术交易市场挂牌交易、拍卖等方式确定价格。通过协议定价的，应当在本单位公示科技成果名称和拟交易价格。 **《中共中央 国务院关于深化体制机制改革 加快实施创新驱动发展战略的若干意见》（中发〔2015〕8 号）** 不涉及国防、国家安全、国家利益、重大社会公共利益的科技成果的使用权、处置权和收益权，全部下放给符合条件的项目承担单位。 **《实施〈中华人民共和国促进科技成果转化法〉若干规定》（国发〔2016〕16 号）** 鼓励研究开发机构、高等院校通过转让、许可或者作价投资等方式，向企业或者其他组织转移科技成果。 **《中共中央 国务院关于构建更加完善的要素市场化配置体制机制的意见》（中发〔2020〕9 号）** 深化科技成果使用权、处置权和收益权改革，开展赋予科研人员职务科技成果所有权或长期使用权试点。 **《赋予科研人员职务科技成果所有权或长期使用权试点实施方案》（国科发区〔2020〕128 号）** • 赋予科研人员职务科技成果所有权。国家设立的高等院校、科研机构科研人员完成的职务科技成果所有权属于单位。试点单位可以结合本单位实际，将本单位利用财政性资金形成或接受企业、其他社会组织委托形成的归单位所有的职务科技成果所有权赋予成果完成人（团队），试点单位与成果完成人（团队）成为共同所有权人。 • 赋予科研人员职务科技成果长期使用权。试点单位可赋予科研人员不低于 10 年的职务科技成果长期使用权

续表

序号	政策要点	政策来源
3	科技成果评价	**《国务院办公厅关于完善科技成果评价机制的指导意见》（国办发〔2021〕26 号）** 全文皆为政策要点，详细内容可扫码阅读。 **《教育部 国家知识产权局 科技部关于提升高等学校专利质量促进转化运用的若干意见》（教科技〔2020〕1 号）** • 有条件的高校要加快建立专利申请前评估制度。 • 高校要以质量和转化绩效为导向，更加重视专利质量和转化运用等指标，完善人才评聘体系。 • 高校要以优化专利质量和促进科技成果转移转化为导向，优化专利资助奖励政策。 **《关于破除科技评价中“唯论文”不良导向的若干措施（试行）》（国科发监〔2020〕37 号）** • 对于科技创新创业人才，注重评价创业人才创办企业带动就业、产业科技含量及经济社会效益等，不把论文作为主要的评价依据和考核指标。 • 对于中青年科技创新领军人才，注重评价已取得核心成果的创新性和学术影响。对论文评价实行代表作制度，代表作数量原则上不超过 5 篇。 • 对于重点领域创新团队，注重评价团队协作创新能力，以及团队负责人的组织协调和领导力。对论文评价实行代表作制度，代表作数量原则上不超过 10 篇。 • 其他科技人才计划也要落实分类评价要求
4	成果转化收益分配	**《中华人民共和国促进科技成果转化法》** • 科技成果完成单位未规定也未与科技人员约定奖励和报酬的方式和数额的，按照下列标准对完成、转化职务科技成果做出重要贡献的人员给予奖励和报酬：将该项职务科技成果转让、许可给他人实施的，从该项科技成果转让净收入或者许可净收入中提取不低于 50% 的比例；利用该项职务科技成果作价投资的，从该项科技成果形成的股份或者出资比例中提取不低于 50% 的比例；将该项职务科技成果自行实施或者与他人合作实施的，应当在实施转化成功投产后连续 3~5 年，每年从实施该项科技成果的营业利润中提取不低于 5% 的比例。 • 国家设立的研究开发机构、高等院校规定或者与科技人员约定奖励和报酬的方式和数额应当符合《中华人民共和国促进科技成果转化法》前款第一项至第三项规定的标准。 **《中共中央 国务院关于深化体制机制改革 加快实施创新驱动发展战略的若干意见》中发〔2015〕8 号** • 提高科研人员成果转化收益比例对用于奖励科研负责人、骨干技术人员等重要贡献人员和团队的收益比例，可以从现行不低于 20% 提高到不低于 50%。 • 国有企业事业单位对职务发明完成人、科技成果转化重要贡献人员和团队的奖励，计入当年单位工资总额，不作为工资总额基数。 • 鼓励各类企业通过股权、期权、分红等激励方式，调动科研人员创新积极性，加大科研人员股权激励力度。 • 高新技术企业和科技型中小企业科研人员通过科技成果转化取得股权奖励收入时，原则上在 5 年内分期缴纳个人所得税

续表

序号	政策要点	政策来源
4	成果转化收益分配	**《教育部办公厅关于进一步推动高校落实科技成果转化政策相关事项的通知》（教技厅函〔2017〕139 号）** • 高校可根据实际情况，制定科技成果转化净收入的核算办法。 • 成果转化受益人应是在与科技成果转化相关科研任务的正式合同、计划任务书或论文、专利及奖励证书上署名的机构和人员，或是在成果转化服务合同中约定的第三方机构和人员。 **《实施〈中华人民共和国促进科技成果转化法〉若干规定》（国发〔2016〕16 号）** • 国家设立的研究开发机构、高等院校依法对职务科技成果完成人和为成果转化做出重要贡献的其他人员给予奖励时，按照以下规定执行：以技术转让或者许可方式转化职务科技成果的，应当从技术转让或者许可所取得的净收入中提取不低于 50% 的比例用于奖励；以科技成果作价投资实施转化的，应当从作价投资取得的股份或者出资比例中提取不低于 50% 的比例用于奖励；在研究开发和科技成果转化中做出主要贡献的人员，获得奖励的份额不低于奖励总额的 50%；对科技人员在科技成果转化工作中开展技术开发、技术咨询、技术服务等活动给予的奖励，可按照《中华人民共和国促进科技成果转化法》和本规定执行。 • 对于担任领导职务的科技人员获得科技成果转化奖励，按照分类管理的原则执行：国务院部门、单位和各地方所属研究开发机构、高等院校等事业单位（不含内设机构）正职领导，以及上述事业单位所属具有独立法人资格单位的正职领导，是科技成果的主要完成人或者对科技成果转化做出重要贡献的，可以按照《中华人民共和国促进科技成果转化法》的规定获得现金奖励，原则上不得获取股权激励。其他担任领导职务的科技人员，是科技成果的主要完成人或者对科技成果转化做出重要贡献的，可以按照《中华人民共和国促进科技成果转化法》的规定获得现金、股份或者出资比例等奖励和报酬；对担任领导职务的科技人员的科技成果转化收益分配实行公开公示制度，不得利用职权侵占他人科技成果转化收益
5	工资总额	**《中华人民共和国促进科技成果转化法》** 国有企业、事业单位依照本法规定对完成、转化职务科技成果做出重要贡献的人员给予奖励和报酬的支出计入当年本单位工资总额，但不受当年本单位工资总额限制、不纳入本单位工资总额基数。 **《人力资源社会保障部 财政部 科技部关于事业单位科研人员职务科技成果转化现金奖励纳入绩效工资管理有关问题的通知》（人社部发〔2021〕14 号）** 职务科技成果转化后，对完成、转化该项科技成果做出重要贡献的人员给予的现金奖励，计入所在单位绩效工资总量，但不受核定的绩效工资总量限制，不作为人力资源社会保障、财政部门核实单位下一年度绩效工资总量的基数及社会保险缴费基数
6	资产评估	**《财政部关于修改〈事业单位国有资产管理暂行办法〉的决定》（财政部令第 100 号）** • 事业单位进行资产评估：整体或者部分改制为企业；以非货币性资产对外投资；合并、分立、清算；资产拍卖、转让、置换；整体或者部分资产租赁给非国有单位；确定涉讼资产价值；法律、行政法规规定的其他需要进行评估的事项。 • 事业单位不进行资产评估：经批准事业单位整体或者部分资产无偿划转；行政、事业单位下属的事业单位之间的合并、资产划转、置换和转让；国家设立的研究开发机构、高等院校将其持有的科技成果转让、许可或者作价投资给国有全资企业的；发生其他不影响国有资产权益的特殊产权变动行为，报经同级财政部门确认可以不进行资产评估的

续表

序号	政策要点	政策来源
6	资产评估	• 国家设立的研究开发机构、高等院校将其持有的科技成果转让、许可或者作价投资给非国有全资企业的，由单位自主决定是否进行资产评估。 • 事业单位国有资产评估工作应当委托具有资产评估资质的评估机构进行。 • 事业单位国有资产评估项目实行核准制和备案制。 **《财政部关于进一步加大授权力度 促进科技成果转化的通知》（财资〔2019〕57号）** • 授权中央级研究开发机构、高等院校的主管部门办理科技成果作价投资形成国有股权的转让、无偿划转或者对外投资等管理事项，不需报财政部审批或者备案。 • 中央级研究开发机构、高等院校将科技成果转让、许可或者作价投资，由单位自主决定是否进行资产评估；通过协议定价的，应当在本单位公示科技成果名称和拟交易价格
7	科技成果转化创业	**《关于实行以增加知识价值为导向分配政策的若干意见》（厅字〔2016〕35号）** 经所在单位批准，科研人员可以离岗从事科技成果转化等创新创业活动，兼职或离岗创业收入不受本单位绩效工资总量限制，个人须如实将兼职收入报单位备案，按有关规定缴纳个人所得税。 **《国家技术转移体系建设方案》（国发〔2017〕44号）** • 鼓励科研人员创新创业，引导科研人员通过到企业挂职、兼职或在职创办企业以及离岗创业等多种形式，推动科技成果向中小微企业转移。 • 鼓励龙头骨干企业开放创新创业资源。 • 优化孵化器、加速器、大学科技园等各类孵化载体功能，构建涵盖技术研发、企业孵化、产业化开发的全链条孵化体系。 • 加强农村创新创业载体建设，发挥科技特派员引导科技成果向农村农业转移的重要作用。 • 针对国家、行业、企业技术创新需求，通过"揭榜比拼""技术难题招标"等形式面向社会公开征集解决方案
8	尽职免责	**《实施〈中华人民共和国促进科技成果转化法〉若干规定》（国发〔2016〕16号）** 科技成果转化过程中，通过技术交易市场挂牌交易、拍卖等方式确定价格的，或者通过协议定价并在本单位及技术交易市场公示拟交易价格的，单位领导在履行勤勉尽责义务、没有牟取非法利益的前提下，免除其在科技成果定价中因科技成果转化后续价值变化产生的决策责任。 **《赋予科研人员职务科技成果所有权或长期使用权试点实施方案》（国科发区〔2020〕128号）** 试点单位领导人员履行勤勉尽职义务，严格执行决策、公示等管理制度，在没有牟取非法利益的前提下，可以免除追究其在科技成果定价、自主决定资产评估以及成果赋权中的相关决策失误责任。 **《教育部办公厅关于进一步推动高校落实科技成果转化政策相关事项的通知》（教技厅函〔2017〕139号）** 在推动科技成果转化过程中，学校各级管理人员依法按照规章制度、内控机制、规范流程开展工作且没有牟取非法利益的，即视为勤勉尽责，适用国发〔2016〕16号文的免责条款

续表

序号	政策要点	政策来源
9	税收优惠	**《财政部 国家税务总局关于促进科技成果转化有关税收政策的通知》（财税字〔1999〕45 号）** 科研机构、高等学校转化职务科技成果以股份或出资比例等股权形式给予个人奖励，获奖人在取得股份、出资比例时，暂不缴纳个人所得税；取得按股份、出资比例分红或转让股权、出资比例所得时，应依法缴纳个人所得税。 **《国家税务总局关于促进科技成果转化有关个人所得税问题的通知》（国税发〔1999〕125 号）** • 科研机构、高等学校转化职务科技成果以股份或出资比例等股权形式给予科技人员个人奖励，经主管税务机关审核后，暂不征收个人所得税。 • 在获奖人按股份、出资比例获得分红时，对其所得按“利息、股息、红利所得”应税项目征收个人所得税。 • 获奖人转让股权、出资比例，对其所得按“财产转让所得”应税项目征收个人所得税，财产原值为零。 • 享受该政策的科技人员必须是科研机构和高等学校的在编正式职工。 **《财政部 国家税务总局关于全面推开营业税改征增值税试点的通知》（财税〔2016〕36 号）** 全文皆为政策要点，详细内容可扫码阅读。 **《财政部 国家税务总局关于将国家自主创新示范区有关税收试点政策推广到全国范围实施的通知》（财税〔2015〕116 号）** 自 2015 年 10 月 1 日起，全国范围内的居民企业转让 5 年以上非独占许可使用权取得的技术转让所得，纳入享受企业所得税优惠的技术转让所得范围。居民企业的年度技术转让所得不超过 500 万元的，免征企业所得税；超过 500 万元的部分，减半征收企业所得税。 **《财政部 税务总局 科技部关于科技人员取得职务科技成果转化现金奖励有关个人所得税政策的通知》（财税〔2018〕58 号）** 科技人员享受本通知规定税收优惠政策，须同时符合以下条件：科技人员是指非营利性科研机构和高校中对完成或转化职务科技成果做出重要贡献的人员；科技成果是指专利技术（含国防专利）、计算机软件著作权、集成电路布图设计专有权、植物新品种权、生物医药新品种，以及科技部、财政部、税务总局确定的其他技术成果；科技成果转化是指非营利性科研机构和高校向他人转让科技成果或者许可他人使用科技成果；非营利性科研机构和高校转化科技成果，应当签订技术合同，并根据《技术合同认定登记管理办法》，在技术合同登记机构进行审核登记，并取得技术合同认定登记证明。 **《财政部 国家税务总局关于完善股权激励和技术入股有关所得税政策的通知》（财税〔2016〕101 号）** 全文皆为政策要点，详细内容可扫码阅读。 《股权奖励税收优惠政策限制性行业目录》见附件 1-1，请扫描二维码阅读

续表

序号	政策要点	政策来源
10	专业化机构和市场化运营	**《中共中央 国务院关于构建更加完善的要素市场化配置体制机制的意见》（中发〔2020〕9 号）** ·培育发展技术转移机构和技术经理人。 ·积极推进科研院所分类改革，加快推进应用技术类科研院所市场化、企业化发展。 ·支持高校、科研机构和科技企业设立技术转移部门。 ·建立国家技术转移人才培养体系，提高技术转移专业服务能力。 **《教育部 国家知识产权局 科技部关于提升高等学校专利质量促进转化运用的若干意见》（教科技〔2020〕1 号）** ·加强技术转移与知识产权运营机构建设。 ·鼓励各高校探索市场化运营机制，充分调动专业机构和人才的积极性。 ·鼓励高校与第三方知识产权运营服务平台或机构合作，并从科技成果转移转化收益中给予第三方专业机构中介服务费。 **《国家技术转移体系建设方案》（国发〔2017〕44 号）** ·发展技术转移机构。引导技术转移机构市场化、规范化发展，提升服务能力和水平，培育一批具有示范带动作用的技术转移机构。 ·加强高校、科研院所技术转移机构建设。鼓励高校、科研院所在不增加编制的前提下建设专业化技术转移机构，加强科技成果的市场开拓、营销推广、售后服务。 ·加快社会化技术转移机构发展。鼓励各类中介机构为技术转移提供知识产权、法律咨询、资产评估、技术评价等专业服务。 **《关于进一步推进高等学校专业化技术转移机构建设发展的实施意见》（国科发区〔2020〕133 号）** 全文皆为政策要点，详细内容可扫码阅读
11	横向经费管理	**《关于进一步完善中央财政科研项目资金管理等政策的若干意见》（中办发〔2016〕50 号）** 项目承担单位以市场委托方式取得的横向经费，纳入单位财务统一管理，由项目承担单位按照委托方要求或合同约定管理使用。 **《中共教育部党组关于抓好赋予科研管理更大自主权有关文件贯彻落实工作的通知》（教党函〔2019〕37 号）** 各高校制定的科研经费管理和政府采购管理办法，要体现教学科研经费与学校行政管理经费的差异性，合理区分业务活动与公务活动，支持科研活动规范、高效开展。纵向科研经费管理按国家规定执行，科研人员差旅费、会议费、国际合作与交流费、专家咨询费、劳务费等，由高校结合学校实际自主确定开支标准、报销范围，优化审批程序，简化报销手续

续表

序号	政策要点	政策来源
12	人才	**《人力资源社会保障部关于进一步支持和鼓励事业单位科研人员创新创业的指导意见》（人社部发〔2019〕137 号）** 全文皆为政策要点，详细内容可扫码阅读。 **《国家技术转移体系建设方案》（国发〔2017〕44 号）** • 加强技术转移管理人员、技术经纪人、技术经理人等人才队伍建设，畅通职业发展和职称晋升通道。 • 发挥企业、高校、科研院所等作用，通过项目、基地、教学合作等多种载体和形式吸引海外高层次技术转移人才和团队。 • 将高层次技术转移人才纳入国家和地方高层次人才特殊支持计划。 **《高质量培养科技成果转移转化人才行动方案》（国科火字〔2023〕70 号）** 全文皆为政策要点，详细内容可扫码阅读
13	制定实施细则	**《关于实行以增加知识价值为导向分配政策的若干意见》（厅字〔2016〕35 号）** • 各地区各部门要加强组织领导，健全工作机制，强化部门协同和上下联动，制定实施细则和配套政策措施，加强督促检查，确保各项任务落到实处。加强政策解读和宣传，加强干部学习培训，激发广大科研人员的创新创业热情。 • 选择一些地方和单位结合实际情况先期开展试点，鼓励大胆探索、率先突破，及时推广成功经验。对基层因地制宜的改革探索建立容错机制。 • 各地区各部门要抓紧制定以增加知识价值为导向的激励、考核和评价管理办法，建立第三方评估评价机制，规范相关激励措施，在全社会形成既充满活力又规范有序的正向激励。 **《教育部办公厅关于进一步推动高校落实科技成果转化政策相关事项的通知》（教技厅函〔2017〕139 号）** 高校要按照《关于深化教育体制机制改革的意见》，结合各自特点和具体情况，落实人才培养根本任务，创新工作方法和工作思路，完善、细化科技成果转化落地政策和实施细则。实施细则和办事流程要清晰明了、可操作，并在校内公开，不得简单以参照执行上级文件、规定来代替制定本校科技成果转化落地政策和实施细则

表 1.2　天津市科技成果转化政策要点一览表

序号	政策要点	政策来源
1	权属改革	**《关于实行以增加知识价值为导向分配政策的实施意见》（津党厅〔2018〕38 号）** 赋予高校和科研院所科技成果使用、处置和收益分配自主权，对不涉及国防、国家安全、国家利益、重大社会公共利益的科技成果，可自主决定转让、许可或者作价投资，转移转化收益全部留归本单位

续表

序号	政策要点	政策来源
2	科技成果评价	**《天津市人民政府办公厅关于完善科技成果评价机制的实施意见》（津政办规〔2022〕3号）** 全文皆为政策要点，详细内容可扫码阅读
3	成果转化收益分配	**《天津市促进科技成果转化条例》（津人发〔2017〕24号）** 职务科技成果转化后，单位未规定，也未与科技人员约定的，按照下列标准执行：将该项职务科技成果转让、许可给他人实施的，从转让、许可收入扣除相关税费、科技成果维护费、交易过程中的评估费、鉴定费等直接费用后的净收入中，提取不低于50%的比例；以该项职务科技成果作价投资的，从作价投资取得的股份或者出资比例中，提取不低于50%的比例；将该项职务科技成果自行实施或者与他人合作实施的，应当在实施转化成功投产后连续3~5年，每年从实施该项科技成果的营业利润中，提取不低于5%的比例；科技成果完成单位在前款规定比例的基础上，根据科技成果转化实际情况，可以自主提高奖励和报酬比例。 **《关于深化体制机制改革释放科技人员创新活力的意见》（津党办发〔2017〕44号）** •高校和科研院所具有横向项目结余经费分配自主权，视为科技成果转化收入，与项目组约定分配比例，或提取一定比例管理费后用于对项目组成员的绩效奖励。 • 科研机构、高校转化职务科技成果以股份或出资比例等股权形式给予科技人员的个人奖励，暂不征收个人所得税
4	工资总额	**《天津市促进科技成果转化条例》（津人发〔2017〕24号）** 利用财政资金设立的研究开发机构、高等院校依照本条例规定，对完成、转化职务科技成果做出重要贡献的人员给予奖励和报酬的支出，不纳入当年本单位绩效工资总额。 **《关于深化体制机制改革释放科技人员创新活力的意见》（津党办发〔2017〕44号）** 健全科技成果转化收入分配机制。科研人员科技成果转化所获奖励与报酬、承担科研项目所列支绩效奖励、以市场委托方式取得的横向项目所获收入或绩效支出，均不纳入绩效工资总额
5	资产评估	**《天津市人民政府办公厅关于完善科技成果评价机制的实施意见》（津政办规〔2022〕3号）** 落实科技成果转化有关资产评估管理机制，明确国有无形资产管理的边界和红线，优化科技成果转化管理流程。 **《天津市促进高校科技成果转化工作的实施意见》（津教委规范〔2017〕3号）** 高校以作价投资方式转移转化科技成果发生的投资损失，不纳入对高校资产保值增值考核范围

续表

序号	政策要点	政策来源
6	科技成果转化创业	**《天津市促进科技成果转化条例》（津人发〔2017〕24号）** • 利用财政资金设立的研究开发机构、高等院校中的科技人员经单位同意，可以采取离岗、兼职、到企业挂职或者在岗创业等方式从事科技成果转化活动。 •科技人员离岗创业的，应当与单位签订离岗协议，对离岗创业事项、离岗期限、工资福利、社会保险、收益分配、成果归属等进行约定。 • 科技人员兼职或者在岗创业期间，应当完成本职工作，履行岗位职责，就兼职期限、保密、知识产权保护、收益分配、后续成果归属等与单位进行约定。 • 科技人员兼职或者离岗从事科技成果转化活动期间，不得损害或者侵占本单位合法权益。 **《关于深化体制机制改革释放科技人员创新活力的意见》（津党办发〔2017〕44号）** 科研人员离岗创业期限最长为5年，期间原单位应当为其保留档案和人事关系，工龄连续计算，档案工资正常晋升，社会保险费仍按原渠道缴存，缴费基数参照原单位同类人员。离岗创业科研人员既可通过原单位也可通过创业单位参评职称，在创业单位获得的成果可以作为参评职称的业绩。离岗创业期满，科研人员愿意回到原单位工作的，原单位应当按照现有职称与其订立聘用合同
7	尽职免责	**《关于深化体制机制改革释放科技人员创新活力的意见》（津党办发〔2017〕44号）** 建立健全科技成果转化容错免责机制。鼓励创新，宽容失败，建立容错免责机制。 对于在履行应尽义务、没有牟取非法利益的前提下，科技人员在科技成果使用、处置和收益中出现的过错，以纠正为主，不进行责任追究。 **《天津市促进科技成果转化条例》（津人发〔2017〕24号）** 利用财政资金设立的研究开发机构、高等院校和国有企业在实施科技成果转化过程中，通过协议定价、在技术交易市场挂牌交易、拍卖等方式确定科技成果价格后市场价格发生变化的，或者以科技成果对外投资实施转化发生亏损的，其决策程序符合法律、法规、规章规定，且勤勉尽责，未牟取私利的，对单位负责人不做负面评价，并免除相关决策责任。 **《天津市人民政府办公厅关于完善科技成果评价机制的实施意见》（津政办规〔2022〕3号）** 完善纪检监察、审计、财政等各部门联动机制，以是否符合中央精神和改革方向、是否有利于科技成果转化作为对科技成果转化活动的定性判断标准，落实“三个区分开来”要求，依法依规一事一议确定相关人员的决策责任，坚决查处腐败问题

续表

序号	政策要点	政策来源
8	专业化机构和市场化运营	**《天津市科技创新三年行动计划（2020—2022年）》（津政发〔2020〕23号）** • 构建高水平技术转移体系。以市级科技成果交易平台为核心，发展区域、高校院所、行业、服务等四类技术转移机构，构建与国内外技术市场互联互通的技术转移网络，按照绩效对运营机构给予补助。 • 开展工程技术系列技术经纪专业职称评定，加强对技术转移人才培养基地的支持，推动成果评价师、技术经理人等技术转移专业人才队伍建设。 **《天津市人民政府办公厅关于完善科技成果评价机制的实施意见》（津政办规〔2022〕3号）** • 科研单位应完善成果转化协调机制，建立专门技术转移机构，设置技术转移岗位并建立相应的评聘制度，可独立或联合社会化机构运营，可聘用专兼职技术经理人。 • 设立促进科技成果转化后补助资金，支持以政府购买服务方式推动市级交易平台市场化运营，培育高校院所类、行业类、区域类、服务类等技术转移机构，择优给予后补助。 **《天津市促进科技成果转化后补助办法》（津科规〔2023〕3号）** •技术转移机构是指为实现和加速技术转移、成果转化提供各类服务的机构（独立法人或高校院所的内设机构）。重点支持市级成果展示交易平台和高校院所类、行业类、服务类、区域类等四类技术转移机构。 •市级成果展示交易平台。市科技局对服务效果进行评价考核，根据考核结果，给予不超过500万元的补助。 • 高校院所类、行业类、服务类、区域类技术转移机构。市科技局对技术转移机构的服务效果进行评价考核。对考核结果为优秀的机构，按照不超过30万元的额度给予补助；对考核结果为良好的机构，按照不超过20万元的额度给予补助
9	横向经费管理	**《关于实行以增加知识价值为导向分配政策的实施意见》（津党厅〔2018〕38号）** 高校和科研院所要建立健全横向科研项目与经费管理办法，对于通过合作研究、委托研究、技术开发、技术咨询、技术服务、技术转让等合同方式，从本市和外省市行政机关、企事业单位、社会团体或个人（统称委托方）获得的横向科研项目与经费，严格按照委托方要求或合同约定管理使用；合同没有约定人员经费的，由单位自主决定。横向科研项目结余经费视为科技成果转化收入，可与项目组约定分配比例，或提取一定比例管理费后用于对项目组成员绩效的奖励

续表

序号	政策要点	政策来源
10	人才	**《关于深化体制机制改革释放科技人员创新活力的意见》（津党办发〔2017〕44 号）** • 对基础研究人才以同行学术评价为主，突出代表作、论文等理论成果的权重；对应用研究和技术开发人才突出市场评价，提高创新能力、创新成果的标准权重；对科技成果转化人才强调转化效益评价，突出成果转化及其经济和社会效益的标准权重。 • 对引进的国内外高端人才，按层次、贡献加大财政奖励力度，改善其工作和生活条件，支持科研立项与配套、团队建设及研修培训等。引进的高端人才参加有影响的国际学术交流活动并发表创新成果的，市财政给予专项补贴。邀请来津参加学术交流、讲学、咨询的诺贝尔奖获得者、院士等高端人才，给予咨询费等专项补贴。加大对天津市高校博士后科研流动站和工作站的资助力度，出站后与天津市用人单位签订 3 年及以上工作协议（合同）的博士后人员（非在职），给予一次性安家费补贴。 • 探索建立高校、科研院所高端人才学术休假制度，符合相关条件的，可享受一定期限的带薪学术休假。支持符合条件、贡献突出的外籍人才申办永久居留资格。支持引进的高端人才在津购买首套自住住房。符合条件的外籍人才在缴存、提取住房公积金方面与我市居民享受同等待遇。放宽对聘用外籍人才和引进急需高端人才年龄限制。对引进的高端人才，其配偶、子女可直接落户市级人才公寓，子女可按要求安排入学入园。 • 科研人员离岗创业期限最长为 5 年，期间原单位应当为其保留档案和人事关系，工龄连续计算，档案工资正常晋升，社会保险费仍按原渠道缴存，缴费基数参照原单位同类人员确定。离岗创业的科研人员既可通过原单位也可通过创业单位参评职称，在创业单位的成果可以作为参评职称的业绩。离岗创业期满后，科研人员愿意回到原单位工作的，原单位应当按照现有职称与其订立聘用合同。 **《市人社局 市科技局关于开展技术经纪专业职称评价工作的通知》（津人社规字〔2020〕8 号）** 全文皆为政策要点，详细内容可扫码阅读。 **《市人社局关于贯彻落实〈人力资源社会保障部关于进一步支持和鼓励事业单位科研人员创新创业的指导意见〉有关问题的通知》（津人社局发〔2020〕20 号）** 全文皆为政策要点，详细内容可扫码阅读。 《天津市事业单位科研人员创新创业审批表》见附件 1-2，请扫描二维码阅读

注：表 1.1、表 1.2 部分内容参考《国家及天津市科技成果转化政策汇编》。

02 第二章 以知识价值为导向的收益分配政策图解

职务科技成果转化收益分配简图

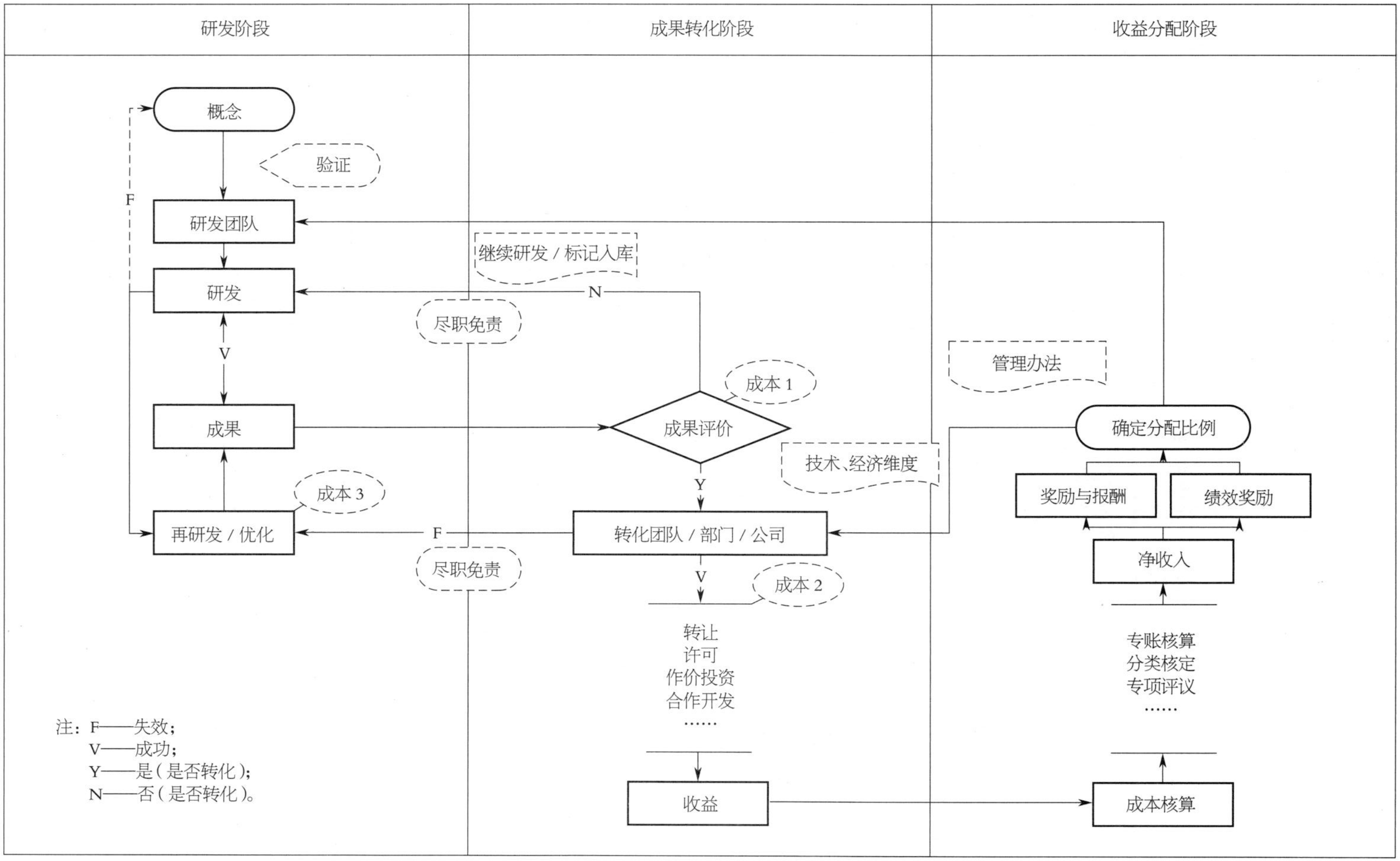

本章总览图 2

完善科研人员职务科技成果权益分享机制，首先要从以知识价值为核心的收益分配政策谈起。前文提到“科技成果转化三部曲”全面推动全国科技成果转化改革，政策不断突破收益分配的各类堵点和瓶颈，充分调动了科研人员进行科技成果转化的积极性，真正使科研人员凭借自己的聪明才智和创新成果，成为社会的中高收入群体，极大增强了企事业单位开展科技成果转化的动力。

一、科技成果转化权属改革

《中共中央 国务院关于深化体制机制改革加快实施创新驱动发展战略的若干意见》（中发〔2015〕8号）第五部分第十三条规定，尽快“将财政资金支持形成的，不涉及国防、国家安全、国家利益、重大社会公共利益的科技成果的使用权、处置权和收益权，全部下放给符合条件的项目承担单位”。国家设立的研究开发机构、高等院校[1]对其持有的科技成果，可以自主决定转让、许可或者作价投资，除涉及国家秘密、国家安全外，不需上级主管部门、财政部门审批或者备案[2]。并且，国家深化科技成果使用权、处置权和收益权改革，开展赋予科研人员职务科技成果所有权或长期使用权试点[3]。试点单位结合实际，将利用财政性资金形成或接受企业、其他社会组织委托形成的归单位所有的职务科技成果所有权赋予成果完成人（团队），成为共同所有权人。试点单位可赋予科研人员不低于10年的职务科技成果长期使用权[4]。职务科技成果各权属的分类解读与说明详见表2.1。

此外，针对高校和科研院所横向科研经费管理，相关政策明确由项目承担单位按照委托方要求或合同约定管理使用[5]。横向科研经费结余资金常见的管理方式详见图2.1。

---

1 《关于实行以增加知识价值为导向分配政策的若干意见》（厅字〔2016〕35号）三。
2 《实施〈中华人民共和国促进科技成果转化法〉若干规定》（国发〔2016〕16号）一。
3 《中共中央 国务院关于构建更加完善的要素市场化配置体制机制的意见》（中发〔2020〕9号）五（十五）。
4 《赋予科研人员职务科技成果所有权或长期使用权试点实施方案》（国科发区〔2020〕128号）二（二）。
5 《关于进一步完善中央财政科研项目资金管理等政策的若干意见》（中办发〔2016〕50号）二（五）。

表 2.1　职务科技成果权属分类一览表

分类	权属名称	内容	说明
三权	使用权	利用科技成果进行技术开发、技术转让、技术咨询、技术服务等活动的权利。包括自行投资实施转化；许可他人使用；与他人共同实施转化；作价投资，折算股份或者出资比例	未改变所有权，非资产处置 / 配置
	处置权	结合《事业单位国有资产管理暂行办法》相关规定，指对科技成果进行转让、捐赠等处置的权利	所述转让权指转让科技成果所有权，这与《中华人民共和国民法典》规定的技术转让不同。在执行过程中须特别明确
	收益权	科技成果资产处置收入和使用科技成果的收入归属权	可用于分配，亦可投入新的成果转化
其他	所有权	即科技成果完成人拥有科技成果所有权或与试点单位共同所有；除可能影响国家安全、国防安全、公共安全、经济安全、社会稳定等事关国家利益和重大社会公共利益，以及涉及国家秘密的职务科技成果	试点试行，须加强各环节集体决策与公示
	长期使用权	科技成果完成人单独或与其他单位共同实施科技成果转化	试点试行，须加强各环节集体决策与公示

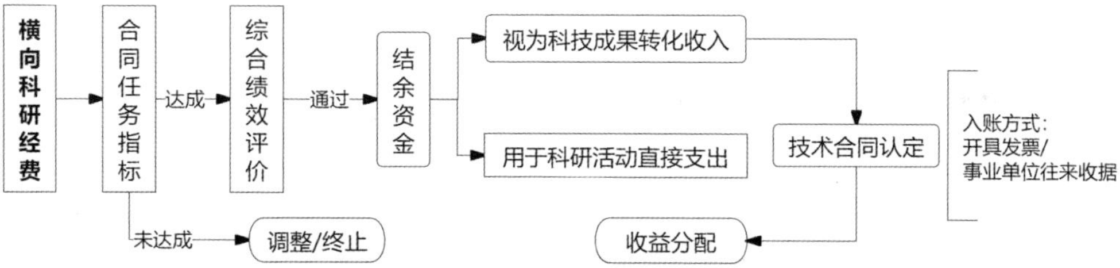

图 2.1　常见横向科研经费管理模式（供参考）

人们一般习惯将科技项目分为纵向项目和横向项目。由相关管理部门正式立项的项目，用于项目支持的财政资金收入无须承担单位开具发票或事业单位往来收据的，属于纵向项目，应专款专用。其他项目，包括行政机关、企事业单位、社会团体或个人等各类委托方，通过市场委托方式产生的科技项目，均属于横向项目。

多个城市出台政策（详见表 2.2）明确项目承担单位具有横向项目结余经

费分配自主权，以天津市为例，横向项目结余经费可视为科技成果转化收入，或出资成果转化，或采用其他灵活多样的出资成果转化分配方式[6]。

表 2.2　部分地区横向项目结余经费管理（供参考）

省市	政策要点	文件名称
陕西省	视为科技成果转化收入；出资科技成果转化的，视同科技成果投资入股，可选择使用递延纳税政策	《陕西省深化科技成果转化“三项改革”十条措施（试行）》（陕政办发〔2022〕43 号）
上海市	以现金出资方式入股科技型企业，以“技术入股 + 现金入股”的方式与单位共享成果转化收益	《关于本市进一步放权松绑　激发科技创新活力的若干意见》（沪府办规〔2023〕10 号）
广州市	视为科技成果转化收入；出资科技成果转化视同科技成果投资入股，纳入职务科技成果单列管理	《广州市进一步促进科技成果转移转化若干措施》（穗府办〔2024〕7 号）

二、“三元薪酬”结构

（一）工资总额

《中华人民共和国促进科技成果转化法》规定，国有企业、事业单位依照本法规定对完成、转化职务科技成果做出重要贡献的人员给予奖励和报酬的支出计入当年本单位工资总额，但不受当年本单位工资总额限制、不纳入本单位工资总额基数，不作为核定下一年度绩效工资总量的基数。

《实施〈中华人民共和国促进科技成果转化法〉若干规定》（国发〔2016〕16 号）进一步明确，国家设立的研究开发机构、高等院校转化科技成果所获得的收入全部留归单位，纳入单位预算，不上缴国库，扣除对完成和转化职务科技成果做出重要贡献人员的奖励和报酬后，应当主要用于科学技术研发与成果转化等相关工作，并对技术转移机构的运行和发展给予保障[7]；同时，现金奖励不作为人力资源社会保障、财政部门核定单位下一年度绩效工资总量的基数，不作为社会保险缴费基数。

对于接受企业或其他社会组织委托取得的项目，属于科研人员在职务科技成

6　《关于进一步推动科技成果转化创新改革通知若干措施》（津政发〔2024〕9 号）五。
7　《实施〈中华人民共和国促进科技成果转化法〉若干规定》（国发〔2016〕16 号）一（二）。

果转化工作中开展技术开发、技术咨询、技术服务等活动的，项目承担单位可根据实际情况，按照《技术合同认定登记管理办法》（国科发政字〔2000〕063 号）规定到当地科技主管部门进行技术合同登记，登记后项目承担单位按照《中华人民共和国促进科技成果转化法》等法律法规给予科研人员的现金奖励按照上述规定执行[8]。

（二）薪酬结构优化

有些单位对上述政策中规定的成果转化奖酬金与工资总额的关系不理解，实际上政策内核是一脉相承的，这里包含三层含义：

一是成果转化奖励与报酬是作为工资薪金发放的，要计入当年本单位工资总额；

二是成果转化奖励与报酬不受工资年人均收入调控线和年收入增幅限制，即不受工资总额和绩效工资总额限制；

三是成果转化奖励与报酬不纳入本单位工资总额基数，不影响社会保险、公积金等的缴纳。

此外，《关于实行以增加知识价值为导向分配政策的若干意见》（厅字〔2016〕35 号）规定，经所在单位同意，科研人员可以兼职或离岗从事科技成果转化等创新创业活动，兼职或离岗创业收入不受本单位绩效工资总量限制，个人须如实将兼职收入报单位备案。

综上所述，对于高校、科研院所、事业单位等而言，科研人员科技成果转化所获奖励与报酬、承担科研项目所列支绩效奖励、以市场委托方式取得的横向项目所获收入或绩效支出、兼职或离岗创业收入可不受工资总额限制。科技人员薪酬总体可用“三元薪酬”结构概括，详见图 2.2。

8 《人力资源社会保障部 财政部 科技部关于事业单位科研人员职务科技成果转化现金奖励纳入绩效工资管理有关问题的通知》（人社部发〔2021〕14 号）三。

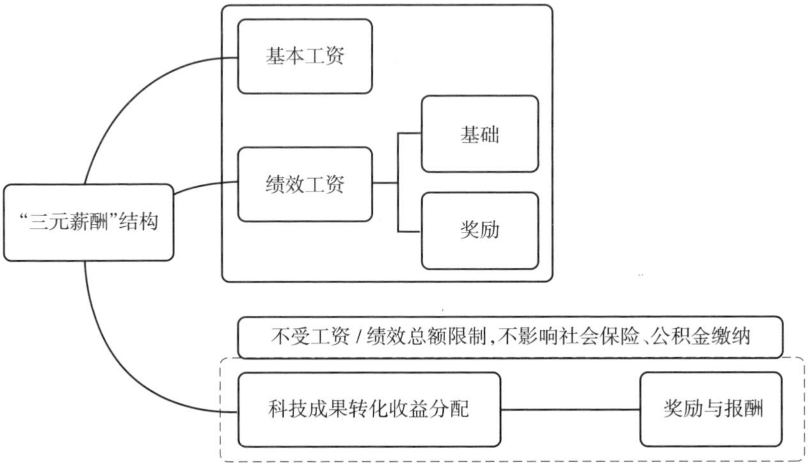

图 2.2　科技人员“三元薪酬”结构示意

三、科技成果转化收益界定

（一）科技成果转化活动范围界定

各高校、科研院所科技成果研发与转化业务形态多样，其普遍关注如何确定所从事的活动是否属于科技成果转化活动，是否能享受科技成果转化收益分配及相关税收优惠政策。

针对这一问题，建议首先进行技术合同认定登记（技术合同认定登记相关内容参见本书第三章：技术合同认定登记及税收优惠政策图解）。《技术合同认定登记管理办法》（国科发政字〔2000〕063 号）规定：“未申请认定登记和未予登记的技术合同，不得享受国家对有关促进科技成果转化规定的税收、信贷和奖励等方面的优惠政策。”

然后对照《中华人民共和国促进科技成果转化法》对科技成果转化的定义——“为提高生产力水平而对科技成果所进行的后续试验、开发、应用、推广直至形成新技术、新工艺、新材料、新产品，发展新产业等活动”，由单位自主界定。职务科技成果转化收益分配前置步骤详见图 2.3。

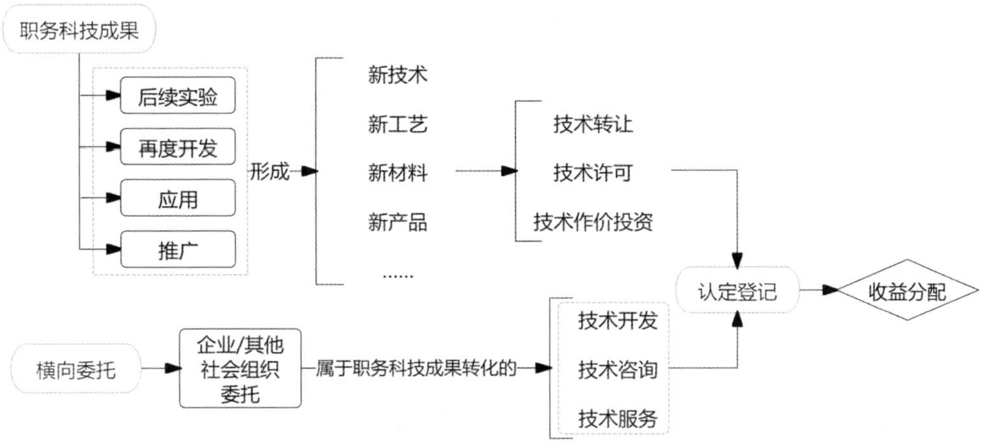

图 2.3　职务科技成果转化收益分配前置步骤[9]（供参考）

（二）分配基数核定

职务科技成果转化收益分配基数一般指净收入。科技成果转化净收入一般以许可、转让合同实际交易额扣除完成本次成果转化交易发生的直接成本来确定，即技术性收入（可通过技术合同认定登记核定）。

如《天津市促进科技成果转化条例》《北京市促进科技成果转化条例》《上海市促进科技成果转化条例》等均规定，高校与科研院所技术转让净收入是指转让、许可收入扣除相关税金、科技成果维护费、交易过程中的评价评估费及中介费等直接费用后的部分。

关于技术开发/技术咨询/技术服务净收入的测算，亦可参考技术转让净收入核算方法，扣除因此次技术开发/技术咨询/技术服务而发生的直接成本，一般认为直接成本还应当包括因此次技术开发/技术咨询/技术服务而产生的特定研发成本，如材料费、设备费、试验检测费、会议费、差旅费、出版/文献/信息传播/知识产权事务费、可能的专家咨询费等费用，由单位根据实际情况进行自主核算。相关净收入计算方式（供参考）详见表2.3。

9　《人力资源社会保障部 财政部 科技部关于事业单位科研人员职务科技成果转化现金奖励纳入绩效工资管理有关问题的通知》（人社部发〔2021〕14 号）。

表 2.3　净收入计算方式（供参考）

科技人员奖酬金=净收入×奖励和报酬的分配比例		
技术转让 技术许可	净收入=技术合同成交额-直接成本	直接成本：相关税金、科技成果维护费、交易过程中的评价评估费及中介费等直接费用[10]
技术开发 技术咨询 技术服务	净收入=技术合同成交额-直接成本（含特定研发成本）	直接成本除税金等直接费用外，还包含因此次开发而产生的材料费、设备费、试验费等费用

需要说明的是，高校、科研院所等的前期研发费用一般不计入此次交易的直接费用中，企业科技成果的前期研发费用，可根据实际来源，确定是否计入直接费用。

四、科技成果转化收益分配

（一）收益处置

《中华人民共和国促进科技成果转化法》规定，职务科技成果转化后，由科技成果完成单位对完成、转化该项科技成果做出重要贡献的人员给予奖励和报酬；剩余部分留归项目承担单位用于科技研发与成果转化等相关工作[11]。

另前文提到的高校和科研院所获横向科研项目经费，在严格按照委托方要求或合同约定管理使用后结余资金，若无其他约定，可与项目组约定分配比例，或提取一定比例的管理费后用于对项目组成员的绩效奖励，详见图 2.4。

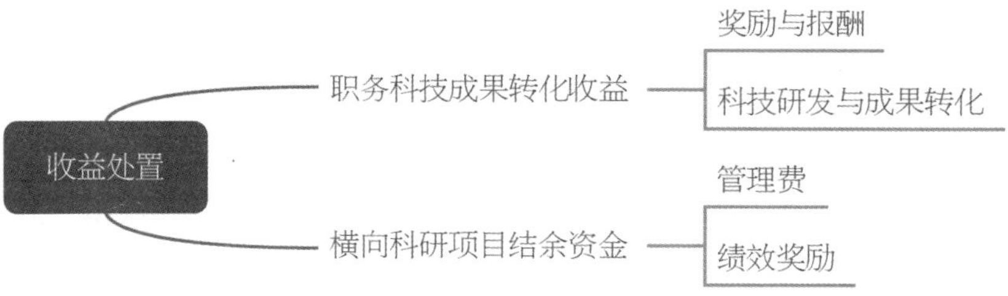

图 2.4　收益处置示意

10 《教育部办公厅关于进一步推动高校落实科技成果转化政策相关事项的通知》（教技厅函〔2017〕139 号）二 10。

11 《国务院办公厅关于改革完善中央财政科研经费管理的若干意见》（国办发〔2021〕32 号）三（十一）。

（二）分配比例的确定

《中华人民共和国促进科技成果转化法》规定，职务科技成果转化后，由科技成果完成单位对完成、转化该项科技成果做出重要贡献的人员给予奖励与报酬。科技成果完成单位可以规定或者与科技人员约定奖励与报酬的方式、数额和时限。单位制定相关规定，应当充分听取本单位科技人员的意见，并在本单位公开相关规定。职务科技成果转化收益分配比例及对象关联关系详见图 2.5。

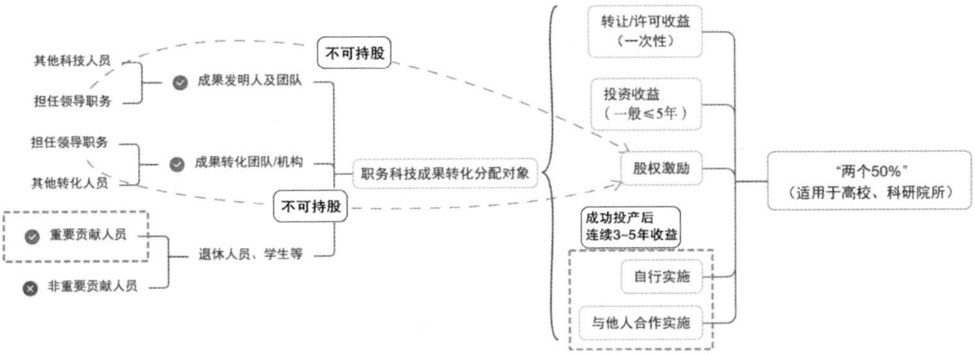

图 2.5　职务科技成果转化收益分配比例及对象关联图

1. 针对高校、科研院所等

高校、科研院所等单位中的分配主体有别于企业，一般包含学校、学院（研究所）、发明人及团队、成果转移转化团队等，须先确认各主体分配比例，再确定具体科技人员及成果转移转化人员分配比例，具体分配比例按表 2.4 执行。

表 2.4　高校、科研院所科技成果转化方式与收益分配比例[12]

转化方式	分配比例
转让、许可给他人实施	从转让或许可净收入中提取≥ 50%
作价投资	从股份或出资比例中提取≥ 50%
自行或与他人合作实施	转化成功投产后连续 3~5 年，提取≥营业利润 ×5%/ 年 ★从实施转化成功后出具第一张销售发票起算

注：主要贡献人员，获得奖励份额≥ 50%× 奖励总额。

12　《实施〈中华人民共和国促进科技成果转化法〉若干规定》（国发〔2016〕16 号）二（六）。

分配比例一般遵循“两个 50%”：第一个即提取转化收益给重要贡献人员的最低分配比例；第二个即给予研究开发和成果转化重要贡献人员中主要人员的奖励份额[13]，一般包括研发项目的负责人或牵头人，以及成果转化的主要执行人等。

国内高校、科研院所对于科技成果转化收益分配比例的界定形式多样，具有代表性的主要包括四类，详见图 2.6。

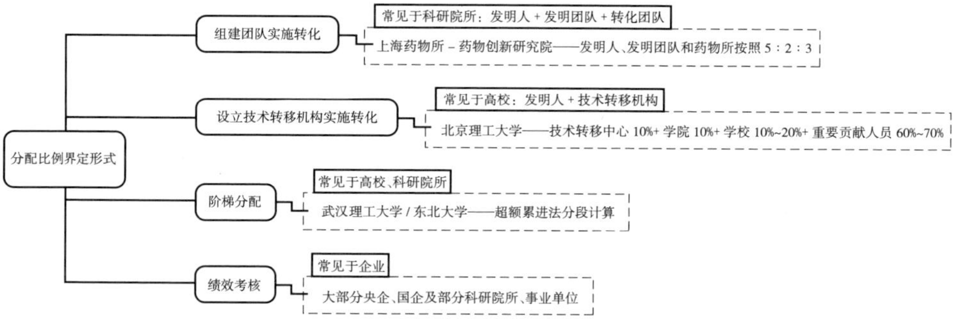

图 2.6　国内高校、科研院所科技成果转化收益分配情况（示例）[14、15]

2. 针对中央科技型企业

按照《中央科技型企业实施分红激励工作指引》（国资厅发考分〔2017〕47 号）要求，对于国务院国有资产监督管理委员会履行出资人职责的中央企业及所属控股（含实际控制）未上市科技企业，职务科技成果转化收益分配一般包括岗位分红激励和项目收益分红激励两种激励方式。在职务科技成果完成、转化后，根据企业实施激励的方式确定分配原则。实施岗位分红激励的，根据激励对象在科技成果转化中的重要性及贡献情况确定标准；实施项目收益分红激励的，按照与重要技术人员的约定或企业有关规定，合理确定激励额度（包括提取模式、比例等）和执行时限。具体情况详见表 2.5。

13　《教育部 科技部关于加强高等学校科技成果转移转化工作的若干意见》（教技〔2016〕3 号）五。
14　窦珍珍，顾新，王涛 . 国外职务发明成果转化经验及启示［J］. 中国科技论，2017（7）：176−183.
15　王健，王晓 . 高校科技成果收益分配模式分析：基于成果完成人奖励比例的五种模式［J］. 中国高校科技，2022，（7）：92−96.

表 2.5　中央科技型企业科技成果转化方式与收益分配比例

转化方式	分配比例	
	岗位分红激励	项目收益分红激励
转让、许可给他人实施	个人，不高于年度薪酬总额（不含分红所得）的 2/3，按个人贡献、收入分配关系等综合确定	按约定或规定比例 + 一次性激励
作价投资		按约定或规定比例，有效期≤ 5 年
自行或与他人合作实施		转化成功投产后连续 3~5 年，提取 = 约定或规定比例 × 营业利润 / 年

在中央科技型企业实施职务科技成果转化收益分配奖励当年，项目所在企业处于亏损状态，应及时向上级单位或主管部门报备，待批复后组织实施或延缓执行分配奖励；项目分配奖励总额偏大、单个对象奖励水平偏高等特殊情况，应确保符合相关法规与单位管理要求，并向上级单位或主管部门报备。企业未建立有效规定或未及时与重要技术人员约定的，按照《中华人民共和国促进科技成果转化法》等国家有关制度执行，并在激励方案有效期内制定相关制度，在实施下一期项目分红激励计划时从其约定。

3. 针对国有科技型企业

按照《国有科技型企业股权和分红激励暂行办法》（财资〔2016〕4 号）要求，对于国有及国有控股未上市科技企业，职务科技成果转化收益分配一般包括岗位分红和项目收益分红两种激励方式。在职务科技成果完成、转化后，按照企业规定或与重要技术人员约定的方式、数额和时限执行。企业制定相关规定，应当充分听取本企业技术人员的意见，并在本企业公开。企业未规定也未与重要技术人员约定的，相关执行标准详见表 2.6。

表 2.6　国有科技型企业科技成果转化方式与收益分配比例

转化方式	分配比例	
	岗位分红激励	项目收益分红激励
转让、许可给他人实施	总额不高于当年税后利润的15%，按岗位重要性、贡献确定	从转让或许可净收入中提取≥ 50%
作价投资		从股份或出资比例中提取≥ 50%
自行或与他人合作实施		转化成功投产后连续 3~5 年，提取≥营业利润 ×5%/ 年

在量化发明人的贡献方面，德国是所有国家中规定最详细的。可以结合中国实际，借鉴德国《雇员发明法》，成立专门机构，从职务发明人提出和解决发明问题所做的贡献、在单位的位置和职责等方面确定其发明比例和贡献度；确定每一方面与贡献度的正反比例关系，并给每一方面配以合适的系数，最后用函数表示发明人的贡献度。贡献度的确定务必在保障职务发明人获得等价奖励报酬的同时，起到正面激励的作用。

（三）分配对象的确定

《中华人民共和国促进科技成果转化法》明确规定，享受科技成果转化奖励和报酬的对象是对完成、转化科技成果做出重要贡献的人员，其可以按照《中华人民共和国促进科技成果转化法》的规定获得现金、股份或者出资比例等奖励和报酬。分配对象一般包括技术研发人员与成果转移转化人员两类。具体分配对象由单位和项目组共同确定。

建议可以由首席科学家或研究小组组长牵头组织科技人员分配对象确定工作，由成果转化小组组长（团队负责人）牵头组织成果转化分配对象确定工作，并报单位备案；分配对象名单应当随同分配方案一起在最终确定前，听取职工意见和建议，并组织信息公示。

在实践中，各单位还应该关注以下三类人群的科技成果转化收益分配问题，一是担任领导职务的科技人员如何享受科技成果转化收益；二是成果转移转化人员、退休人员等编制内科技人员能否纳入享受成果转化收益分配人员范围；三是学生（包括博士后、研究生等）、劳务派遣人员、劳务外包人员等编制外科技人员能否享受成果转化收益及相关税收政策。

1. 担任领导职务的科技人员

《实施〈中华人民共和国促进科技成果转化法〉若干规定》(国发〔2016〕16号)明确规定了高校院所及所属具有独立法人资格单位的领导干部可以获得现金、股权等奖励或者报酬，但根据分类管理原则，正职领导原则上不得获取股权激励。国务院部门、单位和各地方所属研究开发机构、高等院校等事业单位（不含内设机构）正职领导，以及上述事业单位所属具有独立法人资格单位的正职领导，原则上不得获取股权激励[16]。任职前因成果转化获得的股权奖励，任职后应及时转让（原则上不超过3个月），逾期未转让的，任期内限制交易，在不担任上述职务1年后解除限制[17]。

领导干部作为分配对象，这里需要两个前提条件：一是该领导干部是科技人员；二是该领导干部是科技成果的主要完成人或者对科技成果转化做出重要贡献者。

举例说明，某科研院所将职务科技成果转化到下属公司，该所副所长为成果完成人（即科技人员），同时兼任该下属公司的法人，他能否获得成果转化收益分配？根据国发［2016］16号文的规定，该副所长如在所内享受成果转化收益分配，因该同志为单位副职领导，可以按照《中华人民共和国促进科技成果转化法》的规定获得现金、股份或者出资比例等奖励和报酬。如以法人名义享受以公司为出让方的成果转化收益分配，则该同志为正职，**可以按照《中华人民共和国促进科技成果转化法》的规定获得现金奖励，原则上不得获取股权激励。**

但该副所长作为成果完成人获得转化收益现金奖励后，从其兼任下属公司继续获取成果转化收益现金奖励，应明确其**在不同角色下是否确实分别做出了重要贡献，否则可能涉及重复奖励的情况。**该类情况须结合实际情况做好风险规避，建议在制定职务科技成果转化收益分配管理文件时细化明确，各相应环节做好信息公示。

2. 编制内科技人员

编制内科技人员主要包括成果转移转化人员、退休人员。

《中华人民共和国促进科技成果转化法》已经将科技成果的收益权下放法

16 《实施〈中华人民共和国促进科技成果转化法〉若干规定》（国发〔2016〕16号）二（八）。
17 《关于实行以增加知识价值为导向分配政策的若干意见》（厅字〔2016〕35号）五（二）。

人单位，且做出重要贡献的人员包括职务科技成果转化工作人员，做出重要贡献的成果转移转化人员亦可享受奖励和报酬。在实际技术研发或职务科技成果转化过程中，各单位可根据实际情况，自主决定将哪些人员列入奖励范围，如果单位认定退休人员为完成、转化科技成果做出重要贡献，按照单位管理办法（参考模板详见附件 2-1，请扫描二维码阅读）规定的程序进行分配即可，相关人员可享受现金奖励减半纳税优惠政策（转让或许可类，下同）[18]或股权奖励递延纳税政策（暂不征收个人所得税，下同）[19]，但相关分配程序应按照管理办法，在本单位公示无异议后进行，公示信息应当包含科技成果转化信息、奖励人员信息、现金奖励信息、技术合同登记信息、公示期限等内容[20]。需要注意的是，退休人员若不在本单位直接领取工资（属于劳务派遣或外包形式），他们领取的现金奖励，不能享受现金奖励减半纳税优惠政策。

附件 2-1

3. 编制外科技人员[21]

编制外科技人员主要包括学生、劳务派遣人员及劳务外包人员等。

（1）针对学生。一般按两种情况分别界定。一是作为单位职工身份的博士后或研究生培养人才，若其作为科技成果研究或转化中的重要贡献人员，则根据国家、地方的成果转化收益分配政策，结合单位与其签订的劳务协议或培养协议，给予相应的奖酬金，并根据相关管理制度确定相关收益是否纳入工资总额或绩效工资总额；再根据实际情况确定是否可享受相关税收政策。如四川省已出台相关政策，职务科技成果转化后，事业单位按规定给予的现金奖励，纳入所在单位绩效工资总量，不受核定的绩效工资总量限制，不作为下一年度核定绩效工资总量的基数[22]。二是一般学生，若其在单位科技成果研究或转化中做

18　《财政部 税务总局 科技部关于科技人员取得职务科技成果转化现金奖励有关个人所得税政策的通知》（财税〔2018〕58 号）一、四、五。

19　《财政部 国家税务总局关于促进科技成果转化有关税收政策的通知》（财税字〔1999〕45 号）三。

20　《科技部 财政部 税务总局关于科技人员取得职务科技成果转化现金奖励信息公示办法的通知》（国科发政〔2018〕103 号）。

21　吴寿仁，科技成果转移转化系列案例解析（十八）：多种用工方式下的科研人员如何参与科技成果转化收益分配？[J]. 科技中国，2021（7）44–48.

22　《关于加快博士后工作创新发展的九条措施》（川人社规〔2022〕2 号）八。

出重要贡献，因不存在劳动关系，不按《中华人民共和国促进科技成果转化法》分配，由单位根据自身相关管理规定，给予单独奖励。

（2）针对劳务派遣及外包人员。两者均与需求单位无直接劳务关系，劳务派遣人员由需求单位直接管理，而劳务外包人员由外包公司（承包方）管理、需求单位直接对外包公司提出管理要求。根据《中华人民共和国劳动合同法》第六十三条“被派遣劳动者同工同酬”的规定，劳务派遣人员享有科技成果转化收益的分配权；而劳务外包人员所做贡献一般认为是履职行为，但在劳务外包协议中未明确规定的情况下，享有科技成果转化收益的分配权，但这两类人员均不可享受股权奖励递延纳税政策。同样需要说明的是，若劳务派遣 / 外包人员的奖酬金非需求单位直接发放的，则不能享受现金奖励减半纳税优惠政策。

（四）奖酬金优惠政策

职务科技成果转化收益分配政策情况详见表 2.7。

表 2.7 职务科技成果转化收益分配政策情况一览表

<table>
<tr><th colspan="2" rowspan="2">类别</th><th colspan="4">收益分配-首次分配</th></tr>
<tr><th colspan="2">转化形式</th><th>奖酬金比例</th><th>与工资总额关系</th></tr>
<tr><td colspan="2" rowspan="5">职务科技成果转化</td><td rowspan="2">技术转让</td><td>转让/许可</td><td>不低于净收入50%</td><td rowspan="5">不受工资总额和绩效工资总额限制</td></tr>
<tr><td>作价投资</td><td>不低于股份或出资比例50%</td></tr>
<tr><td colspan="2">技术开发</td><td rowspan="2">科技成果转化中的其他“三技”参照上述标准执行</td></tr>
<tr><td colspan="2">技术咨询/服务（与转让、开发有关）</td></tr>
<tr><td colspan="2">自行/与他人合作实施转化</td><td>在实施转化成功投产后连续3~5年，每年从实施该项科技成果的营业利润中提取不低于5%的比例</td></tr>
<tr><td rowspan="3">科研项目</td><td>纵向</td><td colspan="3">列支绩效奖励</td><td rowspan="3">—</td></tr>
<tr><td rowspan="2">横向</td><td colspan="3">以市场委托方式取得的横向项目绩效奖励</td></tr>
<tr><td colspan="3">横向科研项目结余经费视为科技成果转化收入</td></tr>
</table>

五、需要特别注意的问题

（一）“可以自主决定”的权限

《中华人民共和国促进科技成果转化法》明确，国家设立的研究开发机构、高等院校“可以自主决定”自持科技成果转让、许可和作价投资。《中共中央国务院关于深化体制机制改革加快实施创新驱动发展战略的若干意见》（中发〔2015〕8号）则明确，科研事业单位“可以自主决定”科技成果的使用权、处置权和收益权，不再经单位主管部门和财政部门审批或备案，“可以自主决定”的范围更加宽泛。上述科技成果均不应涉及国防、国家安全、国家利益、重大社会公共利益，且在境内使用、处置。

不同类型的单位在制定内部管理机制时，一方面，应避免适用文件错误，导致超出“可以自主决定”权限；另一方面，在适用国家相关文件的基础上，应充分适用当地政策，以获得更多权益保障。

（二）不同用工方式下的收益分配

无论何种用工方式，都应事先通过协议明确知识产权归属、成果转化收益分配方式、支付方式等，并根据实际情况考虑政策适用情况，避免日后出现知识产权纠纷、收益分配异议及政策享受问题。

（三）科技成果转化收益分配关注的三类关系

在职务科技成果转化后，收益分配是最核心的关注点，同时也是转化后实施激励工作的难点，这里主要涉及三类关系的处理：一是单位与团队的分配关系，二是研发团队与转化团队的分配关系，三是团队内部的分配关系。职务科技成果转化收益分配中三类主要关系详见图2.7。

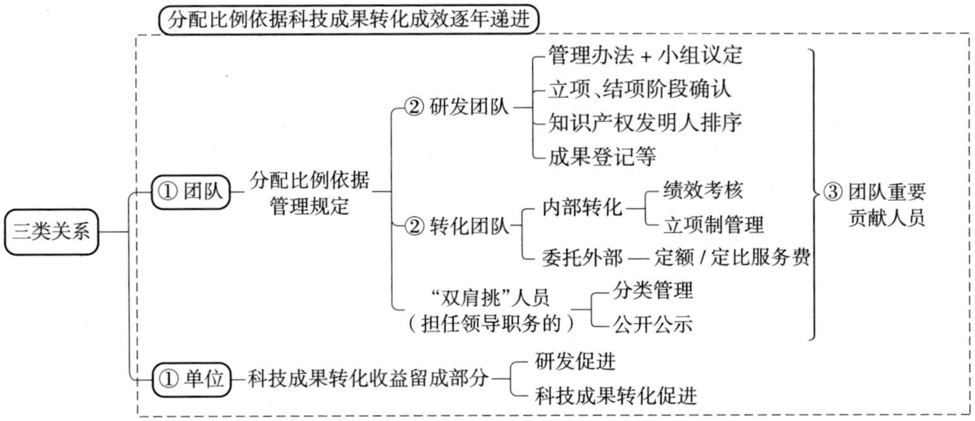

图 2.7　职务科技成果转化收益分配中三类主要关系

（1）第一类关系的合理统筹可有效提升单位科技成果转化活跃度，但对研发、转化团队的奖励比例设置并非越高越好，否则可能产生"边际效益递减"效用，不同科技成果转化难度有差异，且转化形式不同，转化难度也不同，不同单位可结合实际情况，针对不同技术领域、转化形式，依据相关法律法规，制定科技成果转化收益分配管理办法。奖励比例方面可结合科技成果转化成效逐年递进，持续最大限度调动科研人员转化科技成果的积极性。同时，前期科技成果转化收益单位留成部分，可用于促进研发及科技成果转化，进一步营造良好的创新和科技成果转化氛围。

（2）第二类关系归根结底是基于研发团队与转化团队的贡献差异而影响分配比例的，其与单位所实施的科技成果转化体系息息相关，两者间的分配比例可遵循单位内部管理规定，或按照其他形式的前置约定执行。

①研发团队，其收益分配的比例大小主要取决于是否具有重要贡献。根据单位内部管理办法，以实际参与发明的核心人员为主，具体可根据结项确认书、知识产权证书（发明人）、成果登记证书等确定具有重要贡献的科技人员。

②转化团队，根据成果转化开展情况不同有所差异，一是成果转化工作直接委托专业服务机构或单独成立成果转化管理机构（独立核算），则直接约定服务费（定额或定比例）；二是设立专项服务组或部门实施转化工作，可通过绩效考核奖励的形式发放奖励与报酬或立项制管理，在转化工作开展中参考研发立项模式，由技术经理人选择具体职务科技成果实施转化，进而根据结项（成

功转化并获取收益）后备案完成人确定分配对象。对于其他具有一定贡献的人员，单位可根据相关管理办法，提取一定比例的收益进行综合奖励，具体额度建议由相关部门内部决议报上级部门或单位审批，经公示后确定。

（3）第三类关系是针对第二类关系中各团队内部分配关系的细化，主要对重要贡献人员的贡献度进行判定，并确定分配比例。较为普遍的做法是由研发负责人或成果转化专项小组负责人牵头，根据工作量与实际贡献，经会议等公开方式确定分配比例，报经上级部门或单位审批并公示确定。

需要特别注意的是针对“双肩挑”人员（即担任领导职务的科技人员或成果转化人员）的激励。诸如高校、科研院所及企事业单位常见的科研出身的管理人员，在担任领导职务期间，同时牵头负责项目研发或成果转化工作，对这类人员的激励建议实行“分类管理 + 公开公示”的原则。所谓“分类管理”即区分“正职领导”与“其他领导”，对于是否可获得股权激励，前述内容已提到（详见本章四 -（三）-1）。“公开公示”即对担任领导职务的科技人员或转化人员的分配比例的确定实行公开公示制度，以防领导人员利用职权侵占他人科技成果转化收益。

第三章

技术合同认定登记及税收优惠政策图解

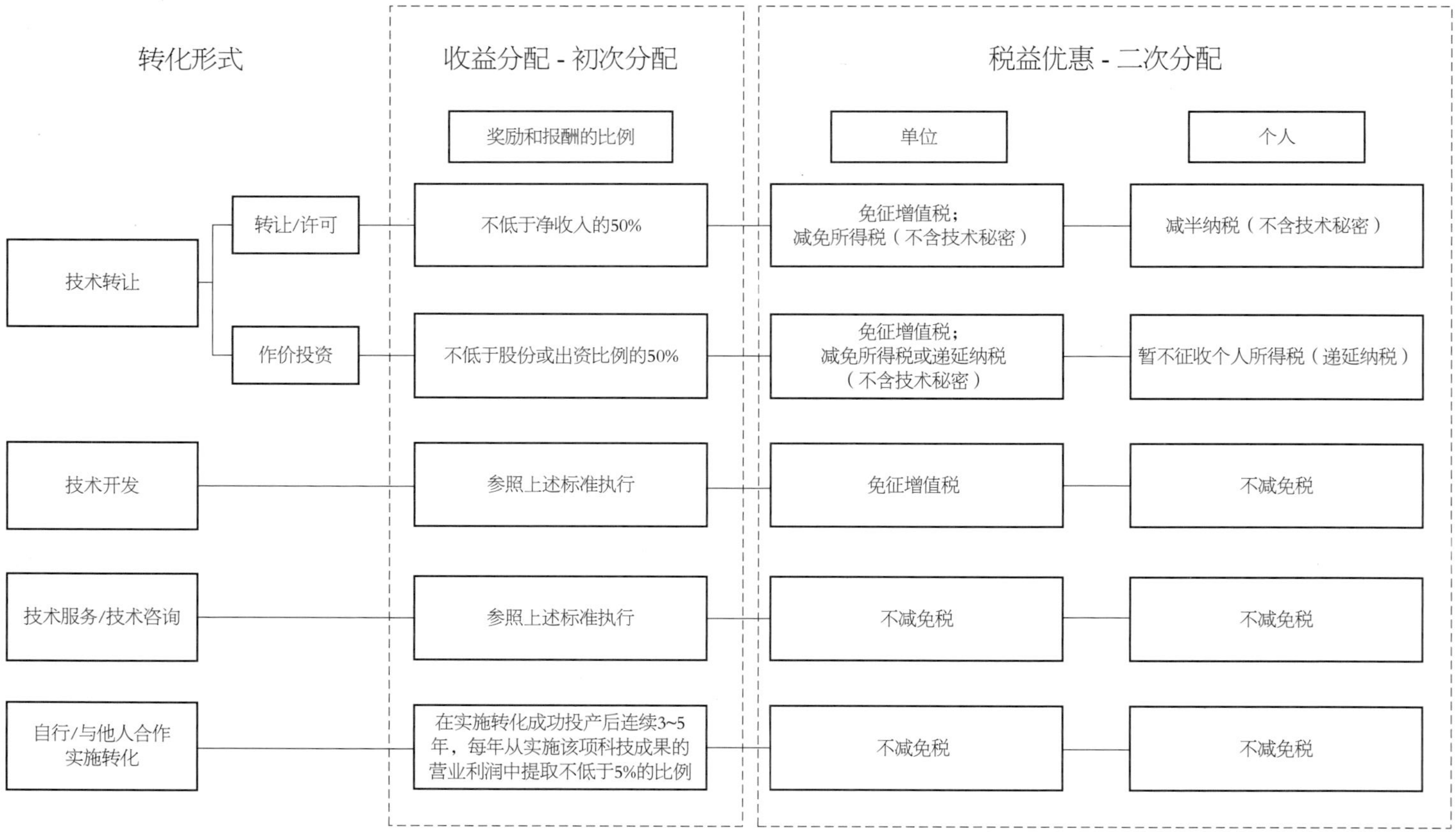
转化形式
收益分配 - 初次分配
税益优惠 - 二次分配
奖励和报酬的比例
单位
个人
技术转让
转让/许可
不低于净收入的50%
免征增值税；
减免所得税（不含技术秘密）
减半纳税（不含技术秘密）
作价投资
不低于股份或出资比例的50%
免征增值税；
减免所得税或递延纳税
（不含技术秘密）
暂不征收个人所得税（递延纳税）
技术开发
参照上述标准执行
免征增值税
不减免税
技术服务/技术咨询
参照上述标准执行
不减免税
不减免税
自行/与他人合作
实施转化
在实施转化成功投产后连续3~5
年，每年从实施该项科技成果的
营业利润中提取不低于5%的比例
不减免税
不减免税

本章总览图

成果转化收益分配实现了面向对成果转化做出重要贡献的人员的初次分配，与之配套的税收优惠政策则实现了二次分配。本章总览图涵盖了高校、科研院所职务科技成果转化收益分配与税收优惠政策（参照本书第二章《以知识价值为导向的收益分配政策图解》）之间的对应关系。需要注意的是各主体从技术交易的净收入中提取一定比例作为奖励和报酬，给予职务科技成果完成人和为成果转化做出重要贡献的人员的，应当申请对相关的技术合同进行认定登记，并依照有关规定提取奖金和报酬。同时，未申请认定登记和未予登记的技术合同，不得享受国家对有关促进科技成果转化规定的税收、信贷和奖励等方面的优惠政策。

收益分配政策依据有《中华人民共和国促进科技成果转化法》和《人力资源社会保障部 财政部 科技部 关于事业单位科研人员职务科技成果转化现金奖励纳入绩效工资管理有关问题的通知》（人社部发〔2021〕14 号）。

税收优惠政策依据有《财政部 国家税务总局关于全面推开营业税改征增值税试点的通知》（财税〔2016〕36 号）、《财政部 国家税务总局关于将国家自主创新示范区有关税收试点政策推广到全国范围实施的通知》（财税〔2015〕116 号）、《财政部 税务总局 科技部关于科技人员取得职务科技成果转化现金奖励有关个人所得税政策的通知》（财税〔2018〕58 号）、《财政部 国家税务总局关于促进科技成果转化有关税收政策的通知》（财税字〔1999〕45 号）、《国家税务总局关于促进科技成果转化有关个人所得税问题的通知》（国税发〔1999〕125 号）、《中华人民共和国个人所得税法》。

技术市场是重要的生产要素市场，作为我国现代市场体系和国家创新体系的重要组成部分，在新时期肩负着统筹配置科技创新资源、健全技术创新市场导向机制、促进科技成果转化的重要使命。技术合同认定登记是我国特有的科技管理方式，技术合同直接体现了供需双方的交易情况，是科技成果转化的重要载体，对于推动科技创新和经济发展具有重要作用。为了更好地促进科技成果转化，我国实施了技术合同认定登记制度，并对相关税收优惠政策进行了明确规定。为方便各主体更加规范地开展技术交易活动并享受到相关的优惠政策，本章将从技术合同认定登记、技术合同税收优惠政策和需要特别注意的问题三个方面展开介绍。

一、技术合同认定登记

（一）技术合同及其类别

依据《中华人民共和国民法典》第三编第二十章，技术合同是当事人就技术开发、转让、许可、咨询或者服务订立的确立相互之间权利和义务的合同。技术合同认定登记是我国特有的科技管理方式，统计对象包括技术转让、技术开发、技术咨询、技术服务四类合同，简称“四技合同”。2020 年 5 月通过的《中华人民共和国民法典》区分了技术转让合同和技术许可合同，“四技合同”演变成“五技合同”。

国家倡导以“技术合同认定登记”的方式进行技术交易确认，以此规范技术交易、净化技术市场、加强统计分析，并配套出台了相应的税收减免优惠政策。五类技术合同的含义详见表 3.1。

表 3.1　技术合同分类一览表

技术合同类型		含义
技术开发合同	合作开发合同	技术开发合同是当事人之间就新技术、新产品、新工艺、新品种或者新材料及其系统的研究开发所订立的合同
	委托开发合同	
技术转让合同		技术转让合同是合法拥有技术的权利人，将现有特定的专利、专利申请、技术秘密的相关权利让与他人所订立的合同
技术许可合同		技术许可合同是合法拥有技术的权利人，将现有特定的专利、技术秘密的相关权利许可他人实施、使用所订立的合同
技术服务合同		技术服务合同是当事人一方以技术知识为对方解决特定技术问题所订立的合同，不包括承揽合同和建设工程合同
技术咨询合同		技术咨询合同是当事人一方以技术知识为对方就特定技术项目提供可行性论证、技术预测、专题技术调查、分析评价报告等所订立的合同

（二）技术合同认定登记内容

技术合同认定登记工作属于行政确认事项。技术合同登记机构的登记员通过技术交易主体提供的合同文本、收入核定表等材料依次确认合同是否为技术合同、技术合同类型、技术交易额及技术性收入，符合相关法律法规的技术合同才能够予以登记。其中，是否为技术合同及技术合同类型决定了合同能否享受到税收优惠政策；技术交易额是企业、事业单位和其他组织按照国家有关政策减免税的基数；技术性收入是企业、事业单位和其他组织按照国家有关政策提取奖酬金和其他技术劳务费用的基数，技术合同认定内容详见图 3.1。

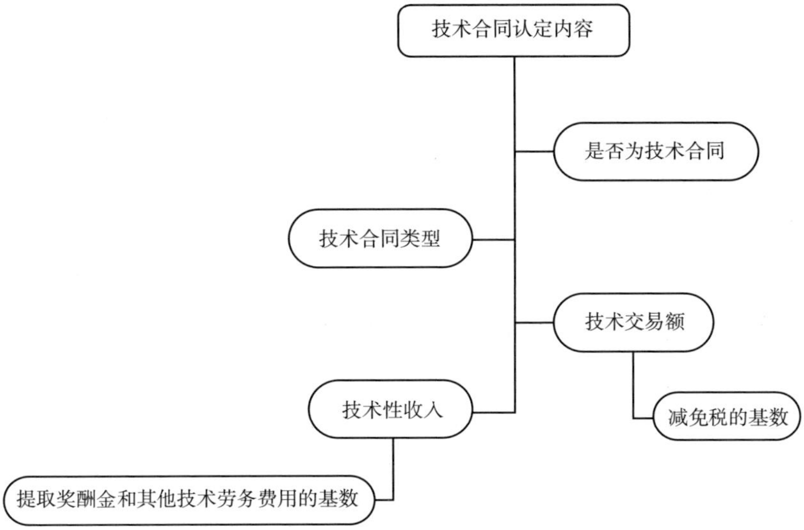

图 3.1　技术合同认定内容

依据《技术合同认定规则》（国科发政字〔2001〕253 号），技术合同成交额、技术交易额、技术性收入三者定义见表 3.2，三者关系详见图 3.2。

表 3.2　技术合同三个额度一览表

概念	定义
技术合同成交额	指技术合同成交项目的总金额，作为科技创新和技术转移成效的“晴雨表”，既是科技进步的标志性指标，也是地区科技支撑经济的一个缩影
技术交易额	指从合同交易总额中扣除购置设备、仪器、零部件、原材料等非技术性费用后的剩余金额，但合理数量标的物的直接成本不计入非技术性费用
技术性收入	指履行合同后所获得的价款、使用费、报酬的金额

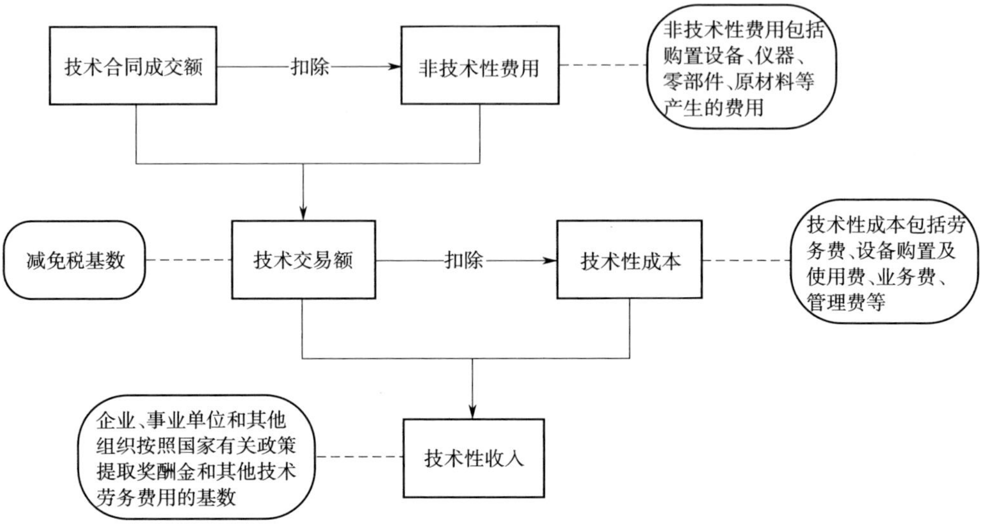

图 3.2　技术合同三个额度的关系示意

2000 年，科技部、财政部、国家税务总局联合发布了《技术合同认定登记管理办法》（国科发政字〔2000〕063 号），其中第六条规定：未申请认定登记和未予登记的技术合同，不得享受国家对有关促进科技成果转化规定的税收、信贷和奖励等方面的优惠政策。因此，技术合同认定登记是享受相关税收、信贷和奖励等方面优惠政策的前提条件，完成认定登记后得到的技术合同认定登记证明是享受优惠政策必备的支撑材料。

（三）技术合同登记原则

《技术合同认定登记管理办法》对技术合同认定登记工作进行规定：技术合同认定登记实行按地域一次登记制度。技术开发合同的研究开发人、技术转让合同的让与人、技术咨询和技术服务合同的受托人，以及技术培训合同的培训人、技术中介合同的中介人，应当在合同成立后向所在地区的技术合同登记机构提出认定登记申请。

我们可以将技术合同登记的原则简单归纳为属地登记、一次登记以及卖方登记，详见图 3.3。

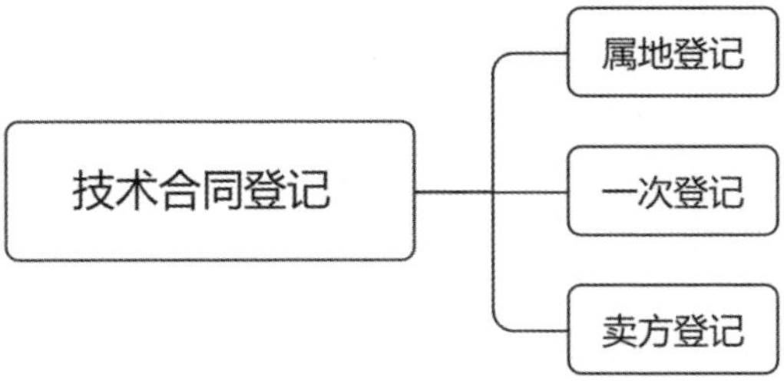

图 3.3　技术合同登记原则示意

（四）技术合同登记参考流程

技术合同管理实行三级计划管理体制，《技术合同认定登记管理办法》第三条规定：科技部管理全国技术合同认定登记工作。

省、自治区、直辖市和计划单列市科学技术行政部门管理本行政区划内的技术合同认定登记工作。地、市、区、县科学技术行政部门设技术合同登记机构，具体负责办理技术合同的认定登记工作。

技术合同卖方在完成合同签订后，应与所在地区的科学技术行政部门联络，办理技术合同认定登记。以天津市为例，技术合同认定登记参考流程详见图 3.4。

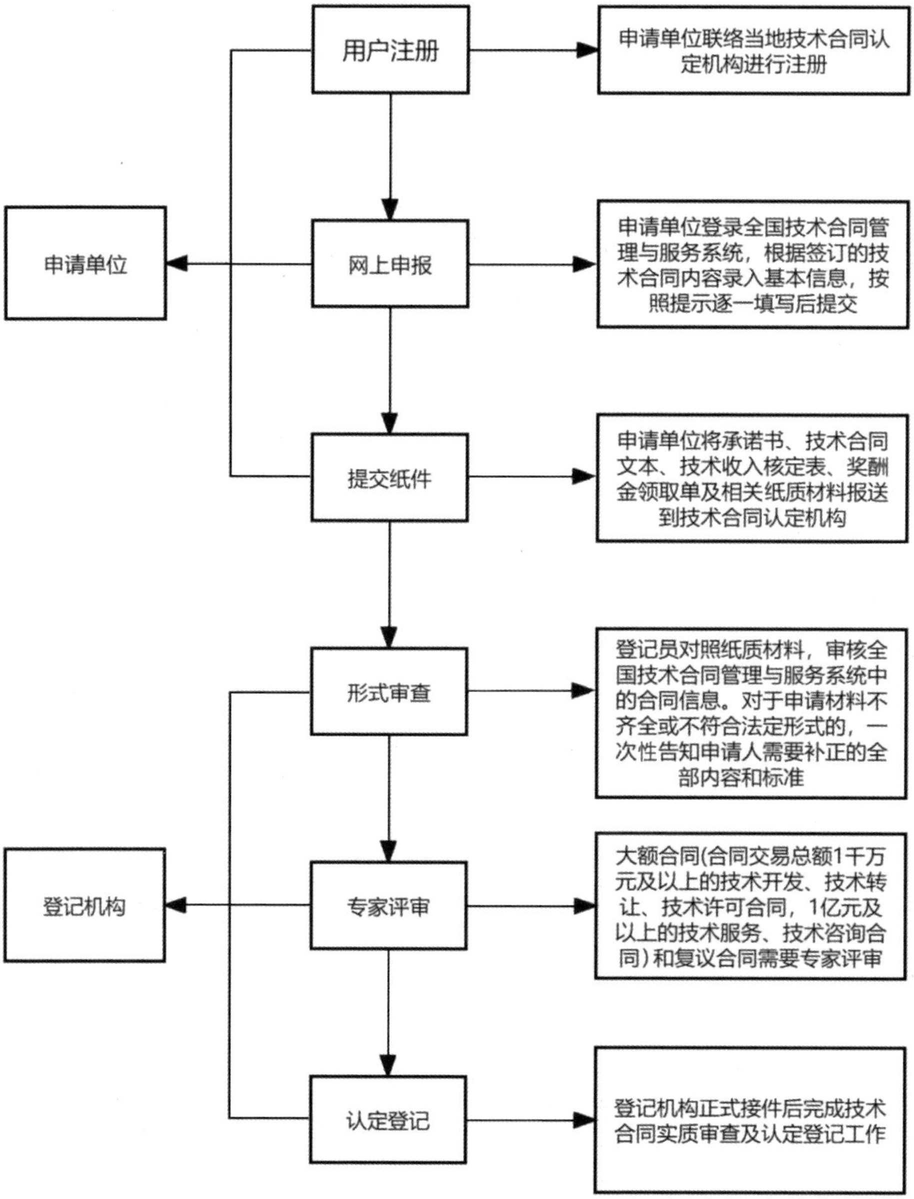

图 3.4　技术合同认定登记参考流程

（注：大额合同评审以天津市为例。）

（五）技术合同登记材料一览表

技术合同登记所需材料详见表 3.3。

表 3.3 技术合同登记材料一览表（以天津市为例）[1]

序号	材料名称	材料来源	材料必要性	材料形式	材料准备要点
1	科技部统一监制的示范文本或符合《中华人民共和国民法典》第三编第二十章技术合同的其他文本	来源渠道：申请人自行填写 来源渠道说明：申请人自行填写	必要材料	原件 3 份	科技部统一监制的示范文本或符合《中华人民共和国民法典》第三编第二十章技术合同的其他文本，如无中文合同需要提供与原合同内容一致的翻译文本，可通过全国技术合同认定登记系统（http：//www.ctmht.net.cn/）资料下载专区下载
2	技术合同技术收入核定表	来源渠道：申请人自行填写 来源渠道说明：申请人自行填写	必要材料	原件 3 份	技术转让、技术开发、技术许可、技术咨询、技术服务的合同，在办理技术合同登记时，皆需要向认定登记部门提供此表。表格可在资料下载专区下载，内容根据合同发生实际填写
3	技术交易奖酬金领取表	来源渠道：申请人自行填写 来源渠道说明：申请人自行填写	信用承诺材料	原件 3 份	技术开发合同、技术转让合同、技术许可合同、技术咨询合同和技术服务合同需要办理提取奖酬金的，需要向认定登记部门提供此表。通过全国技术合同认定登记系统（http：//www.ctmht.net.cn/）资料下载专区下载，内容根据实际提取比例填写
4	与技术合同认定登记有关的证明文件	来源渠道：从第三方机构取得 来源渠道说明：国家、市级知识产权局；国家版权局；市级、区级质量技术监督局	信用承诺材料	原件 1 份	根据认定登记的技术合同需要提供，包括：法人、其他组织的内部职能机构或课题组订立的技术合同，提交法人代表或组织负责人书面授权证明原件；技术合同标的依照国家有关规定，投产前需经有关部门审批或领取生产许可证的，应提交生产许可证或有关批准文件复印件；技术合同标的设计专利申请权、专利权、植物新品种权、计算机软件著作权、集成电路布图设计权的，提交知识产权证书复印件；个人转让技术需要提交非职务发明证书知识产权评估报告、技术进口合同数据表等与所认定登记的合同有关的证明文件

1 资料来源：天津网上办事大厅 https://zwfw.tj.gov.cn/#/operatingInstruction?taskCode=a4fe4e14-7d03-4e83-8264-2fe5cf468b80。

二、技术合同税收优惠政策

（一）针对法人主体

1. 卖方享受

1）增值税

《财政部 国家税务总局关于全面推开营业税改征增值税试点的通知》（财税〔2016〕36 号）中的附件 3《营业税改征增值税试点过渡政策的规定》第一条第二十六项，具体涉及纳税人提供技术转让、技术开发和与之相关的技术咨询、技术服务等方面的优惠措施。简而言之，对于从事技术转让、技术开发以及提供相关技术咨询、技术服务的纳税人，可享受政策优惠。

试点纳税人申请免征增值税时，须持技术转让、开发的书面合同，到纳税人所在地省级科技主管部门进行认定，并持有关的书面合同和科技主管部门审核意见证明文件报主管税务机关备查。

跨境应税行为涉及境内的单位和个人销售的下列服务和无形资产，适用增值税零税率：研发服务、设计服务、软件服务、信息系统服务、离岸服务外包业务、转让技术等。需要注意的是为涉外合同的境外卖方提供代扣代缴的，可由境内买方认定登记。相关优惠内容、享受条件、政策依据等详见表 3.4。

表 3.4　技术合同增值税优惠政策解读一览表 [2]

享受主体	提供技术转让、技术开发和与之相关的技术咨询、技术服务的纳税人
优惠内容	纳税人提供技术转让、技术开发和与之相关的技术咨询、技术服务免征增值税
享受条件	1. 技术转让、技术开发，是指《销售服务、无形资产、不动产注释》中“转让技术”“研发服务”范围内的业务活动。技术咨询，是指就特定技术项目提供可行性论证、技术预测、专题技术调查、分析评价报告等业务活动。 2. 与技术转让、技术开发相关的技术咨询、技术服务，是指转让方（或者受托方）根据技术转让或者开发合同的规定，为帮助受让方（或者委托方）掌握所转让（或者委托开发）的技术，而提供的技术咨询、技术服务业务，且这部分技术咨询、技术服务的价款与技术转让或者技术开发的价款应当在同一张发票上开具

2　资料来源：国家税务总局官网 https://www.chinatax.gov.cn/chinatax/c101894/c5176335/content.html。

续表

政策依据	《财政部 国家税务总局关于全面推开营业税改征增值税试点的通知》（财税〔2016〕36号）附件3《营业税改征增值税试点过渡政策的规定》第一条第二十六项
办理要求及注意事项	1. 单位和个体工商户（以下统称纳税人）适用增值税减征、免征政策的，在增值税纳税申报时按规定填写申报表相应减免税栏次即可享受，相关政策规定的证明材料留存备查。 2. 纳税人适用增值税即征即退政策的，应当在首次申请增值税退税时，按规定向主管税务机关提供退税申请材料和相关政策规定的证明材料。纳税人后续申请增值税退税时，相关证明材料未发生变化的，无需重复提供，仅需提供退税申请材料并在退税申请中说明有关情况。纳税人享受增值税即征即退条件发生变化的，应当在发生变化后首次纳税申报时向主管税务机关书面报告 （来源：《国家税务总局关于进一步优化增值税优惠政策办理程序及服务有关事项的公告》国家税务总局公告2021年第4号）

技术合同卖方想要享受增值税优惠政策，需要满足一定的条件。因此建议在进行技术合同签订和认定登记前咨询专业的税务人员或律师以获取更准确的指导和建议，本章第三部分也会对特别需要注意的问题进行解释。

2）所得税

所得税又称所得课税、收益税，指国家对法人、自然人和其他经济组织在一定时期内的各种所得征收的税种。

依据《国家税务总局关于许可使用权技术转让所得企业所得税有关问题的公告》（国家税务总局公告2015年第82号），全国范围内的居民企业转让5年以上（含5年）非独占许可使用权取得的技术转让所得，纳入享受企业所得税优惠的技术转让所得范围。居民企业的年度技术转让所得不超过500万元的，免征企业所得税；超过500万元的部分，减半征收企业所得税（居民企业所得税率为25%）。其中，居民企业是指依照一国法律法规在该国境内成立，或者实际管理机构、总机构在该国境内的企业。税法草案所称的居民企业是指依照中国法律法规在中国境内成立或者实际管理机构在中国境内的企业。相关优惠内容、享受条件、政策依据等详见表3.5。

表 3.5　技术转让所得减免企业所得税优惠政策解读一览表[3]

享受主体	技术转让的居民企业
优惠内容	一个纳税年度内，居民企业技术转让所得不超过 500 万元的部分，免征企业所得税；超过 500 万元的部分，减半征收企业所得税
享受条件	1. 享受优惠的技术转让主体是《中华人民共和国企业所得税法》规定的居民企业。 2. 技术转让的范围，包括专利（含国防专利）、计算机软件著作权、集成电路布图设计专有权、植物新品种权、生物医药新品种，以及财政部和国家税务总局确定的其他技术。其中，专利是指法律授予独占权的发明、实用新型以及非简单改变产品图案和形状的外观设计。 3. 技术转让，是指居民企业转让其拥有上述范围内技术的所有权，5 年以上（含 5 年，下同）全球独占许可使用权。 自 2015 年 10 月 1 日起，全国范围内的居民企业转让 5 年以上非独占许可使用权取得的技术转让所得，纳入享受企业所得税优惠的技术转让所得范围。企业转让符合条件的 5 年以上非独占许可使用权的技术，限于其拥有所有权的技术。技术所有权的权属由国务院行政主管部门确定。其中，专利由国家知识产权局确定权属；国防专利由总装备部确定权属；计算机软件著作权由国家版权局确定权属；集成电路布图设计专有权由国家知识产权局确定权属；植物新品种权由农业部确定权属；生物医药新品种由国家食品药品监督管理总局确定权属。技术秘密或简单改变产品图案和形状的外观设计，进行转让许可不能享受所得税优惠政策。 4. 技术转让应签订技术转让合同。其中，境内的技术转让须经省级以上（含省级）科技部门认定登记，跨境的技术转让须经省级以上（含省级）商务部门认定登记，涉及财政经费支持产生技术的转让，须省级以上（含省级）科技部门审批
政策依据	1.《中华人民共和国企业所得税法》第二十七条第四项。 2.《中华人民共和国企业所得税法实施条例》第九十条。 3.《财政部 国家税务总局关于居民企业技术转让有关企业所得税政策问题的通知》（财税〔2010〕111 号）。 4.《财政部 国家税务总局关于将国家自主创新示范区有关税收试点政策推广到全国范围实施的通知》（财税〔2015〕116 号）第二条。 5.《国家税务总局关于技术转让所得减免企业所得税有关问题的公告》（国家税务总局公告 2013 年第 62 号）。 6.《国家税务总局关于许可使用权技术转让所得企业所得税有关问题的公告》（国家税务总局公告 2015 年第 82 号）

需要注意的是：居民企业从直接或间接持有股权之和达到 100% 的关联方取得的技术转让所得，不享受技术转让减免企业所得税优惠政策。

技术合同卖方享受增值税、所得税优惠政策的流程详见图 3.5。需要注意的是，各主体在享受税收优惠政策前，如有疑问，建议提前与税务部门沟通好，合规合法地享受政策。

3　资料来源：国家税务总局官网 https://www.chinatax.gov.cn/chinatax/c101894/c5176336/content.html。

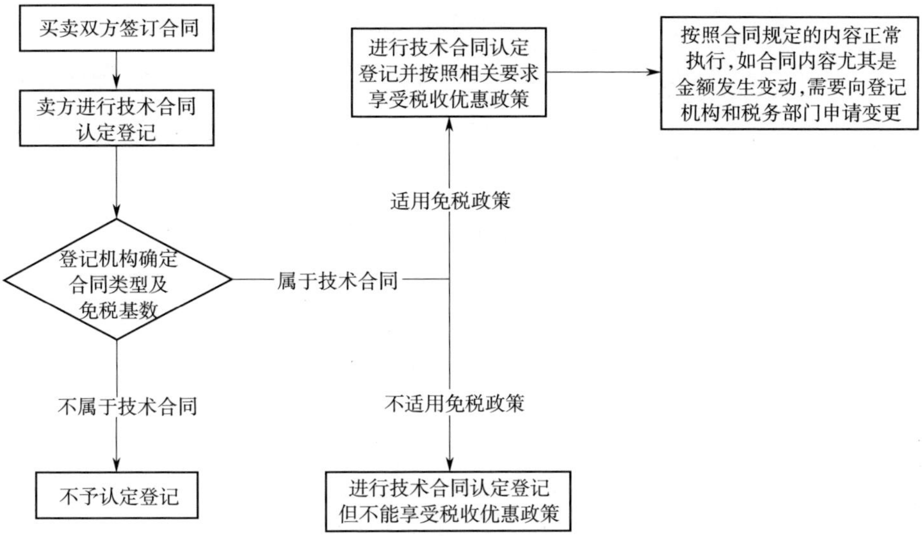

图 3.5　技术合同卖方享受增值税、所得税优惠政策流程

（注：相关政策享受条件见上文。）

2. 买方享受

加计扣除是企业所得税的一种税基式优惠方式，一般是指按照税法规定在实际发生支出数额的基础上，再加成一定比例，作为计算应纳税所得额时的扣除数额。依据《中华人民共和国企业所得税法》第三十条，企业开发新技术、新产品、新工艺发生的研究开发费用可以在计算应纳税所得额时加计扣除。其目的是鼓励企业增加研发投入，促进技术创新。

对企业的研发支出实施加计扣除，称为研发费用加计扣除。依据 2023 年 3 月国家税务总局发布的《研发费用税前加计扣除新政指引》，除烟草制造业、住宿和餐饮业、批发和零售业、房地产业、租赁和商务服务业、娱乐业等以外，其他行业企业为获得科学与技术新知识，创造性运用科学技术新知识，或实质性改进技术、产品（服务）、工艺而持续进行的具有明确目标的系统性活动可以享受研发费用加计扣除。这一政策的实施可以有效减轻企业的税收负担，鼓励企业加大研发投入，推动技术创新和产业升级，提高自身的核心竞争力和市场竞争力。相关优惠内容、适用主体、情形和政策依据等详见表 3.6。

表 3.6　研发费用税前加计扣除税优惠政策解读一览表

<table>
<tr><td>优惠内容</td><td colspan="4">企业开展研发活动中实际发生的研发费用，未形成无形资产计入当期损益的，在按规定据实扣除的基础上，自 2023 年 1 月 1 日起，再按照实际发生额的 100% 在税前加计扣除；形成无形资产的，自 2023 年 1 月 1 日起，按照无形资产成本的 200% 在税前摊销</td></tr>
<tr><td>适用主体</td><td colspan="4">除烟草制造业、住宿和餐饮业、批发和零售业、房地产业、租赁和商务服务业、娱乐业等以外，其他行业企业均可享受</td></tr>
<tr><td rowspan="7">科技成果研发形式及加计扣除方法</td><td colspan="3">自行研发</td><td>企业开展研发活动中实际发生的研发费用，未形成无形资产计入当期损益的，在按规定据实扣除的基础上，自 2023 年 1 月 1 日起，再按照实际发生额的 100% 在税前加计扣除；形成无形资产的，自 2023 年 1 月 1 日起，按照无形资产成本的 200% 在税前摊销</td></tr>
<tr><td rowspan="4">技术开发</td><td rowspan="4">企业委托外部机构或个人进行研发活动所发生的费用，按照费用实际发生额的 80% 计入委托方研发费用并计算加计扣除，受托方不得再进行加计扣除（财税〔2015〕119 号）</td><td>委托方与受托方无关联关系</td><td>按照委托方支付给受托方开发费用的实际发生额的 80% 计入委托方研发费用并计算加计扣除。这是简易算法，不需要受托方提供研发费用明细，操作方便</td></tr>
<tr><td>委托方与受托方存在关联关系</td><td>受托方应向委托方提供研发项目费用支出明细情况，且也只能按照符合财税〔2015〕119 号文第一条第一款所列费用明细的研发费用的 80% 计入委托方研发费用并计算加计扣除</td></tr>
<tr><td>委托境外机构进行研发</td><td>根据《财政部 税务总局 科技部关于企业委托境外研究开发费用税前加计扣除有关政策问题的通知》（财税〔2018〕64 号）规定，可以列入可加计扣除研发费用。但根据财税〔2015〕119 号文规定，还是要区分是否存在关联关系两种情形进行加计扣除</td></tr>
<tr><td>委托境外个人进行研发</td><td>不得加计扣除</td></tr>
<tr><td colspan="3">技术转让</td><td>企业利用受让于高校、科研机构、其他企业或组织的科技成果开发新技术、新工艺、新材料、新产品等，企业所支付的科技成果转让费，应结转为企业的无形资产，该无形资产的摊销费可列为可加计扣除研发费用。企业的无形资产必须用于研发活动，才可以摊入研发费用，并列入可加计扣除研发费用</td></tr>
<tr><td colspan="3">技术咨询、技术服务、技术培训</td><td>不享受研发费用税前加计扣除政策。主要原因是，对于提供技术咨询、技术服务、技术培训的机构或人来说，是科技知识的直接应用，不具有创新性，不属于研发活动</td></tr>
</table>

续表

政策依据	《中华人民共和国企业所得税法》 《财政部　国家税务总局　科技部关于完善研究开发费用税前加计扣除政策的通知》(财税〔2015〕119号) 《国家税务总局关于研发费用税前加计扣除归集范围有关问题的公告》(国家税务总局公告2017年第40号) 《财政部　税务总局　科技部关于企业委托境外研究开发费用税前加计扣除有关政策问题的通知》(财税〔2018〕64号) 《财政部　税务总局关于进一步完善研发费用税前加计扣除政策的公告》(财政部 税务总局公告2023年第7号)

(二)针对自然人主体

1. 职务科技成果转化现金奖励减免个人所得税

科技人员采取转让、许可方式转化职务创新成果的，在相关单位取得转化收入后3年内发放的现金奖励，减半计入科技人员当月个人工资薪金所得计征个人所得税。相关优惠内容、享受条件、政策依据等详见表3.7，办理参考流程详见图3.6。

2. 科研机构、高等学校股权奖励延期缴纳个人所得税

科研机构、高等学校的科研人员通过职务科技成果转化取得股份、出资比例时，暂不缴纳个人所得税；取得按股份、出资比例分红或转让股权、出资比例所得时，应依法缴纳个人所得税。相关优惠内容、享受条件、政策依据等详见表3.8，办理参考流程详见图3.7。

表3.7　职务科技成果转化现金奖励减免个人所得税政策解读一览表[4]

享受主体	科技人员
优惠内容	自2018年7月1日起，依法批准设立的非营利性研究开发机构和高等学校根据《中华人民共和国促进科技成果转化法》规定，从职务科技成果转化收入中给予科技人员的现金奖励，可减按50%计入科技人员当月工资、薪金所得，依法缴纳个人所得税

4　资料来源：国家税务总局官网 https://www.chinatax.gov.cn/chinatax/c101895/c5176347/content.html。

续表

享受主体	科技人员
享受条件	1. 非营利性科研机构和高校包括国家设立的科研机构和高校、民办非营利性科研机构和高校。国家设立的科研机构和高校是指利用财政性资金设立的、取得事业单位法人证书的科研机构和公办高校，包括中央和地方所属科研机构和高校。 民办非营利性科研机构和高校，是指同时满足以下条件的科研机构和高校。 （1）根据《民办非企业单位登记管理暂行条例》在民政部门登记，并取得民办非企业单位登记证书。 （2）对于民办非营利性科研机构，其民办非企业单位登记证书记载的业务范围应属于“科学研究与技术开发、成果转让、科技咨询与服务、科技成果评估”范围。对业务范围存在争议的，由税务机关转请县级（含）以上科技行政主管部门确认。对于民办非营利性高校，应取得教育主管部门颁发的民办学校办学许可证，民办学校办学许可证记载学校类型为“高等学校”。 （3）经认定取得企业所得税非营利组织免税资格。 2. 科技人员享受上述税收优惠政策，须同时符合以下条件。 （1）科技人员是指非营利性科研机构和高校中对完成或转化职务科技成果做出重要贡献的人员。非营利性科研机构和高校应按规定公示有关科技人员名单及相关信息（国防专利转化除外），具体公示办法由科技部会同财政部、税务总局制定。 （2）科技成果是指专利技术（含国防专利）、计算机软件著作权、集成电路布图设计专有权、植物新品种权、生物医药新品种，以及科技部、财政部、税务总局确定的其他技术成果。 （3）科技成果转化是指非营利性科研机构和高校向他人转让科技成果或者许可他人使用科技成果。现金奖励是指非营利性科研机构和高校在取得科技成果转化收入 3 年（36 个月）内奖励给科技人员的现金。 （4）非营利性科研机构和高校转化科技成果，应当签订技术合同，并根据《技术合同认定登记管理办法》，在技术合同登记机构进行审核登记，并取得技术合同认定登记证明。 非营利性科研机构和高校应健全科技成果转化的资金核算，不得将正常工资、奖金等收入列入科技人员职务科技成果转化现金奖励享受税收优惠
政策依据	《财政部 税务总局 科技部关于科技人员取得职务科技成果转化现金奖励有关个人所得税政策的通知》（财税〔2018〕58 号）
办理要求及注意事项	1.《财政部 税务总局 科技部关于科技人员取得职务科技成果转化现金奖励有关个人所得税政策的通知》（财税〔2018〕58 号）第五条第三项所称 3 年（36 个月）内，是指自非营利性科研机构和高校实际取得科技成果转化收入之日起 36 个月内。非营利性科研机构和高校分次取得科技成果转化收入的，以每次实际取得日期为准。 2. 非营利性科研机构和高校向科技人员发放职务科技成果转化现金奖励（以下简称“现金奖励”），应于发放之日起至次月 15 日内，向主管税务机关报送“科技人员取得职务科技成果转化现金奖励个人所得税备案表”（详见附件 3-1，请扫描二维码阅读）。单位资质材料（事业单位法人证书、民办学校办学许可证、民办非企业单位登记证书等）、科技成果转化技术合同、科技人员现金奖励公示材料、现金奖励公示结果文件等相关资料自行留存备查。 附件 3-1 3. 非营利性科研机构和高校向科技人员发放现金奖励，在填报“扣缴个人所得税报告表”时，应将当期现金奖励收入金额与当月工资、薪金合并，全额计入“收入额”列，同时将现金奖励的 50% 填至“扣缴个人所得税报告表”“免税所得”列，并在备注栏注明“科技人员现金奖励免税部分”字样，据此以“收入额”减除“免税所得”以及相关扣除后的余额计算缴纳个人所得税 （来源：《国家税务总局关于科技人员取得职务科技成果转化现金奖励有关个人所得税征管问题的公告》国家税务总局公告 2018 年第 30 号）

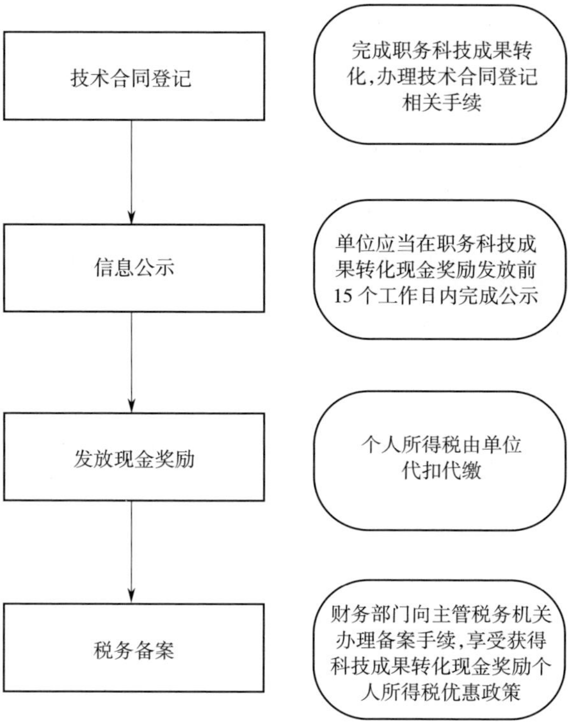

图 3.6　职务科技成果转化现金奖励减免个人所得税办理参考流程 [5]

表 3.8　科研机构、高等学校股权奖励延期缴纳个人所得税政策解读一览表 [6]

享受主体	获得科研机构、高等学校转化职务科技成果以股份或出资比例等股权形式给予的奖励的个人
优惠内容	自 1999 年 7 月 1 日起，科研机构、高等学校转化职务科技成果以股份或出资比例等股权形式给予个人奖励，获奖人在取得股份、出资比例时，暂不缴纳个人所得税；取得按股份、出资比例分红或转让股权、出资比例所得时，应依法缴纳个人所得税
享受条件	个人获得科研机构、高等学校转化职务科技成果以股份或出资比例等股权形式给予的奖励。享受上述优惠政策的科技人员必须是科研机构和高等学校的在编正式职工
政策依据	1.《财政部　国家税务总局关于促进科技成果转化有关税收政策的通知》（财税字〔1999〕45 号）第三条。 2.《国家税务总局关于促进科技成果转化有关个人所得税问题的通知》（国税发〔1999〕125 号）

5　《北京市贯彻落实〈中华人民共和国促进科技成果转化法〉〈北京市促进科技成果转化条例〉操作指南》。
6　资料来源：国家税务总局官网 https://www.chinatax.gov.cn/chinatax/c101895/c5176338/content.html。

续表

办理要求及注意事项	按照《国家税务总局关于促进科技成果转化有关个人所得税问题的通知》（国税发〔1999〕125 号）和《国家税务总局关于取消促进科技成果转化暂不征收个人所得税审核权有关问题的通知》（国税函〔2007〕833 号）规定，将职务科技成果转化为股份、投资比例的科研机构、高等学校或者获奖人员，应在授（获）奖后至次月 15 日内向主管税务机关备案，报送“科技成果转化暂不征收个人所得税备案表”。技术成果价值评估报告、股权奖励文件及其他证明材料由奖励单位留存备查（来源：《国家税务总局关于 3 项个人所得税事项取消审批实施后续管理的公告》国家税务总局公告 2016 年第 5 号）附件 3–2

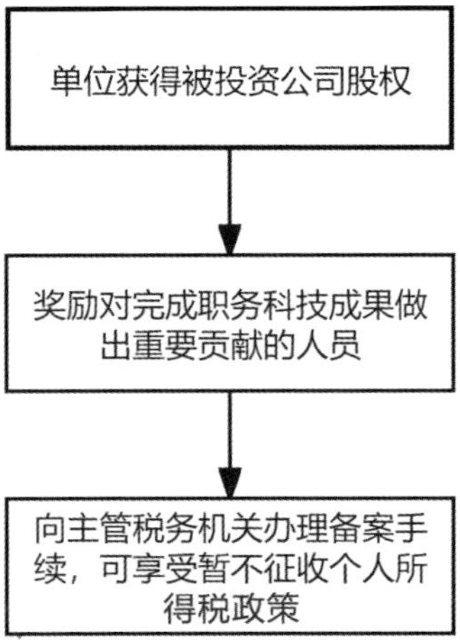

图 3.7　科研机构、高等学校股权奖励延期缴纳个人所得税政策办理参考流程[7]

（注：暂不征收个人所得税是指科技人员获得奖励时，由于股权没有变现导致现金流缺乏，暂时无须缴纳个人所得税；待到获得分红或转让股权时（具有一定现金流），再缴纳个人所得税。）

三、需要特别注意的问题

（1）技术开发、技术转让和与之相关的技术服务、技术咨询享受减免增值税优惠政策需开增值税普通发票。

前文提到，技术合同卖方想要享受增值税优惠政策，需要满足一定的条件。《财政部 国家税务总局《关于全面推开营业税改征增值税试点的通知》（财税〔2016〕36 号）中的附件 1《营业税改征增值税试点实施办法》的第六章第

7　《北京市贯彻落实〈中华人民共和国促进科技成果转化法〉〈北京市促进科技成果转化条例〉操作指南》。

四十八条明确，纳税人发生应税行为适用免税、减税规定的，可以放弃免税、减税，依照本办法的规定缴纳增值税；放弃免税、减税后，36 个月内不得再申请免税、减税。第五十三条亦明确：纳税人发生应税行为，应当向索取增值税专用发票的购买方开具增值税专用发票，并在增值税专用发票上分别注明销售额和销项税额；属于适用免征增值税规定的应税行为情形的，不得开具增值税专用发票。

因此，技术转让、技术开发和与之相关的技术服务和技术咨询属于适用免征增值税规定的应税行为，不得开具增值税专用发票。如开具增值税专用发票则视为放弃免税、减税，依照规定缴纳增值税，同时，放弃免税、减税后，36 个月内不得再申请免税、减税。

（2）技术服务、技术咨询可以纳入减免增值税优惠政策的范围。

前文提到技术服务、技术咨询也可以享受减免增值税优惠政策，特别注意需要和与相关的技术转让、技术开发签订在一个合同中，且相对应的价款也应当在一张发票上开具。同时，合同的主体应为技术开发和技术转让，因此要把握好与之相关的服务、咨询占合同总工作量的比例，换句话说，技术合同的主要工作内容不能是技术服务或技术咨询，价款也应与之对应，只有在被认定为是技术开发或技术转让合同时才能享受到政策红利。

（3）符合条件的技术许可合同可参照技术转让合同在完成技术合同认定登记后享受税收优惠政策。

在《中华人民共和国民法典》（以下简称《民法典》）正式实施之前，《中华人民共和国合同法》（以下简称《合同法》）规定，技术合同共有技术开发合同、技术转让合同、技术服务合同、技术咨询合同四类，其中技术转让合同包含技术许可合同。《合同法》自 1999 年 10 月 1 日正式实施，于 2021 年 1 月 1 日废止。因此，在此之间的法律、行政法规、地方性规范、规章等文件中提及的技术转让合同应包含技术许可合同（有特殊说明的除外）。如：《财政部 税务总局关于全面推开营业税改征增值税试点的通知》（财税〔2016〕36 号），明确“纳税人提供技术转让、技术开发和与之相关的技术咨询、技术服务免征增值税”，其中的技术转让就包括技术许可。2020 年 5 月修订的《民法典》区分了技术转让合同和技术许可合同。

（4）技术秘密的转让和许可享受针对科技人员的收益分配，但不能享受针对技术出让方或许可方的所得税优惠政策。《中华人民共和国促进科技成果转化法》第四十五条明确规定了将职务科技成果转让、许可给他人实施的可以提取奖励和报酬，但《国家税务总局关于许可使用权技术转让所得企业所得税有关问题的公告》中提及技术转让、许可享受所得税适用的范围中标的的内容均需要以知识产权的形式进行转让、许可，技术秘密不在享受范围内。

同时，《财政部 税务总局 科技部关于科技人员取得职务科技成果转化现金奖励有关个人所得税政策的通知》（财税〔2018〕58 号）提到：科技人员享受本通知规定税收优惠政策，必须符合的条件之一就是：科技成果是指专利技术（含国防专利）、计算机软件著作权、集成电路布图设计专有权、植物新品种权、生物医药新品种，以及科技部、财政部、税务总局确定的其他技术成果。因此技术秘密的转让和许可也不能够享受到针对个人在二次分配阶段的个人所得税减半纳税的优惠政策。

（5）技术作价入股合同与技术转让合同享受到的所得税优惠政策不同。技术作价入股是一种常见的成果转化获得收益的形式（参见本书第七章科技成果作价投资操作图解），通常以技术转让的方式订立，符合技术合同标准的，可登记为技术转让合同。需要注意的是，依据《财政部 国家税务总局关于完善股权激励和技术入股有关所得税政策的通知》（财税〔2016〕101 号）第三部分对技术成果投资入股实施选择性税收优惠政策的规定：企业或个人以技术成果投资入股到境内居民企业，被投资企业支付的对价全部为股票（权）的，企业或个人可选择继续按现行有关税收政策执行，也可选择适用递延纳税优惠政策；选择技术成果投资入股递延纳税政策的，经向主管税务机关备案，投资入股当期可暂不纳税，允许递延至转让股权时，按股权转让收入减去技术成果原值和合理税费后的差额计算缴纳所得税。技术成果投资入股，是指纳税人将技术成果所有权让渡给被投资企业、取得该企业股票（权）的行为。

因此，技术作价入股享受的税收优惠政策是递延纳税，而作为技术转让或技术许可在完成技术合同认定登记后可以享受所得税减免的优惠政策。技术卖方需要在两种税收优惠政策中选择其一享受。

第四章

领导干部与科研人员尽职免责政策图解

随着我国科技成果转化相关法律法规出台，地方政府出台配套措施和实施细则，科技成果转化发展速度快、规模大，呈现出良好的发展态势[1]。然而，目前我国科技成果转化在质和量上还存在一定差距，这与成果发明人和转化决策人在科技成果转化过程中有顾虑、怕追责、不敢转有很大关系。因此，明确科技成果转化尽职免责的政策和边界，破除制约科技成果转化的障碍和藩篱，消除领导干部“不敢为”的顾虑，激发科研人员创新创造的活力显得尤为迫切。结合科技成果转化方式多样性、路径不确定性等特点及客观规律，本章系统梳理了国家及天津市有关科技成果转化尽职免责的政策条款，并借鉴《上海市科技成果转化尽职免责制度指引》《广州市科技成果转化尽职免责制度指引》《广东省高校和科研事业单位职务科技成果转化尽职免责认定工作指引》《武汉市科技成果转化工作容错免责实施细则》等细化规定，严格按照相关政策要求规范流程、明确边界，便于领导干部和科研人员随时查阅与参考。

早在2016年初，习近平总书记就提出“要把干部在推进改革中因缺乏经验、先行先试出现的失误和错误，同明知故犯的违纪违法行为区分开来；把上级尚无明确限制的探索性试验中的失误和错误，同上级明令禁止后依然我行我素的违纪违法行为区分开来；把为推动发展的无意过失，同为谋取私利的违纪违法行为区分开来。”[2]这“三个区分开来”的重要论断，为干事创业划定了“三条底线”，既是容错的边界，也是干事创业的“负面清单”，形成了允许改革有失误、但不允许不改革的鲜明导向，给作风正派、锐意进取的干部吃了定心丸，对于激励科技成果转化改革探索也起到了非常重要的作用。

2018年5月，中共中央办公厅印发了《关于进一步激励广大干部新时代新担当新作为的意见》，对建立激励机制和容错纠错机制，进一步激励广大干部新时代新担当新作为提出明确要求。该意见全面落实习近平总书记关于“三个区分开来”的重要要求，宽容干部在工作中特别是改革创新中的失误，旗帜鲜明地为敢于担当的干部撑腰鼓劲。

1　蔺娜，龚可唯．科技成果转化尽职免责机制建设问题研究 [J]. 科技与金融，2021（10）：47-50.
2　中共中央文献研究室．习近平关于全面建成小康社会论述摘编 [M]. 中央文献出版社，2016：206.

2020年5月，科技部等9部门印发《赋予科研人员职务科技成果所有权或长期使用权试点实施方案》，提到“完善纪检监察、审计、财政等部门监督检查机制，以是否符合中央精神和改革方向、是否有利于科技成果转化作为对科技成果转化活动的定性判断标准，实行审慎包容监管”，这进一步激发了科研人员的创新热情。

一、尽职条件

要保证尽职免责机制发挥积极作用，防止跑偏，首先必须全面理解、准确界定“尽职免责”的含义。尽职免责与失职追责是一个整体，尽职免责从积极方面保护、鼓励有关人员认真履职尽责，积极作为，勇敢担当；失职追责从消极方面追究有关人员不履行或不正确履行职责的行为。二者互相配合，缺一不可。“尽职”应当理解为全面、全部、全心全意地履行职责，而不是简单、机械、被动应付地完成工作即可。职责的含义也十分丰富，包括法定职责、部门职责、岗位职责、固定职责、临时职责等等，需要具体问题具体分析，具体界定。尽职是对工作职责的勇敢担当，是对工作环境的积极适应，也是对所负使命的忠诚和信守。

一般来说，在科技成果转化中，单位同时满足了如图4.1所示的条件，则视为做到了勤勉尽职。

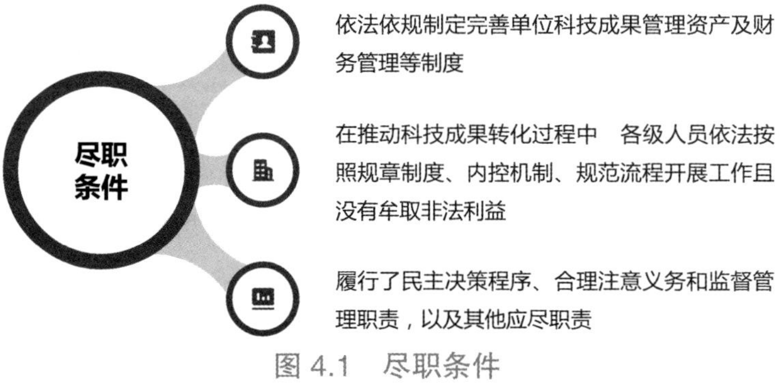

图4.1　尽职条件

需特别注意的是，《中华人民共和国促进科技成果转化法》明确要求未经单位允许，泄露本单位的技术秘密，或者擅自转让、变相转让职务科技成果的，参加科技成果转化的有关人员违反与本单位的协议，在离职、离休、退休后约定的期限内从事与原单位相同的科技成果转化活动，给本单位造成经济损失的，依法承担民事赔偿责任；构成犯罪的，依法追究刑事责任。

二、免责情形

“免责”也不应简单理解为免除全部责任，而是根据履职尽责的情况，综合分析动机态度、客观条件、程序方法、性质程度、后果影响以及挽回损失等情况，依纪依规予以从轻、减轻或免予问责处理。在实践中，要坚决防止混淆问题性质、拿尽职免责当“保护伞”，搞纪律“松绑”，要确保容错在纪律红线、法律底线内进行[3]。免责是督促手段，尽职才是最终目的。

科技成果转化参与人员根据法律法规和本单位依法制定的规章制度，开展科技成果转化工作，履行了民主决策程序、合理注意义务和监督管理职责的，即视为已履行勤勉尽责义务。符合图 4.2 所列情形之一的，可以不予追究相关人员决策失误责任。

除此之外，各地也在探索，担任领导职务的科技人员技术作价入股或成果转化股权激励，不视为经商办企业，进一步为领导干部解除后顾之忧，见图 4.3。

《教育部 科技部关于加强高等学校科技成果转移转化工作的若干意见》明确科技成果转化过程中，通过技术交易市场挂牌、拍卖等方式确定价格的，或者通过协议定价并按规定在校内公示的，高校领导在履行勤勉尽职义务、没有牟取非法利益的前提下，免除其在科技成果定价中因科技成果转化后续价值变化产生的决策责任。

2024 年 5 月，天津市出台《关于进一步推动科技成果转化创新改革的若干措施》也明确实行成果转化容错免责，在建立相关制度、流程合规、履行勤勉尽责义务、没有牟取非法利益的前提下，免除单位领导科技成果定价的相关决策责任。

3 吴孟栓．全面理解、准确界定“尽职免责”，鼓励公职人员履职担当 [J]. 工商行政管理，2018（17）.

免责情形

1. 科研人员在完成科技成果之后，及时向本单位披露科技成果情况，经审核后，认为不应以单位名义申请、登记知识产权，据此放弃申请、登记知识产权导致单位利益受损的

2. 管理人员和领导人员已经按照相关规定履行了通知、告知、公示等程序，仍因对已经授权的科技成果进行放弃，导致单位利益受损的

3. 管理人员和领导人员在科技成果转化过程中，虽已履行关联交易相关规定程序，但仍因科研人员在成果转化中存在关联交易导致单位利益受损的

4. 管理人员和领导人员通过技术交易市场挂牌交易、拍卖等方式确定价格，或者通过协议定价并在本单位及技术交易市场公示拟交易价格，但科技成果后续产生较大的价值变化，导致单位利益受损的

5. 管理人员和领导人员在赋予科研人员职务科技成果所有权中，对于协议约定取得成果转化收益情形的，按照规定程序将赋权成果转让给全资国有企业及科研人员，因创业企业经营不善或创业失败，导致单位国有资产减损或无法收回收益的

6. 管理人员和领导人员在赋予科研人员职务科技成果长期使用权或所有权过程中，按照规定程序将赋权成果许可或转让给科研人员，因科研人员创业失败，导致单位无法收回收益的

7. 管理人员和领导人员在科技成果转化过程中，虽已履行公示等相关规定程序，仍因科技成果转化活动引起科技成果权属、奖酬分配等争议，给单位造成纠纷或不良影响的

8. 按照国家和本省市科技成果转化改革工作要求，管理人员和领导人员探索科技成果转化的具体路径和模式，先行先试开展科技成果转化活动，仍给单位造成损失的

9. 在推动科技成果转化过程中，科研人员、管理人员和领导人员依法按照规章制度、内控机制、规范流程开展其他有利于单位开展科技成果转化活动，仍给单位造成其他损失或不良影响的

10. 符合党内法规和规范性文件以及国家法律法规规定的不予、免予追责问责情形

图 4.2　免责情形[4]

作价入股形成的股权：领导干部技术作价入股形成的股份，是职务科技成果作价投资形成股份后，由单位奖励所得；或由单位将科技成果所有权赋予具有领导职务的科研人员后，技术作价入股所得，不视为经商办企业。

成果转化股权激励：高校院所等事业单位担任领导职务的科技人员，依法依规获得的成果转化股权激励不视为经商办企业。

图 4.3　领导干部科技成果转化相关行为不视为经商办企业的情形

4　参考《广州市科技成果转化尽职免责制度指引》《上海市科技成果转化尽职免责制度指引》。

三、实施要点

从顶层设计来讲，国家以及各地方政府在有关科技成果转化工作尽职免责的政策方面已经给各单位做出规定，各单位建立尽职免责机制，会涉及内部科研、财务、国资、人事、纪检、审计等部门的协同，重点应关注相关内容与流程制定、衔接的合理度及流畅度，最终目的应是相关流程能似拼图一般严丝合缝地嵌入日常工作中，做到严谨且日常、周密又便捷。科技成果转化尽职免责实施关键环节见图 4.4。

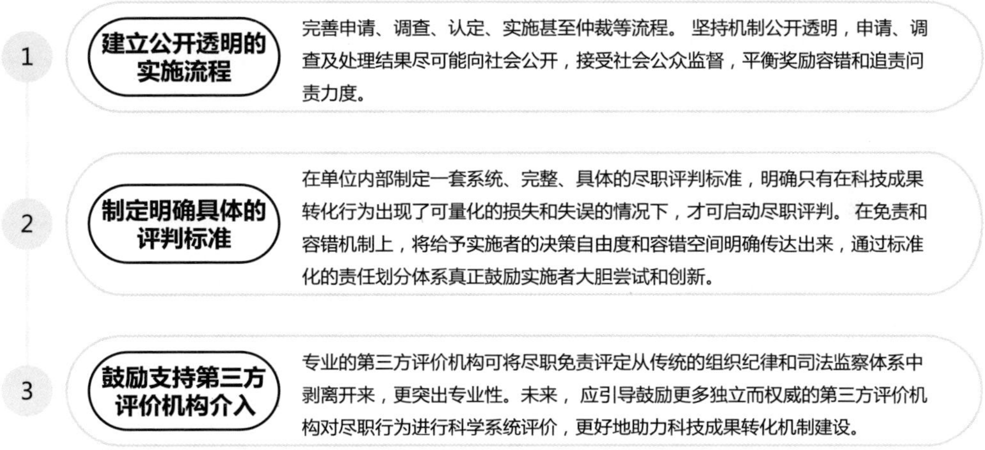

图 4.4　科技成果转化尽职免责实施关键环节 [5]

具体要点可参考如下内容。

（一）决策免责

领导干部履行勤勉尽责义务，没有谋取非法利益，其相关行为在程序上合法合规，免除决策责任；科研人员履行应尽义务，没有谋取非法利益，在科技成果使用、处置和收益中的过错，以纠正为主、不追究责任。具体决策免责实施要点包含“两制度”“四责任”，具体见图 4.5。

5　国家科技评估中心，中国科技评估与成果管理研究会．科技成果转化工作指南 [M]. 北京：北京理工大学出版社，2021.

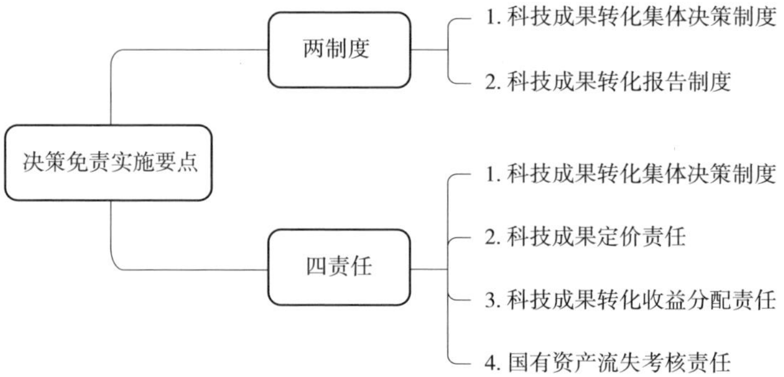

图 4.5　决策免责实施要点

1. 科技成果转化集体决策制度

《教育部 国家知识产权局 科技部关于提升高等学校专利质量促进转化运用的若干意见》提出高校要成立知识产权管理与运营领导小组或科技成果转移转化领导小组，统筹科研、知识产权、国资、人事、成果转移转化和图书馆等有关机构，积极贯彻《高等学校知识产权管理规范》（GB/T 33251—2016），形成科技创新和知识产权管理、科技成果转移转化相融合的统筹协调机制。

通过成立领导小组，合理分解一把手权力，既能充分落实民主集中制又能减少正职领导对具体事务的插手干预，在特定时期，也能迅速形成跨部门的协调合力，有利于科学、高效地做好科技成果转化工作。

《中华人民共和国促进科技成果转化法》明确规定，建立健全科技成果转化重大事项领导班子集体决策制度。正职领导应牵头制定科技成果转化重大事项决策标准和目录。在重大事项决策中，严格执行专家论证、领导班子集体研究讨论、公示等程序。在制定政策和规划时，广泛征求有关单位或部门意见。邀请法律咨询专家参与重大合同谈判、草拟、修改和审查等环节，确保科技成果转化各类重大事项决策规范。

2. 科技成果转化报告制度

在职务科技成果转化与收益分配的管理上，各单位严格按照国家及地方法律法规制定相应管理文件，并及时向上级主管部门或单位备案。在决策机制明确后，建议各单位注意报告管理制度，即在每年向主管部门报送的本单位上一年度科技成果转化与收益分配情况的年度报告中，一并报送科技成果转化取得的收入及分配情况、奖酬金发放情况等内容；若无要求，则在单位内部公开报告，并将相关材料归档。

3. 科技成果赋权责任

在实际的赋权操作过程中，并不是所有的成果均适合赋权，可能影响国家安全、国防安全、公共安全、经济安全、社会稳定等事关国家利益和重大社会公共利益的成果，或者容易产生纠纷的成果并不适合赋权，因此要建立赋权成果的负面清单制度，对于权属不清、泄露技术秘密、不合规、可能危害国家和社会安全等四类成果，不进行赋权。

4. 科技成果定价责任

在开展技术成果转移转化过程中，即使已对科研人员充分赋权，但如果交易成本过高，也会使得科技成果转化处于低效率状态，未达到帕累托最优。单位管理者在实施协议定价或技术作价入股决策时，不应只简单关注国有资产保值增值和防止国有资产流失，应根据科技成果特点，由市场化“评估”判定其价值，即充分考虑实际市场需求，而非评估报告：在单位审议后确需进行评估的，可委托有资质的第三方评估机构进行评估，以便为单位进一步决策提供必要的参考依据。

5. 科技成果转化收益分配责任

由单位总体制定成果转化收益分配比例，确定年度各项目收益可分配额度，再根据项目组分配到团队层，由团队组织分配对象、具体分配比例等的界定，形成“民主决策”意见，内部公示无异议后上报单位审批，在符合各项法规及单位管理文件的基础上，签发决策意见，避免主体责任向领导倾斜，降低决策焦虑及风险。

6. 国有资产流失考核责任

实际上，职务科技成果转化与国有资产流失之间的制度冲突问题已在现有规范框架下得到了解决。按照 2019 年修改后的《事业单位国有资产管理暂行办法》第四十条规定，职务科技成果转让、许可或作价投资时，不再经过国有资产政府审批程序，单位可自主决定是否进行资产评估。《赋予科研人员职务科技成果所有权或长期使用权试点实施方案》第二条第四项也做出了类似的规定，再结合该方案第二条第七项规定的尽职免责机制，可以说，这些规定基本破除了单位担心因赋权给科研人员导致国有资产流失而担责的制度障碍，打通了职务科技成果转化的制度路径。

（二）关键环节防控免责

职务科技成果转化收益分配工作涉及领域较为广泛，实施过程中存在多方面可控与不可控因素。对各环节有全盘清晰的了解，便能更好地做到尽职免责。表 4.1 从性质定位、分配、财务管理、资产评估及转化方式等方面，梳理出 11 项风险点及防控思路供参考。

表 4.1　职务科技成果转化收益分配风险点及防控思路

风险点	防控思路
性质定位	职务科技成果转化实质是对国有资产的使用、处置；使用、处置国有资产的基本原则是：1. 转化过程程序得当；2. 成果评估价格公允；3. 国有资产保值增值
分配激励额度	未建立有效规定或未及时与重要技术人员约定的，按照《中华人民共和国促进科技成果转化法》等国家有关制度执行，并在激励方案有效期内制定相关制度，在实施下一期项目分配奖励计划时从其约定
分配节点	应在职务科技成果完成、转化后，按照与重要技术人员的约定或企业有关规定，合理确定奖励额度（包括提取模式、比例等）和执行时限
分配规则	对同一分配对象就同一职务科技成果或者产业化项目，只能采取一种分配方式、给予一次奖励
个人分配限制	个人奖励水平应当结合分配对象人数、薪酬水平、市场对标因素，根据分配对象个人在职务成果完成和转化过程中的贡献以及绩效考核结果约定。 对关键科研任务、重大开发项目、主导产品或核心技术的主要完成人、负责人等可以适当提高分配比例。 对个人收入明显高于市场水平或同时参与多个项目分配的，应当合理控制个人分配标准或项目奖励总收入
成果定价免责情形	通过技术交易市场挂牌交易、拍卖等方式确定价格的，或者通过协议定价并在本单位及技术交易市场公示拟交易价格的，须按相应法规及单位管理文件，履行勤勉尽责义务、不牟取非法利益，可免除其在科技成果定价中因科技成果转化后续价值变化产生的决策责任

续表

风险点	防控思路
分配奖励的财务管理	分配奖励计划纳入工资总额预算管理。按照有关规定申报年度分配奖励预算，结合企业生产经营和科技创新实施情况进行预算调整，并根据财务决算结果兑现奖励额度、开展预算执行情况清算评价工作。 分配奖励所需支出应当计入本企业工资总额，实行单列管理，经费、工会经费不纳入本企业工资总额基数，不作为企业职工教育、社会保险费、补充养老及补充医疗保险费、住房公积金等的计提依据。 ★及时进行技术合同认定登记
定期报告制度	建立分配奖励工作定期报告制度，并定期将上一年度实施分配奖励的总体情况报送上级主管部门。 根据实际情况，可自行组织开展自查自纠，对照现行政策，及时避免违反法律法规及政策规定、损害国有资产权益等情况
资产评估	应评未评、资质不符、虚假资料、不办理备案的，经济行为认定为无效
资产评估备案	科技成果转化行为如果涉及资产评估，应在评估后依法向上级监管部门备案。国企评估结果如未经过国资监管部门备案，其作为经济行为定价依据的作用实质是无效的，高校、科研机构可自行决策，无须上级主管部门审批
转化方式风险	1. 自行实施或合作实施转化：与主营业务之间的边界划分（物理划分、财务单列等），成果产权的边界（与支撑技术之间、与周边技术之间）；科技成果转化管理人员界定，合规处理转化收益与业务收益、相关迭代技术之间的重叠，避免不当分配。 2. 转让方式：所持有科技成果的交易价格要做到公允，转让交易的过程要做到合规、合法。 3. 许可方式：收益方式的选择，需要结合所授权成果的转化特点选择一次性、分阶段或是组合性的方式获得许可收益，收益方式的选择可能关系到转化效率。 4. 作价投资：科技成果评估作价形成产业化公司股权并部分奖励给科研团队后，国有企业与科研人员直接在产业化公司内部实施转化过程中的决策一致性、国有股权对产业化公司的控制力、产业化公司盈利分配及中长期发展等一系列事关国有资产安全的专业化处理问题。 解决对策——参考对外投资项目风险应对方式，项目分红阶段注意定期考核作价投资项目的财务考核指标是否达标、是否具备分红条件，如不具备，应暂停项目分红

（三）信息公开免责

尽职免责中最重要的一项工作是信息公示，不同单位结合自身情况，在职务科技成果转化收益分配工作中充分贯彻信息公示制度，明确信息公示环节、内容及范围等情况。表 4.2 梳理了常见信息公示节点、内容等供查阅参考，公示范围及形式因单位实际情况有所差异。需要注意的是，担任领导职务的科技人员的科技成果转化收益分配需要进行公示，主要内容包括收益分配方案及现金奖励，一般科技人员的科技成果转化收益分配根据单位相关规定做好公示。

表 4.2　职务科技成果转化收益分配信息公开节点及内容参考

节点	信息公开内容
技术研发立项	技术升级基本信息、牵头人及项目组成员、资金来源、预算与支出、未来市场效益等
技术研发结项	科技成果发明人及成员排名（必要时明确贡献比）、成本决算、知识产权布局与权属情况等
成果转化立项	成果简介与权属情况、牵头人及项目组成员、总体分配比例、资金来源、预算与支出等
成果转化情况	成果简介与权属情况、转化方式、拟交易价格、拟合作 / 交易单位或个人信息等
收益分配情况	成果转化信息、奖励人员信息、分配比例信息、现金奖励信息、技术合同登记信息、公示期限等
现金奖励信息	成果名称、类型、转化方式，收益总额、转化净收入、奖励金额，成果完成人及转化人员信息等

注：对担任领导职务的重要贡献人员，在公示时要详细说明其在成果完成过程中的贡献情况及拟分配的奖励、占比情况等，并由本人在个人年度述职述廉中报告相关情况。

四、认定程序

单位应建立尽职免责启动程序和规则，在开展尽职免责调查时，以事实为依据，以制度规定和法律法规为准绳，认真细致开展调查，客观公正收集证据材料，充分听取各方面的意见建议，科学做出尽职免责认定结论。区域科技管理部门应建立容错免责认定程序，受理有关申请，或者指定受理机构受理申请。

一般可遵循以下程序，见图 4.6。

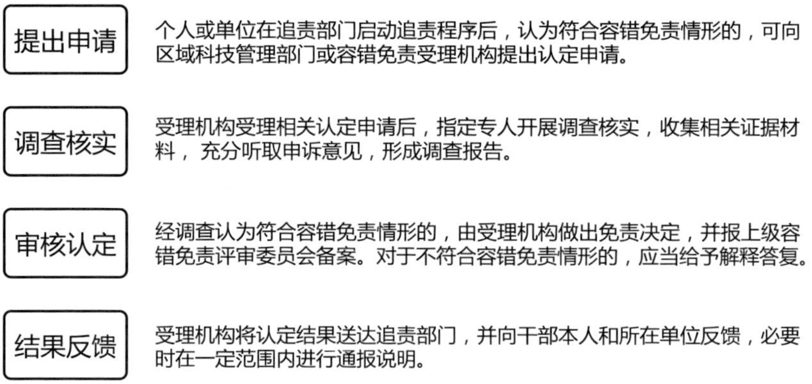

图 4.6　尽职免责一般认定程序

对涉及市管干部的容错免责工作，统一按照《关于进一步激励广大干部新时代新担当新作为的意见》及当地相关实施办法的相关规定和程序办理，妥善把握事业为上、实事求是、依纪依法、容纠并举等原则，结合动机态度、客观条件、程序方法、性质程度、后果影响以及挽回损失等情况，对干部的失误错误进行综合分析，对该容的大胆容错，不该容的坚决不容。对给予容错的干部，考核考察要客观评价，选拔任用要公正合理。坚持有错必纠、有过必改，对苗头性、倾向性问题早发现早纠正，对失误错误及时采取补救措施，帮助干部吸取教训、改进提高，让他们放下包袱、轻装上阵。严肃查处诬告陷害行为，及时为受到不实反映的干部澄清正名、消除顾虑，引导干部争当改革的促进派、实干家，专心致志为党和人民干事创业、建功立业。

容错免责认定程序参考流程，详见图 4.7。

加强免责机制的可操作性。针对尽职免责行为界定、程序执行等制定统一标准和实施细则，确保实际执行中的一致性和可执行性，免除各类创新主体对职务科技成果转化“秋后算账”的顾虑。

将尽职免责程序与容错机制有机结合。避免把尽职免责谈成“空皮囊”，明确容错与启动尽职免责调查程序的界线，要以科学合理的容错来切实减少尽职免责调查程序的启动，让尽职免责名副其实，减少管理内耗，提高管理效率。

国家在促进科技成果转化工作上已经指出了一条康庄大道，广大科研工作者完全可以在促进转化的导向上解放思想，在推动转化的操作上规范执行，在探索转化的创新上放开手脚，在追究转化的责任上抛却顾虑。随着科技成果转化工作的不断发展和变化，国家和地方有关要求也会随之更新迭代。除参考本书提及的各方面之外，还要结合地方和单位实际情况，以在廉洁上“管得住手脚”、在事业上“放得开手脚”为基本原则，用你我之力共同推动科技成果转化，形成敢为、善为、有为的积极氛围。

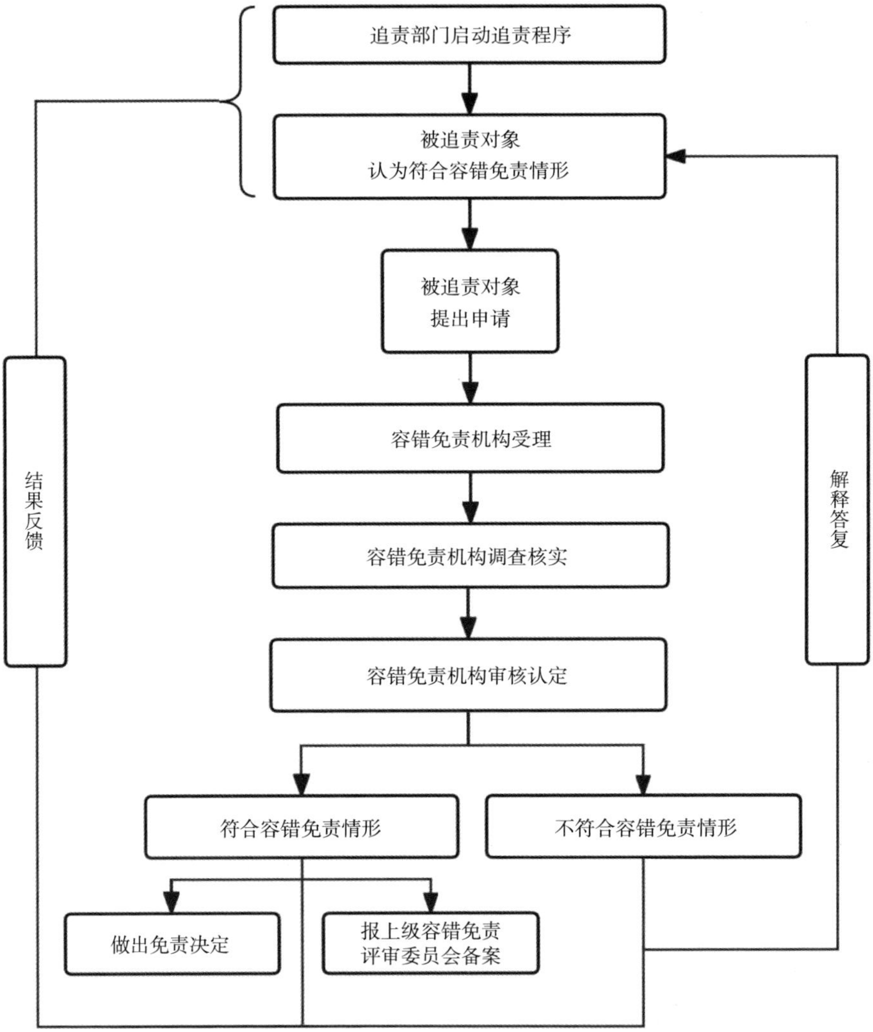

图 4.7　容错免责认定程序参考流程

02

第二部分

操作方式图解

第五章

科技成果权属改革操作图解

职务科技成果权属改革操作图解

- 改革基础
  - “三权”下放（中发〔2015〕8号）
  - 收益全留（国发〔2016〕16号）
  - 提高分享比例《中华人民共和国促进科技成果转化法》
- 赋权改革
  - 赋权条件
    - 赋权的成果权属清晰
    - 赋权的成果是可以转化的，且有较好的转化前景
    - 即将进入转化程序
    - 科研人员有强烈的意愿
  - 赋权程序
    - 科研人员（团队）内部约定内部收益分配比例等事项
    - 代表向单位提出书面赋权申请
    - 试点单位进行审批并在单位内公示
    - 试点单位与科研人员（团队）签署书面协议
    - 办理相应的权属变更等手续
  - 赋权后的费用和收益
    - 高校申请
      - 进行所有权分割 —— 专利费用：发明人按所有权分割比例承担 —— 转化收益：按照既定比例进行分配
      - 不进行所有权分割
        - 专利费用：高校承担 —— 转化收益：扣除专利费用等成本后，按照既定比例进行分配
        - 专利费用：发明人承担部分或全部 —— 转化收益：先扣除专利费用等成本，其中发明人承担的专利费用要加倍扣除并返还给发明人，然后再按照既定比例进行分配
    - 高校不申请 —— 订立合同转让给发明人 —— 专利费用：发明人承担 —— 转化收益：扣除专利申请、运维费用等成本后，发明人根据约定比例向高校交纳收益
  - 赋权实践
    - 西南交通大学 —— 在全国率先开展职务科技成果权属“混合所有制”改革，赋予科研人员职务科技成果70%的所有权
    - 中国科学技术大学 —— 采用“赋权+转让+约定收益”模式实施科技成果转化
      - 赋权：学校将职务科技成果80%或70%的所有权赋予科研人员
      - 转让：学校留存科技成果所有权以技术转让方式转让至科研人员
      - 约定收益：科研人员增资入股以后产生的对应股份收益以及其衍生增值收益按约定比例归学校所有
    - 南开大学 —— 建立职务科技成果赋权制度，赋予科研人员职务科技成果80%的所有权，提升赋权综合改革专业化服务能力
    - 天津理工大学 —— “赋权改革+作价入股”，形成了基于产权激励的知识产权转移转化新模式，赋予科研人员职务科技成果90%的所有权
  - 赋权特点
    - 提高科研人员权属和收益比例
    - 科技成果转化纳入人才评价体系
    - 优化国有资产管理机制
    - 建立管理决策机制
    - 建立尽职免责机制

科技成果按照权益归属可以划分为职务科技成果和非职务科技成果。非职务科技成果的所有权属于完成科技成果的个人，科技成果所有人拥有完全自主地处置科技成果的权利。职务科技成果的所有权属于法人或者其他组织，职务科技成果权属制度增加了交易的“制度成本”。因此，近年来从国家、地方等的各级部门对职务科技成果权属进行了一系列的改革和探索，以期通过赋予科研人员科技成果的部分或者全部所有权，最大限度地为推进成果转化提供激励动力源，从而解决科技成果“放在书柜上、躺在冰箱里、躲在实验室”等成果转化难的现实问题。

一、职务科技成果的内涵

根据《中华人民共和国促进科技成果转化法》规定，“职务科技成果，是指执行研究开发机构、高等院校和企业等单位的工作任务，或者主要是利用上述单位的物质技术条件所完成的科技成果”。这里体现了判定科技成果归属的两个标准：职责标准和资源标准，详见图 5.1。

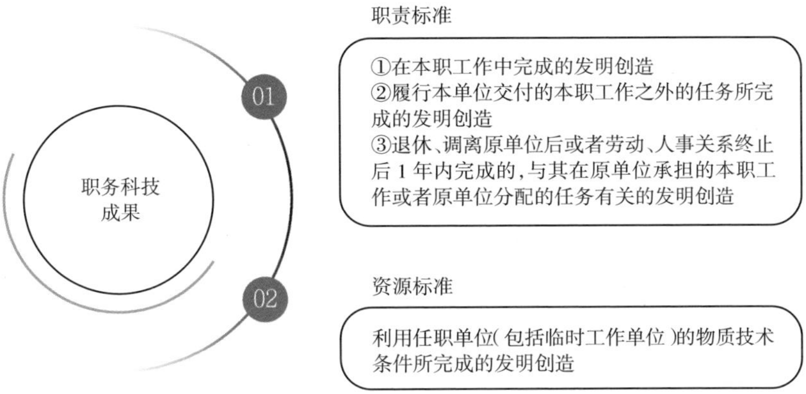

图 5.1　职务科技成果划分标准

职责标准在《中华人民共和国专利法实施细则》第十三条进行了规定，判定的是执行本单位的任务所完成的职务发明创造。资源标准判定的是科研人员在科研中利用任职单位的物质技术条件所完成的发明创造。单位与发明人或者设计人通过订立合同对申请专利的权利和专利权的归属做出约定的，从其约定。

职责标准和资源标准的权利归属模式在《中华人民共和国专利法》《中华人民共和国民法典》《集成电路布图设计保护条例》《中华人民共和国植物新品种保护条例》《计算机软件保护条例》等中都有规定[1]。虽然各法律、规章对职务科技成果的表述有差异，但都存在以下三方面的共性：一是坚持谁研发归谁所有的原则；二是坚持独立劳动与非独立劳动相区分的原则，一般来说，科研人员从事非独立的智力劳动（即在单位承担的科研任务）取得的成果是职务科技成果，从事独立的科研活动（即自行投入并研发）所取得的成果是非职务成果；三是坚持有利于科技成果扩散、推广的原则。

二、职务科技成果权属改革的意义

近年来，为了促进科技成果转移转化，国家在职务发明成果权益分享相关机制改革上，已采取了若干改革措施[2]，其中包括“三权”下放、收益全留、提高分享比例等等。当然在此基础上，还是需要进一步完善权益分享机制，其必要性和有效性主要表现为以下三个方面。

第一，科研人员分享职务发明成果权益适应了创新时代发生的要素稀缺性的重大变化。人力资本和物质资本是价值创造的两大来源。进入创新时代，人力资本成为稀缺资源，是价值创造的重要来源。创新劳动应在科技成果产权和收益分享中拥有显著份额。尽管单位的物质技术条件对于职务发明起到不可忽视的作用，但是科研人员充分发挥主动性、能动性进行创造是关键因素，因此要让职务发明创造权益更多地向做出实质贡献的“人”倾斜。我国创新驱动发展需求迫切，更需要充分调动科研人员的积极性。

第二，科研人员分享职务发明成果权益有利于加快科技成果转化。一是科研人员对职务发明成果权益没有分享权利时，科研活动往往是冲着评职称、报奖励去的，成果质量并不高。科研人员可以分享成果权益，有助于促进科研人员从立项到科研全过程注重成果可转化性，减少职务发明无效供给。二是科研

1　吴寿仁 . 职务科技成果的判定标准与原则 [EB/OL].（2021-11-23）[2024-9-11].https://mp.weixin.qq.com/s?__biz=Mzg3ODQyNzA4MA%3D%3D&mid=2247485925&idx=1&sn=a2201183d76a890074d9d0c9d7e6d55e&scene=45#wechat_redirect,2021-11-23.

2　本书编写组 .《党的十九届五中全会〈建议〉学习辅导百问》[M]. 北京：党建读物出版社，2020：48-49.

人员对技术、市场、产品最了解，最具识别和利用科研成果潜在价值的能力。让职务成果发明人通过权益分享纽带全程深度参与科技成果转化，可以有效提高科技成果转化成功率。三是财政资金投入科研活动，其目的是激发创造、发展科技、造福国民。只有成果转化了，国有资产才能增值，才能创造税收和就业机会，创新和发明成果迟迟不转化或根本不转化，是对国家科技投入和发明人劳动的最大浪费。

第三，使科研人员能够进一步分享职务发明成果产权是更为彻底的激励措施。近年来，在“权属”和“收益”分享机制建立方面，“收益”分享机制走得比较快。要遵循产权激励是最大激励的原则，借鉴四川等地相关改革探索的有益做法，在“权属”分享上取得突破。科研人员分享职务发明成果产权，同“三权”下放到单位相比，可避免单位决策烦锁等问题；同奖励权相比，可解决在实际操作中存在的奖励口径难以统一、知情权难以保障等问题；同股权激励相比，可避免对职务发明人股权激励设置的一些限制造成的股权奖励延迟和强度弱化等问题。总的来看，“权属”分享的激励作用更大、更精准，也更持久。

三、国外职务科技成果权属改革

在国有资产形成的科技成果的知识产权制度设计中，各国都充分考虑了国家、研究者和社会之间的利益平衡。了解国外政策设计的特点，可为我国完善相关政策提供借鉴，详见表 5.1。

表 5.1　部分发达国家关于科技成果的知识产权设计

国家	科技成果的知识产权制度设计
美国	美国制定《拜杜法》和《史蒂文森怀德勒技术创新法》。 《拜杜法》主要规范非营利性机构（大学等高等教育机构）和企业受政府资助产生的知识产权的权利归属，允许政府资助产生的知识产权的所有权归属项目承担单位，并可获得专利许可和转让的收益； 《史蒂文森怀德勒技术创新法》等规范政府所有与政府运营、政府所有与私人运营的实验室受政府资助产生的知识产权的权利归属
英国	2001 年，英国专利局规定知识产权一般应属于研究机构和大学。知识产权许可和转让净收入分配给相关教师、大学和下属学院

续表

国家	科技成果的知识产权制度设计
日本	日本颁布《产业活力再生特别措施法》，规定大学等研究机构对其利用政府财政资助完成的发明创造拥有所有权，但政府拥有“介入权”，并可收回所有权。 2003年，制定《国立大学法人法》，将原有的国立研究机构院所改革为独立事业法人，理清了大学研究成果的归属关系
德国	2002年，德国颁布《雇员发明法》，规定高等学校的职务发明成果归属高等学校，对于职务发明成果，高等学校享有申请专利和使用的权利，发明人对于研发成果使用收益有分享的请求权（占发明收入的30%）

四、国内科技成果权属改革

（一）职务科技成果赋权改革政策

职务科技成果赋权是推动科技成果转化的重要制度设计，我国不断完善相关法律法规和政策措施，从政策层面不断扫清职务科技成果转化的障碍，逐步深化职务科技成果赋权改革，为职务科技成果转化创造良好的政策环境，详见表5.2。

表5.2　科技成果赋权改革政策汇总

年份	政策	赋权改革要点
2016年	《关于实行以增加知识价值为导向分配政策的若干意见》（厅字〔2016〕35号）	首次提出了探索职务科技成果赋权，允许接受横向委托项目的承担单位与科研人员通过合同约定知识产权使用权，并探索赋权
2017年	《国家技术转移体系建设方案》（国发〔2017〕44号）	从探索赋权进入改革试点，并明确“单位与完成人或团队共同拥有职务发明科技成果产权”，并将赋权改革界定为科技成果产权改革
2018年	《国务院关于优化科研管理提升科研绩效若干措施的通知》（国发〔2018〕25号）	进一步将试点扩大到“利用财政资金形成的职务科技成果”，并提出了试点的原则是“权利与责任对等、贡献与回报匹配”
2018年	《国务院办公厅关于推广第二批支持创新相关改革举措的通知》（国办发〔2018〕126号）	提出在8个改革试验区域推广“以事前产权激励为核心的职务科技成果权属改革”

续表

年份	政策	赋权改革要点
2019 年	《关于扩大高校和科研院所科研相关自主权的若干意见》（国科发政〔2019〕260 号）	明确了职务科技成果赋权改革的推进部门，并将科技成果产权激励归为“完善职务科技成果权属制度”范畴
2020 年	《赋予科研人员职务科技成果所有权或长期使用权试点实施方案》（国科发区〔2020〕128 号）	“分领域选择40家高等院校和科研机构开展试点，探索建立赋予科研人员职务科技成果所有权或长期使用权的机制和模式，形成可复制、可推广的经验和做法”，赋权改革进入试点方案实施阶段
2020 年	《赋予科研人员职务科技成果所有权或长期使用权试点单位名单》（国科发区〔2020〕273 号）	确定了 40 家单位进行试点改革
2021 年	《中华人民共和国专利法》(2020 年修正）	支持单位依法处置其职务发明创造申请专利的权利和专利权，鼓励被授予专利权的单位实行产权激励，采取股权、期权、分红等方式，使发明人或者设计人合理分享创新收益
2022 年	《中华人民共和国科学技术进步法》	国家实行以增加知识价值为导向的分配政策，按照国家有关规定推进知识产权归属和权益分配机制改革，探索赋予科学技术人员职务科技成果所有权或者长期使用权制度。 国家鼓励科学技术研究开发机构、高等学校、企业等采取股权、期权、分红等方式激励科学技术人员

（二）职务科技成果赋权实施要素

根据《赋予科研人员职务科技成果所有权或长期使用权试点实施方案》（国科发区〔2020〕128 号），科技成果赋权是指试点单位“将本单位利用财政性资金形成或接受企业、其他社会组织委托形成的归单位所有的职务科技成果所有权赋予成果完成人（团队），试点单位与成果完成人（团队）成为共同所有权人”。赋权是试点单位对职务科技成果的处分，将试点单位所有的职务科技成果所有权按一定比例赋予成果完成人（团队），从由试点单位所有变成由试点单位与成果完成人（团队）共有所有。赋权条件、成果类型、对试点单位的要求以及赋权程序的基本情况如下。

1. 赋权条件

赋权的成果应具备权属清晰、应用前景明朗、承接对象明确、科研人员转化意愿强烈等条件，详见图 5.2。

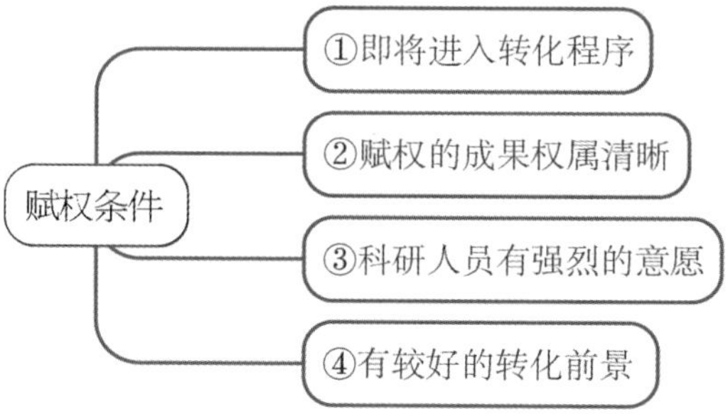

图 5.2　职务科技成果赋权条件

（根据《赋予科研人员职务科技成果所有权或长期使用权试点实施方案》（国科发区〔2020〕128 号绘制）

2. 成果类型

成果类型包括专利权、计算机软件著作权、集成电路布图设计专有权、植物新品种权、生物医药新品种和技术秘密等。可能影响国家安全、国防安全、公共安全、经济安全、社会稳定等事关国家利益和重大社会公共利益的成果暂不纳入赋权范围，加快推动建立赋权成果的负面清单制度。

3. 对试点单位的要求

赋权是对职务科技成果进行的产权激励，性质上仍属于科技成果转化收益分配，国科发区〔2020〕128 号文根据《中华人民共和国促进科技成果转化法》规定，要求试点单位“建立健全职务科技成果赋权的管理制度、工作流程和决策机制”。

4. 赋权程序

国科发区〔2020〕128 号文规定的赋权的程序如下。

（1）科技成果完成人（团队）在团队内部协商一致，并书面约定内部收益分配比例等事项。

（2）指定代表向单位提出书面赋权申请。

（3）试点单位进行审批并在单位内公示，公示期不少于 15 日。

（4）试点单位与科技成果完成人（团队）签署书面协议，约定转化科技成果收益分配比例、转化决策机制、转化费用分担以及知识产权维持费用等。

（5）办理相应的权属变更等手续。

赋权流程见图 5.3。

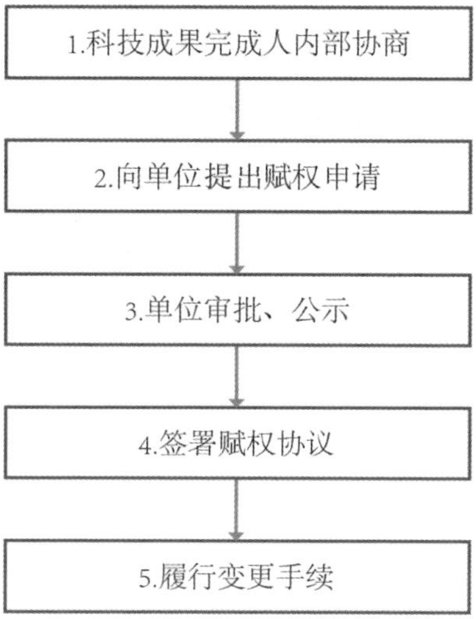

图 5.3　职务科技成果赋权流程

（根据《赋予科研人员职务科技成果所有权或长期使用权试点实施方案》（国科发区〔2020〕128 号绘制）

（三）职务科技成果产权、费用、转化收益

2020 年发布的《教育部 国家知识产权局 科技部关于提升高等学校专利质量促进转化运用的若干意见》（教科技〔2020〕1 号），支持高校开展职务发明所有权改革探索，并按照权利义务对等的原则，对高校专利产权、费用以及转化收益进行了规定。详见表 5.3。

表 5.3　高校专利产权、费用、转化收益情况表

申请类型	产权归属	专利费用	转化收益
高校申请	进行所有权分割	发明人按所有权分割比例承担（不得利用财政经费）	按照既定比例进行分配
	不进行所有权分割	高校承担	扣除专利费用等成本后，按照既定比例进行分配
		鼓励发明人承担部分或全部（不得利用财政经费）	先扣除专利费用等成本，其中发明人承担的专利费用要加倍扣除并返还给发明人，然后再按照既定比例进行分配
高校不申请	订立合同转让给发明人	发明人承担（不得利用财政经费）	扣除专利申请、运维费用等成本后，发明人根据约定比例向高校交纳收益

（四）职务科技成果权属改革实践

1. 西南交通大学

西南交通大学于 2016 年率先启动职务科技成果权属混合所有制改革，旨在从制度层面解决科技成果“不愿转”“不敢转”和“没有成熟成果可转”的难题，其间先后印发了《西南交通大学第十四届党委第 24 次常委（扩大）会议纪要》《西南交通大学专利管理规定》和《西南交通大学专利权转让协议》三份文件。这三份文件是我国推动职务科技成果权属改革、赋予科研人员职务科技成果所有权以及职务科技成果分割确权的首创。西南交通大学科技成果权属分割流程详见图 5.4。

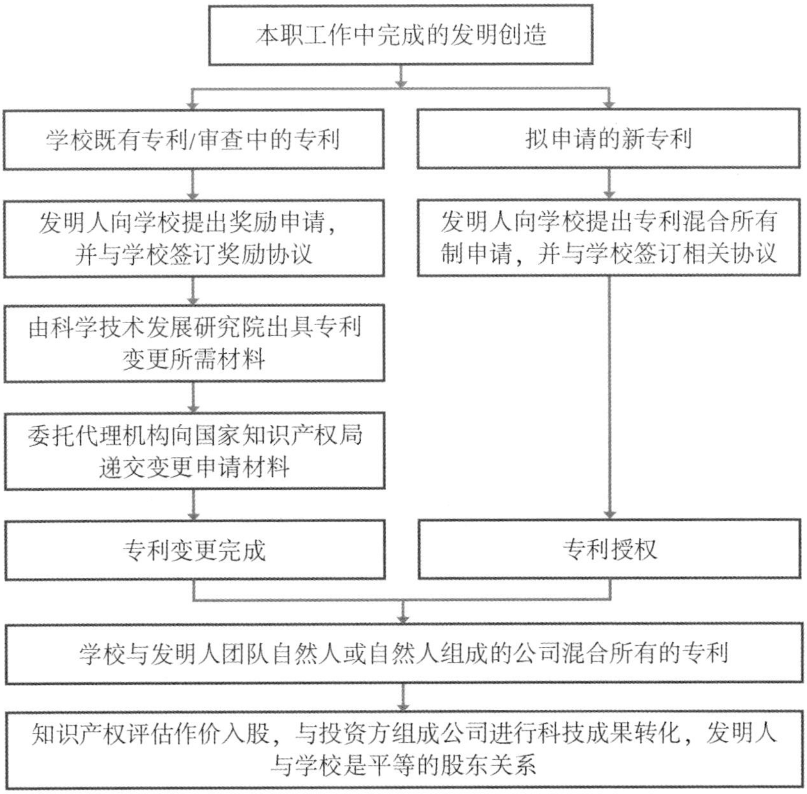

图 5.4　西南交通大学职务科技成果赋权流程 [3]

3　郝佳佳，雷鸣，钟冲．高校职务科技成果权属混合所有制改革研究综述 [J]. 中国科技论坛，2021（4）：128−138.

2016 年印发的《西南交通大学专利管理规定》将原来的科技成果“先转化、后奖励”改为“先确权、后转化”，明确“由单位与职务发明人共同申请新的职务科技成果专利权，允许职务科技成果知识产权由职务发明人与单位共同所有”，实现了职务科技成果知识产权向发明人的实际让渡，使发明人成为科技成果转化的主体（占知识产权的 70%），从实质上打通科技成果转化的通道。此外，对既有专利，学校根据职务发明人提出的奖励申请与其签订奖励协议，向国家知识产权局申请将专利权人由学校一方变更为学校和职务发明人。2016—2021 年，西南交通大学已完成分割确权的职务科技成果就有 242 项，知识产权评估作价入股创办高科技企业 24 家，带动社会投资近 8 亿元[4]。

2. 中国科学技术大学

近年来，中国科学技术大学积极响应国家创新驱动发展战略，深入贯彻落实《关于赋予科研人员职务科技成果所有权或长期使用权试点实施方案》（国科发区〔2020〕128 号）文件精神，在科技成果转化制度体系建设和科技成果赋权改革方面取得了积极成效。

在制度建设方面，先后印发了一系列文件。其中包括：《中国科学技术大学科技成果转化管理办法》《中国科学技术大学赋予科研人员职务科技成果所有权或长期使用权试点工作方案》和《中国科学技术大学职务科技成果赋权后技术转让方案》三个政策文件；科研人员作价入股工作指引、推荐监事管理办法、赋权协议、投资意向书、学校部分技术转让协议、负面清单等 6 个工作文件；审批表、收益分配说明、投资意向书等一系列内部程序文件，形成了“3+6+*N*”赋权项目管理文件体系。

在科技成果赋权改革方面，创造性提出“赋权 + 转让 + 约定收益”模式，即学校职务科技成果 80% 或 70% 的所有权赋予科研人员（见图 5.5）一学校留存科技成果所有权以技术转让方式转让至科研人员（见图 5.6）一科研人员增资入股以后产生的对应股份收益以及其衍生增值收益按约定比例归学校所有。这样

4　西南交通大学混合所有制改革按下职务科技成果转化“快捷键”[EB/OL].（2022-07-09）[2024-9-11].https://mp.weixin.qq.com/s?__biz=MzU3NTQ4MDg0Nw==&mid=2247596050&idx=4&sn=71deab304766d7da8d3d5942d26eedf2&chksm=fd214d72ca56c4645a07dde7f0c15bc232b23c1ed7aeb3dad70e34bc08a2e01bc06b37cefd45&scene=27.

的模式可简化职务科技成果转化时的国有资产管理程序，有效吸引社会资本、风险资本，同时规避相关风险。

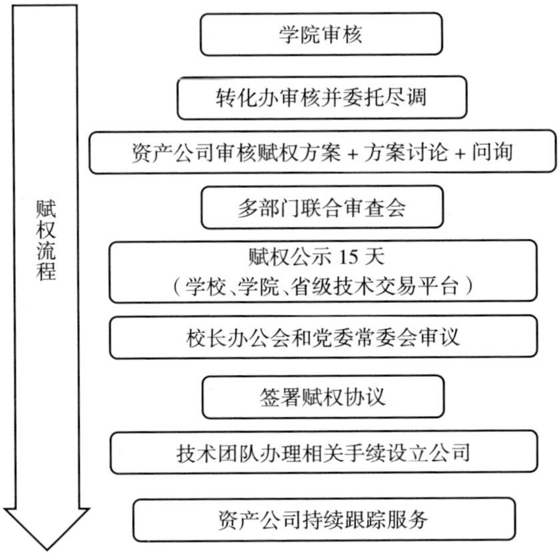

图 5.5　中国科学技术大学“赋权 + 转让 + 约定收益”赋权流程[5]

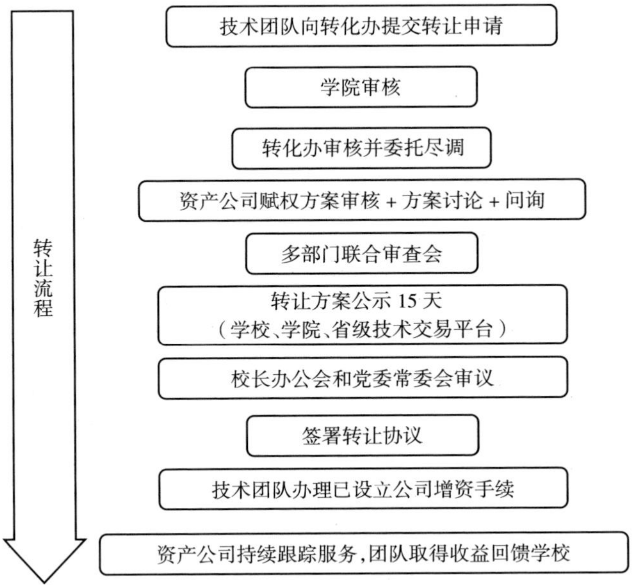

图 5.6　中国科学技术大学“赋权 + 转让 + 约定收益”转让流程[5]

5　资料来源：政策体系 [EB/OL].[2024-9-11].http://www.ustcholding.com/ztyw_30820/list.htm.

通过“赋权 + 转让 + 约定收益”的科技成果转化模式，中国科学技术大学不仅成功推动了科技成果的转化应用，还显著提升了知识产权的转化运用效益。截至 2023 年底，中国科学技术大学通过赋权试点方式转化成果 44 项，涉及 172 件知识产权、38 家公司，覆盖芯片、生物医药、防腐材料等多个细分领域[6]。

3. 南开大学

为深化科技成果使用权、处置权和收益权改革，充分激发科研人员创新创造活力，促进科技成果转移转化，近年来，天津市先后印发了《天津市人民政府办公厅关于完善科技成果评价机制的实施意见》（津政办规〔2022〕3 号）、《天津市构建高标准市场体系若干措施》（津政办发〔2022〕17 号）、《关于进一步推动科技成果转化创新改革的若干措施》（津政发〔2024〕9 号）等文件，明确提出要充分放权赋权，支持利用财政资金设立的高等院校和科研机构赋予科技人员职务科技成果所有权或长期使用权，深化试点工作，扩大试点范围，探索职务科技成果产权激励新模式，逐步完善职务科技成果转化激励政策和科研人员职务发明成果权益分享机制。

2021 年，南开大学印发了《南开大学保护知识产权的规定》（南发字〔2021〕67 号），文件规定发明人可申请与学校进行所有权分割，由知识产权主管部门与发明人参照《南开大学促进科技成果转化管理办法》书面约定所有权分割比例，发明人应按照产权比例承担专利费用。此外，南开大学规定在专利申请前，需要将职务发明创造提交单位评估，对评估后决定不申请专利的职务发明创造，知识产权主管部门与发明人订立书面合同，依照法定程序转让专利申请权，允许发明人自行申请专利。如果获得授权，专利权归发明人所有，专利费用由发明人承担。

2023 年，南开大学印发《南开大学促进科技成果转化管理办法》（南发字〔2023〕33 号）、《南开大学促进科技成果转化管理办法实施细则》（南发字〔2023〕34 号）。为了推动科技成果转化工作，南开大学成立科技成果转化工作领导小组，统筹协调全校科技成果转移转化工作，详见图 5.7。领导小组由校

6　吴珂.知识产权强国建设典型案例展播|中国科学技术大学探索“赋权+转让+约定收益”模式，提高知识产权转化运用效益[EB/OL].（2024-01-30）[2024-9-11].http://www.iprchn.com/cipnews/news_content.aspx?newsId=139186.

长担任组长，由分管科研、校产和国有资产的校领导担任副组长，成员包括科学技术研究部（专利和知识产权管理办公室）、法律事务室、人事处、财务处、国有资产管理办公室、审计处、图书馆、天津南开大学资产经营有限责任公司等部门和单位的负责人。领导小组下设办公室，设在科学技术研究部，负责促进和规范管理学校科技成果转化工作。

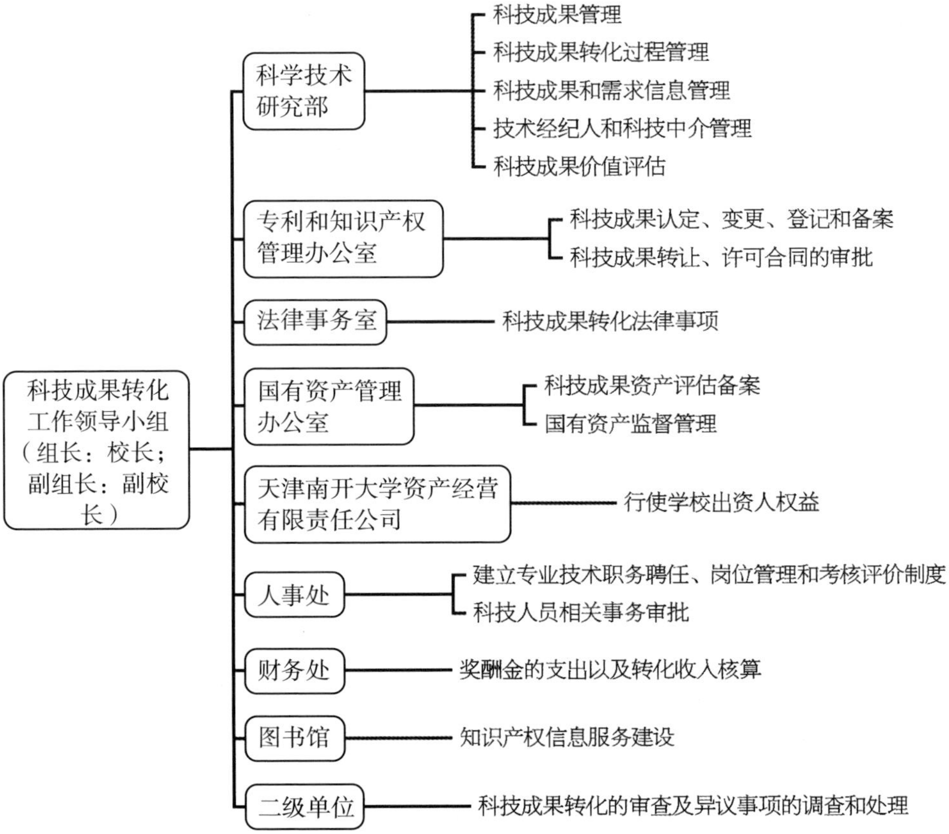

图 5.7　南开大学科技成果转化工作领导体系构成及其职责

（根据《南开大学促进科技成果转化管理办法实施细则》绘制）

南开大学的科研人员职务科技成果赋权程序按照国科发区〔2020〕128 号文执行，即完成人应在团队内部协商一致，并指定代表提出赋权申请（详见附件 5-1，请扫描二维码阅读）报学校审批，指定代表应取得团队其他成员的书面认可文件。审批通过后由完成人自主实施转化，并按学校相关规定执行，详见图 5.8。在科技成果

附件 5-1

赋权形式方面包括专利权、专利申请权两方面；在权属分配方面，科研人员（团队）可以申请获得科技成果权属的 80%，与职务科技成果收益分配比例一致。

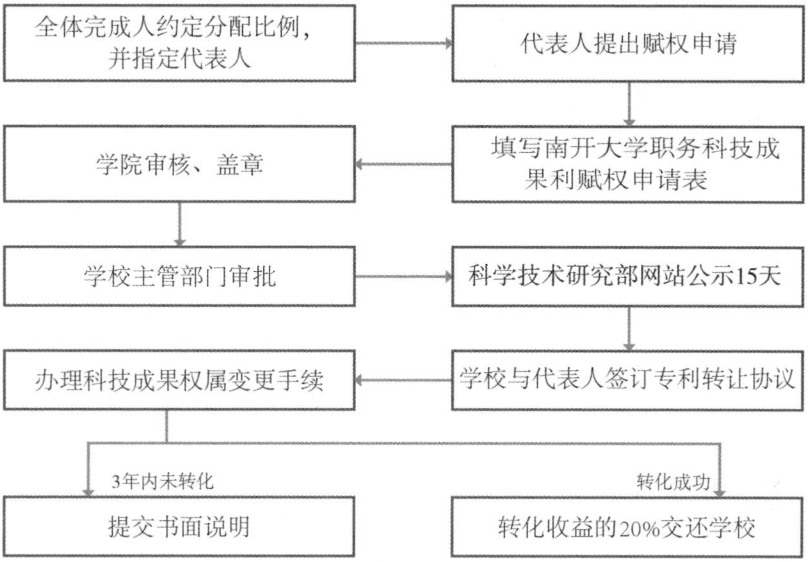

图 5.8 南开大学专利（申请）权赋权申请流程

截至 2024 年 5 月底，根据南开大学公告信息，共有 31 项科技成果赋权给职务发明人，赋权后成果转化收益的 20% 归南开大学。

4. 天津理工大学

2022 年，天津理工大学印发了《天津理工大学科技成果转化管理办法》《天津理工大学专利管理办法（试行）》，为学校科技成果赋权、促进科技成果转化提供了工作指导。

1）适用范围

适用的科技人员包括任职的教师、职员、博士后，以学校名义从事科研活动的学生、临时聘用人员、实习人员、访问学者和进修人员等。

科技成果包括发明专利、实用新型专利、外观设计专利，非专利专有科技成果包括计算机软件、技术秘密、集成电路布图设计、植物新品种、新药、设计图、配方等科技成果和知识产权，若无另外规定则参照本办法的相关条款执行。

2）建立科技成果转化服务体系

学校依托先进技术研究院与技术转移中心成立成果转移转化工作领导小组，

成员包括科技处、人事处、财务处、国资处等部门的负责人，形成多职能部门协同的管理体系，并明确了每一个部门的职能。详见图 5.9。

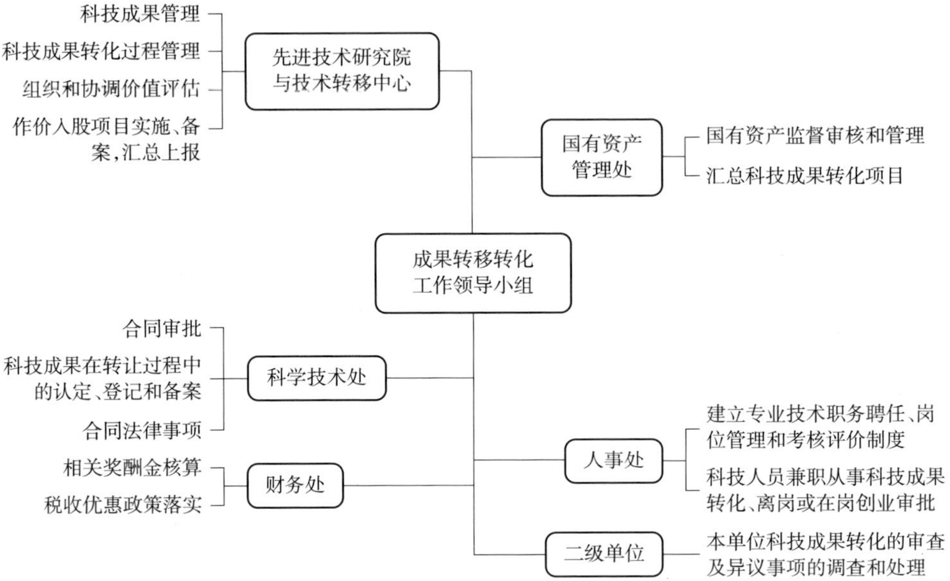

图 5.9　天津理工大学成果转移转化工作领导小组及其职责

（根据《天津理工大学科技成果转化管理办法》绘制）

3）科技成果赋权程序

发明人在申请专利前可以向学校科技成果转移转化工作领导小组申请所有权分割，并与学校签订“天津理工大学发明专利共同申请协议书”（详见附件 5-2，请扫描二维码阅读），学校与职务发明人按 1 ∶ 9 的比例共同享有该专利权。职务发明人以团队为单位的，原则上由第一发明人负责，其内部分配比例由团队内部协商确定。

附件 5-2

4）职务发明专利相关费用

对于共有产权的职务发明专利，学校规定由发明人负责申请费、代理费、维护费等费用，费用可以采用自行支付或者由除财政资金外的横向经费、科研发展基金等合规经费承担。申请专利一次性转让或许可后取得的收益，在对发明人承担的专利费用加倍扣除并返还给发明人后，再按净收益的 90% 奖励发明人。

5）其他情况

为切实提升专利申请质量，天津理工大学建立了专利申请前评估制度。首先专利申请人对科技成果的“新颖性、创造性和实用性”进行自评，并对市场需求和经济效益做预测分析。然后由先进技术研究院联合第三方市场评估机构对拟申请专利的技术进行评估，以决定是否申请专利。对于学校决定不适宜申请专利的职务科技成果，发明人可以与学校订立书面合同，依照法定程序转让专利申请权，允许发明人自行申请专利，获得授权后专利权归发明人所有。

5. 典型案例

实例 1[7]：科技成果转化受到多重因素影响。其中“先转化、后奖励”带来的收益不确定性导致科研人员“不愿转”，担心因定价造成国有资产流失导致各级管理干部“不敢转”。为此，西南交通大学先后出台了《西南交通大学专利管理规定》《西南交通大学无形资产管理办法》。前者使科研人员从一开始就和所在单位共享成果所有权，后者则规定校内职务科技成果不再纳入国有无形资产管理清单，而是由学校科研管理部门作为成果管理，由此打破了高校成果“不愿转”“不敢转”的局面。2021 年 1 月，西南交通大学 W 教授团队“高比能超级电容器关键材料与器件制备工艺系列技术”所涉及的 9 项职务发明，经发明人申请，学校相关部门审核，按照学校和科研团队 3 ∶ 7 的比例完成知识产权分割确权后，以 1388. 58 万元的估值作价入股四川一家公司。其中，学校 30% 的知识产权由该公司出资 416. 574 万元购买。整个转化过程无须上报学校国有资产管理处、校长办公会和党委常委会审批，只需在科学技术研究院网站上完成公示。目前，该项目正处于中试研发阶段。

案例 2[8]：科技成果作价投资，是高校以知识产权作价投资创办企业的重要方式之一，对教育部部属高校来说，其只能由学校设立的全资持股单位（资产公司）开展企业创办和资产管理活动。但在科技成果的权利归属高校，成果转化持股单位无权实施股份奖励的政策规制下，如何将高校科技成果转移到持股单位，并落实对科研人员的股份奖励，一直是高校科技成果衍生企业的难题之一。

7　王鑫昕，许金砖 . 大学版“小岗村试验”唤醒沉睡的科技成果 [N]. 中国青年报，2023-04-03[2024-9-11]. http://zqb.cyol.com/html/2023-04/03/nw.D110000zgqnb_ 20230403_4-01.htm.

8　刘群彦，金集，王玲同，等 . 职务科技成果“赋权试点”的实践与思考 [J]. 中国高校科技，2021（9）：89-92.

上海交通大学 W 教授研究开发的“航空铝镁新技术”，具有强度高、柔性大的特点，可以广泛应用于航空航天等领域。2015 年 12 月，某集团公司为转型升级之需，拟投资 7 000 万元与 W 教授共同成立目标公司。学校将 5 项专利以每项 1 元的价格进行“分割”，40% 转让给学校持股单位，60% 以转让方式赋权给 W 教授，持股单位与 W 教授将该 5 项专利委托评估，以 3 000 万元的价格出资到目标公司。2020 年初，目标公司所生产的首批轻质高强复合材料已经开始销售。该项目将归属高校的职务科技成果权属首先进行按份共有“分割”，按照每项 1 元的价格赋予科研人员部分所有权，剩余成果所有权按照协议转让给学校持股单位，从而完成首例“先奖后投”模式的作价投资探索。

案例 3：中国科学技术大学提出“赋权 + 转让 + 约定收益”模式，为科技成果转移转化开辟了新路径，把知识产权部分所有权赋予团队，让团队成为知识产权共有人，实现从“分粮”到“分田”。中国科学技术大学 W 科研团队在学校的支持下，历时 4 年攻克技术难关，成功开发出具有自主知识产权的软件内核。在科技成果转化过程中，采用“赋权 + 转让 + 约定收益”模式实施。赋权阶段：该科研团队向中国科学技术大学提出赋权申请，学校将软件内核涉及的 2 项知识产权的 80% 的所有权赋予科研团队，科研团队获得知识产权的所有权后，于 2022 年 1 月通过作价入股的方式成立了合肥九韶智能科技有限公司；转让阶段：学校通过技术转让协议，将剩余的 20% 所有权转让给科研团队，使科研团队拥有了完整的科技成果所有权；约定收益阶段：学校与科研团队签订协议，明确约定了科技成果转化后的收益分配比例。该公司已成功吸引了数千万元的天使轮融资，并计划在未来几年内，基于该软件内核打造出国产工业软件应用生态。该转化模式简化了职务科技成果转化时的国资管理程序，有效吸引社会资本和风险资本，提高了知识产权转化运用效益。

6. 职务科技成果赋权特点

赋权改革采取“先赋权、后转化”的产权激励方式，这种赋权是基于科研人员的主动申请开展的。南开大学、天津理工大学等高校充分调动各项因素，不断加大激励力度，充分调动科研人员参与改革的积极性。从各高校在科技成果赋权制度设计方面和实施方面来看，其赋权改革主要有以下几个特点：一是在权属设置方面，提高科研人员的权属占比；二是在人才评价方面，增加科技成果转化运用绩效权重；三是高校自主决定转化方式，并根据受让方性质在资产评估方面采用差别化处理；四是建立涵盖多个职能部门的管理决策机制；五是建立尽职免责机制，以最大限度去除赋权改革成果转化的后顾之忧。详见图5.10。

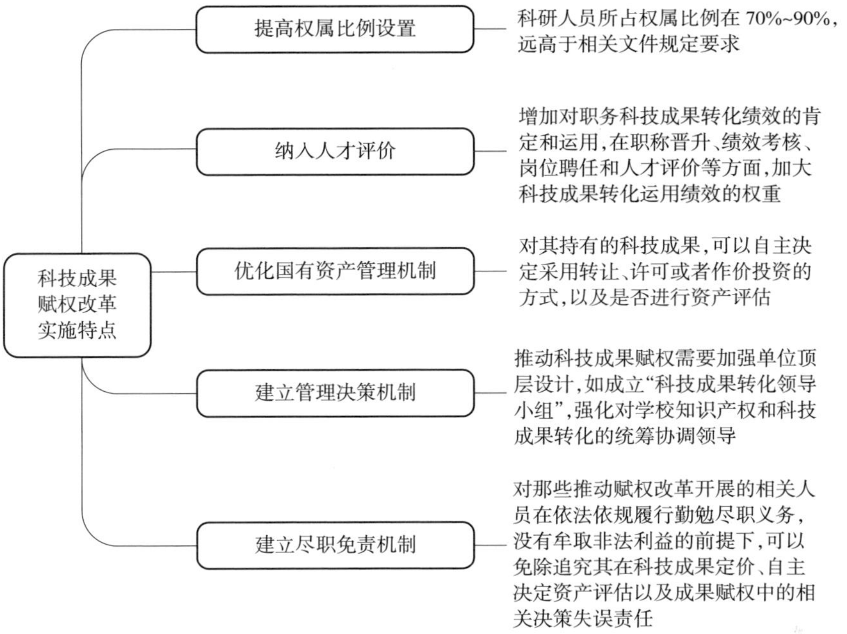

图5.10　职务科技成果赋权改革实施特点

第六章

科技成果转化方式操作图解

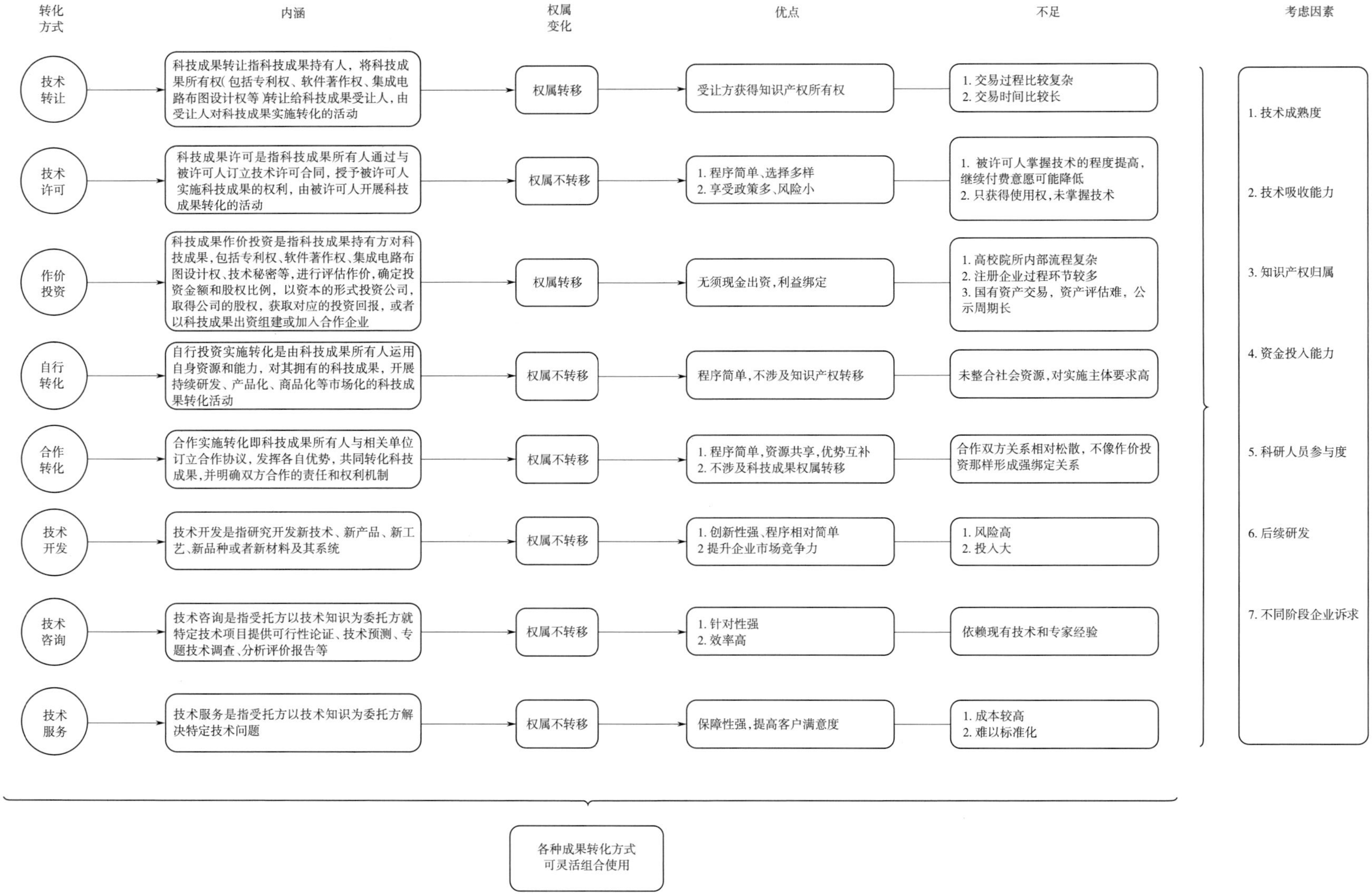
转化方式
内涵
权属变化
优点
不足
考虑因素
技术转让
科技成果转让指科技成果持有人，将科技成果所有权(包括专利权、软件著作权、集成电路布图设计权等)转让给科技成果受让人，由受让人对科技成果实施转化的活动
权属转移
受让方获得知识产权所有权
1. 交易过程比较复杂
2. 交易时间比较长
技术许可
科技成果许可是指科技成果所有人通过与被许可人订立技术许可合同，授予被许可人实施科技成果的权利，由被许可人开展科技成果转化的活动
权属不转移
1. 程序简单、选择多样
2. 享受政策多、风险小
1. 被许可人掌握技术的程度提高，继续付费意愿可能降低
2. 只获得使用权，未掌握技术
作价投资
科技成果作价投资是指科技成果持有方对科技成果，包括专利权、软件著作权、集成电路布图设计权、技术秘密等，进行评估作价，确定投资金额和股权比例，以资本的形式投资公司，取得公司的股权，获取对应的投资回报，或者以科技成果出资组建或加入合作企业
权属转移
无须现金出资，利益绑定
1. 高校院所内部流程复杂
2. 注册企业过程环节较多
3. 国有资产交易，资产评估难，公示周期长
自行转化
自行投资实施转化是由科技成果所有人运用自身资源和能力，对其拥有的科技成果，开展持续研发、产品化、商品化等市场化的科技成果转化活动
权属不转移
程序简单，不涉及知识产权转移
未整合社会资源，对实施主体要求高
合作转化
合作实施转化即科技成果所有人与相关单位订立合作协议，发挥各自优势，共同转化科技成果，并明确双方合作的责任和权利机制
权属不转移
1. 程序简单，资源共享，优势互补
2. 不涉及科技成果权属转移
合作双方关系相对松散，不像作价投资那样形成强绑定关系
技术开发
技术开发是指研究开发新技术、新产品、新工艺、新品种或者新材料及其系统
权属不转移
1. 创新性强、程序相对简单
2 提升企业市场竞争力
1. 风险高
2. 投入大
技术咨询
技术咨询是指受托方以技术知识为委托方就特定技术项目提供可行性论证、技术预测、专题技术调查、分析评价报告等
权属不转移
1. 针对性强
2. 效率高
依赖现有技术和专家经验
技术服务
技术服务是指受托方以技术知识为委托方解决特定技术问题
权属不转移
保障性强，提高客户满意度
1. 成本较高
2. 难以标准化
1. 技术成熟度
2. 技术吸收能力
3. 知识产权归属
4. 资金投入能力
5. 科研人员参与度
6. 后续研发
7. 不同阶段企业诉求
各种成果转化方式可灵活组合使用

本章总览图

《中华人民共和国促进科技成果转化法》第十六条规定：科技成果持有者可以采用下列方式进行科技成果转化：

（1）自行投资实施转化；

（2）向他人转让该科技成果；

（3）许可他人使用该科技成果；

（4）以该科技成果作为合作条件，与他人共同实施转化；

（5）以该科技成果作价投资，折算股份或者出资比例；

（6）其他协商确定的方式。

上述方式各有特点，它们有哪些优缺点？在选择时需要考虑哪些因素？成果供需双方在洽谈时，该如何选择合适的成果转化方式？本章将针对这些问题进行分析，并结合实际案例进行阐述。

一、科技成果转化方式

（一）科技成果转化方式及其特点

1. 科技成果转让

科技成果转让指科技成果持有人，将科技成果所有权（包括专利权、软件著作权、集成电路布图设计权等）转让给科技成果受让人，由受让人对科技成果实施转化的活动。科技成果转让交易中的成果类型多样，既有已经获得知识产权保护的科技成果，如专利权、计算机软件著作权等，这些成果在法律保护下具有较高的市场价值和稳定性，同时，也存在尚未获得知识产权的科技成果，如专利申请权、技术秘密等。

科技成果转让主要包括两种方式：一是以高校或科研院所名义直接进行科技成果转让；二是高校通过全资资产管理公司，先将科技成果无偿划转该资产管理公司，再由公司以自己的名义向第三方进行科技成果转让[1]。这里需要注意的是，高校、科研院所均可采用第一种方式进行科技成果转让，但鉴于部分高校设有自己的资产管理公司，亦可采用第二种方式。

1　梁传辉 . 不同成果转化模式的经济绩效评价研究 [D]. 天津：天津师范大学 .

在国有企业中，集团专业研发部门与产业子公司之间也可以采用内部协议转让的方式实现技术研发与生产经营之间的划分与联系，但如果国有企业向外部转让科技成果，就需要根据《中华人民共和国企业国有资产法》等法律法规进行资产评估和公开市场挂牌交易。

科技成果转让既可充分发挥高校、科研院所的科研优势，也可发挥企业的生产优势和市场优势，适用于技术成熟度和市场成熟度均比较高的科技成果[2]。

2. 科技成果许可

科技成果许可是指科技成果所有人通过与被许可人订立技术许可合同，授予被许可人实施科技成果的权利，由被许可人开展科技成果转化的活动。这种方式下，科技成果产权没有发生转移，被许可者获得的一般是使用权及生产销售的权限。科技成果许可分为以下四种方式：

（1）独占许可：指被许可人在约定的时间和地域范围内，完全独自占有科技成果使用权，包括许可人在内的其他人均被排除在外（图 6.1）。

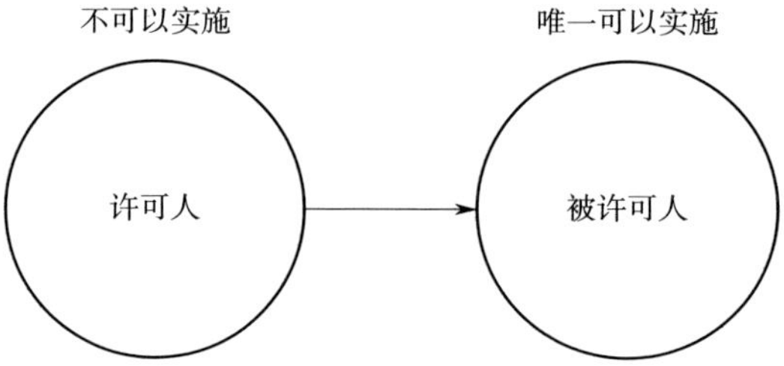

图 6.1　独占许可

（2）排他许可：指许可人允许被许可人在约定的时间和区域范围内独家实施其科技成果，不再许可任何其他第三人使用，但许可人保留实施该成果的权利（图 6.2）。

2　孙磊，吴寿仁 . 科技成果转化从入门到高手 [M]. 北京：中国宇航出版社，2023：105.

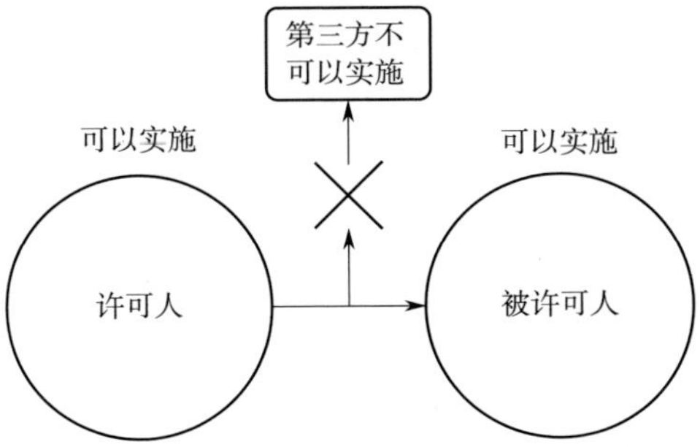

图 6.2　排他许可

（3）普通许可：指许可人允许被许可人在约定的时间和区域范围内使用科技成果，同时保留自行使用该科技成果的权利，并可以允许除被许可人以外的其他人实施（图 6.3）。

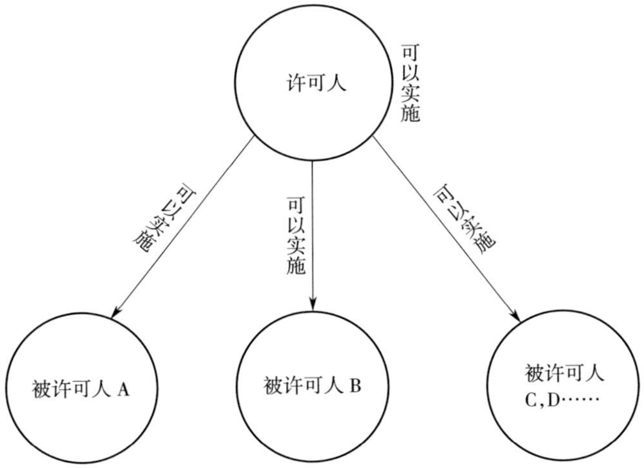

图 6.3　普通许可

（4）交叉许可：指许可人和被许可人双方将各自拥有的科技成果使用权相互许可使用，互为技术许可人和被许可人（图 6.4）。

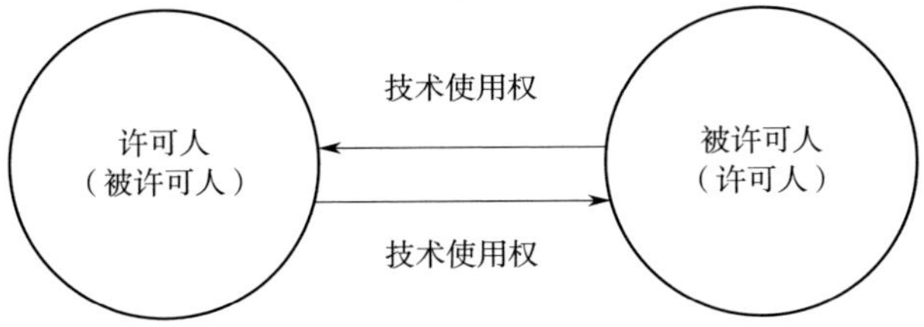

图 6.4　交叉许可

从被许可人权利大小来看，独占许可、排他许可和普通许可的层级是递减的。科技成果许可操作简单，方式较为灵活，选择类别多，成本可控，是成果转化中经常采用的方式。但此种方式下，被许可人只是获得了成果的使用权，没有真正掌握技术。适宜通过技术许可方式转化的科技成果一般有以下特点：一是技术较成熟，对后续研发要求不高，可以直接应用；二是产业共性（关键）技术成果，可使整个行业受益。

3. 科技成果作价投资

科技成果作价投资是指科技成果持有方对科技成果，包括专利权、软件著作权、集成电路布图设计权、技术秘密等，进行评估作价，确定投资金额和股权比例，以资本的形式投资公司，取得公司的股权，获取对应的投资回报，或者以科技成果出资组建或加入合作企业[3]。

这种方式用科技成果作价入股，以资本为纽带连接技术方和投资方，降低成果转化风险。此方式对成果持有方、投资与被投资企业均有吸引力。成果持有方可继续研发并从转化中获益；被投资企业与成果持有方形成利益共享，推动成果顺利转化；投资者无须支付现金即可获得科技成果所有权，享受转化利益。

高校、科研院所职务科技成果作价投资操作流程相对复杂，需要遵守一定的规范和程序。为确保操作的规范性和有效性，投资者和被投资企业均需对操作流程有清晰的认知。本书将在第七章科技成果作价投资的操作流程中对此做详细介绍。

4. 自行投资实施转化

自行投资实施转化是由科技成果所有人运用自身资源和能力，对其拥有的科技成果，开展持续研发、产品化、商品化等市场化的科技成果转化活动。

通常大型科技型企业才有能力自行实施转化，因为大企业拥有较强的持续研发、中间试验、产品应用和市场推广等能力。部分具备生产条件的科研院所也可以实施，但一般高校和科研院所自行实施转化的功能受限。在中国，高校承担着人才培养、科学研究、社会服务、文化传承创新、国际交流合作五大重要职能。一般来说，科学研究相对偏基础研究，应用研究也往往处于成果转化

3 天津市高新技术成果转化中心. 技术经理人实务教程 [M]. 天津：天津大学出版社，2020.

的前期，通常离产业化还有较大的差距，因此高校一般很少自行实施转化。此外，自行投资实施转化通常在单一法人主体内部进行，不涉及多方协作、技术交易或科技成果转化创业活动，无须对外签订技术合同，收益分配也仅限于组织内部。因此，本书不对其进行深入探讨。

5. 合作实施转化

合作实施转化即科技成果所有人与相关单位订立合作协议，发挥各自优势，共同转化科技成果，并明确双方合作的责任和权利机制。

常见的做法是，高校院所提供具有较高技术先进性但尚需继续熟化的科技成果，充分发挥科研、人才优势，负责持续研发；企业发挥资金、市场优势，提供中试熟化、生产线、实验场地等条件，围绕目标客户需求，开展后续试验、产品试制与定型、工艺开发，负责市场推广。它是供需双方各自发挥优势，优势互补、利益共享、风险共担的一种方式[4]。

需要注意的是，合作协议中需明确在成果转化各环节双方享有的权利和承担的义务，特别是风险分摊和利益分成的方法。如能妥善处理，就能形成合力，从而降低成果转化中的不确定性，化解矛盾，共同推动合作转化的顺利进行[5]。

6. 其他方式：技术开发、技术咨询、技术服务

除了上述五种成果转化方式，技术开发、技术咨询、技术服务也是成果转化的重要方式。

《教育部 科技部关于加强高等学校科技成果转移转化工作的若干意见》（教技〔2016〕3号）规定，高校科技人员面向企业开展技术开发、技术咨询、技术服务、技术培训等横向合作活动，是高校科技成果转化的重要形式，其管理应依据《中华人民共和国民法典》和《中华人民共和国促进科技成果转化法》。《中国科学院关于新时期加快促进科技成果转移转化指导意见》（科发促字〔2016〕97号）也明确，科技人员为企业提供技术开发、技术咨询、技术服务、技术培训等服务，

4 天津市科学技术局科技成果与技术市场处，天津市科学技术发展战略研究院，天津市科技创新发展中心．科技成果转化政策百问百答 [EB/OL].（2022-12-26）[2024-9-18].https：//www.ttic.org.cn/show.jsp?classid=202107021530253176&informationid=202212261924279868.

5 孙磊，吴寿仁．科技成果转化从入门到高手 [M]. 北京：中国宇航出版社，2023：107.

是科技成果转化的重要形式。

国务院印发的《实施〈中华人民共和国促进科技成果转化法〉若干规定》（国发〔2016〕16号）中规定，对科技人员在科技成果转化工作中开展技术开发、技术咨询、技术服务等活动给予的奖励，可按照《中华人民共和国促进科技成果转化法》和本规定执行。《关于实行以增加知识价值为导向分配政策的若干意见》（厅字〔2016〕35 号）中明确，技术开发、技术咨询、技术服务等活动的奖酬金提取，按照《中华人民共和国促进科技成果转化法》及《实施〈中华人民共和国促进科技成果转化法〉若干规定》执行。

以上文件表明，技术开发、技术咨询、技术服务均已纳入成果转化和收益分配的范围。技术开发是指研究开发新技术、新产品、新工艺、新品种或者新材料及其系统；技术咨询是指受托方以技术知识为委托方就特定技术项目提供可行性论证、技术预测、专题技术调查、分析评价报告等；技术服务是指受托方以技术知识为委托方解决特定技术问题。

据统计，2021 年高校、科研院所以技术开发、技术咨询、技术服务方式转化成果的总合同金额为 1 354.4 亿元，同比上一年增长 27.0%，占成果转化总合同金额的 85.6%；合同项数为 541 283 项，同比上一年增长 22.1%，占成果转化总合同项数的 95.9%。由此可见，技术开发、技术咨询、技术服务是高校、科研院所比较常用的成果转化方式[6]。

7. 科技成果转化创业

虽然《中华人民共和国促进科技成果转化法》未将科技成果转化创业列为一种科技成果转化方式，但国家政策鼓励科研人员创业。科研人员通过创办企业转化科技成果，可控制成果发展方向，快速响应市场需求，最大化经济效益，并推动产学研一体化。对有创业激情的科研人员来说，这是实现个人梦想和追求的方式，会带来巨大的成就感和满足感。

6 中国科技评估与成果管理研究会，科技部科技评估中心，中国科学技术信息研究所．中国科技成果转化 2022 年度报告（高等院校与科研院所篇）[R]．北京：科学技术文献出版社，2023：10.

（二）科技成果转化方式实例

为进一步深化对各类科技成果转化方式的认知，下面列举一些简单示例进行说明，详见表 6.1。

表 6.1　科技成果转化方式案例说明

科技成果转化方式		案例说明
科技成果转让（所有权）		Z 大学 H 教授团队自主研发的“高性能激光薄膜器件及装备”技术成果的 6 件发明专利，以 3800 万元的价格转让给 K 公司
科技成果作价投资		某高校将其自有技术作价投资，其中学校资产管理公司代学校持股 20%，成果完成人持股 80%
科技成果许可（使用权）	独占许可（仅被许可方可用）	M 大学将 B 教授研究团队的无氟氯聚氨酯发泡剂专利，以 20 年独占许可授予一家国内企业，总价 5 亿元
	排他许可（许可方和独家被许可方可用）	某科研院所将某自有技术的专有使用权许可给一家企业，该科研院所保留其使用权，但 10 年内不得再将该技术许可给任何第三人使用
	普通许可	某人以普通许可的方式从荷兰人手中获得汽车玻璃技术使用权
	交叉许可（互换许可）	公司 A 和公司 B 之间互相授权使用对方的部分专利，这种合作不仅减少了潜在的专利纠纷，也促进了双方在各自领域的技术创新与发展
技术开发		某公司欲开发一款新软件，因技术能力不足，委托专业团队进行开发，双方签订技术开发合同，明确权责和成果分配
技术咨询		某高校与某科技公司合作，针对该科技公司新产品研发中的技术难题，提供咨询服务。高校专家团队凭借丰富的科研经验，提出了创新的解决方案，有效提升了产品的技术性能和市场竞争力
技术服务		某科技公司 A 利用其在人工智能领域的专业知识，成功协助制造业企业 B 解决了生产线自动化改造的难题。A 公司提供了先进的技术方案，显著提高了 B 公司的生产效率
自行投资实施转化		某科研院所利用自有技术自行研制、生产出产品并销售
与他人合作实施转化		某科研院所以自有技术作为合作条件，与企业共同实施转化（合作协议应约定双方权利义务）
科技成果转化创业		某科研人员专注于环保材料的研究，成功开发出一种可降解、低污染的塑料替代品。为了将这项成果转化为具有商业价值的产品，该科研人员离岗创业，创办了一家专门生产环保材料的企业

（三）科技成果转化方式对比

各科技成果转化方式的特点、优缺点对比详见表6.2。第八章科技成果转化创业操作图解会对科技成果转化创业展开详细论述，在此只对6种成果转化方式进行对比。

表6.2　科技成果转化方式的优点缺点对比

转化方式	特点	优点	不足
科技成果转让	1. 科技成果所有权从转让方转移到受让方。 2. 交易过程比较复杂，交易时间比较长。 3. 转让方收取费用，但不与成果转化效果直接关联。 4. 成果的未来收益和风险全部转移。 5. 需要受让方对科技成果的消化、吸收能力较强。 6. 受让方一次投入转让费较低，但后续研发成本较高	受让方获得知识产权所有权	涉及职务科技成果交易时，由于成果属于国有资产，交易过程比较复杂，交易时间比较长
科技成果许可	1. 程序简单，交易成本较低。无须走国有资产处置流程，无须资产评估，无须资产管理公司。 2. 不转移科技成果所有权，被许可人只获得使用权。 3. 当科技成果中的专利权被宣告无效，被许可人受到的损失相对较小。 4. 许可形式有多种类别可供灵活选择	1. 程序简单，交易成本较低。 2. 许可方式多样。 3. 技术许可享受政策多。 4. 风险小	1. 可能造成成果的低估，在许可使用后期，被许可人对技术的掌握程度提高，继续付费的意愿有可能会降低。 2. 只获得使用权，未掌握技术
科技成果作价投资	各投资方合作关系紧密，利益共享、风险共担	无须现金出资，利益与经营业绩绑定，组成合作关系紧密的经营实体	1. 高校院所内部流程更为复杂，涉及科技、人事、国资、资产公司等部门进行审核/认定/备案等。 2. 注册企业过程中涉及多环节操作。包括工商、税务、法务、财务等，流程相较于简单的成果转化交易更多一些。 3. 国有资产交易，资产评估难，公示周期长

续表

转化方式	特点	优点	不足
自行投资实施转化	1. 所有者和转化实施者是同一主体。 2. 不发生科技成果所有权转移。 3. 自行承担转化风险。 4. 获得全部成果转化收益。 5. 独享后续开发成果所有权	程序简单，不涉及知识产权转移	未整合社会资源，对实施主体要求高
合作实施转化	1. 有利于发挥研发机构和企业在科研、市场开发上的互补作用。 2. 聚合多方资源，形成风险分担机制，降低成果转化的市场风险与技术风险	1. 程序简单，资源共享，优势互补。 2. 不涉及科技成果权属转移	合作双方关系相对松散，不像作价投资那样形成强绑定关系
技术开发	1. 委托方尚未掌握技术。 2. 有一定的技术创新内容。 3. 需要投入一定的资金、人力资源和时间。 4. 涉及知识产权产生时需明确权属	1. 创新性强。技术开发能够推动技术的进步和创新，为产业带来新的增长点。 2. 程序相对简单。 3. 提高市场竞争力。通过技术开发，企业可以开发出具有竞争力的新产品或技术，提升市场地位	1. 风险高。技术开发具有较高的不确定性，可能面临开发失败、市场不接受等风险。 2. 投入大。技术开发需要大量的资金、人力资源和时间投入，可能对企业的经营产生较大压力
技术咨询	1. 不发生科技成果所有权转移。 2. 是针对特定技术项目的咨询课题。 3. 咨询方式为运用科学知识和技术手段进行的分析、论证、评价和预测。 4. 工作成果是为委托方提供的科技咨询报告和意见	1. 针对性强。技术咨询能够针对客户的具体需求提供个性化的解决方案。 2. 效率高。通过技术咨询，客户可以迅速获得专业的技术建议，提高问题解决效率	1. 依赖现有技术。技术咨询主要基于现有技术进行建议，可能缺乏创新性 2. 依赖专家经验。技术咨询的质量往往取决于专家的经验和水平，存在一定的主观性
技术服务	1. 运用专业技术知识、经验和信息解决特定技术问题。 2. 服务内容为改进产品结构、改进工艺流程、提高产品质量、降低产品成本、节约资源能耗、保护资源环境、实现安全操作、提高经济效益和社会效益等专业技术工作。 3. 工作成果有具体的质量和数量指标	1. 保障性强。技术服务能够为客户提供及时、专业的技术支持，确保技术产品或服务的稳定运行。 2. 提升客户满意度。通过技术服务，企业可以提高客户对技术产品或服务的满意度和忠诚度	1. 成本较高。技术服务需要投入一定的资金和人力资源，可能增加企业的运营成本。 2. 难以标准化。技术服务往往需要根据客户的具体情况进行个性化服务，难以实现标准化和规模化

（四）科技成果转化方式的灵活组合

除了前述成果转化方式，更多科技成果转化基于实际情况和市场需求进行了方式的转换、组合、叠加。下面举例探讨几类科技成果转化方式组合。

科技成果的转化过程可以采用多种方式的组合，以充分发挥各方优势，实现共赢，详见图 6.5。我们应根据具体情况选择合适的转化模式，并不断优化和完善转化机制，以促进科技创新和经济发展。

成果转化的不同阶段适用不同转化方式

- 如初期以许可方式转化，待科技成果转化形成的新产品满足量产条件后可再进行转让或作价入股。

不同的科技成果对应不同转化方式

- 如综合性成果涉及多个技术点或应用领域，成熟度相对高的成果可许可、转让或作价入股，成熟度相对低的成果可进一步共同开发后再合作转化。

科研人员的诉求不同选择的转化方式不同

- 如醉心学术的科学家可以担任成果转化企业的首席科学家，兼职较多的科研人员可以技术入股不参与经营，年轻教授可以选择离岗创业参与经营等。

不同的科技成果转化方式也可叠加使用

- 如采用“现金+股权”的复合转化模式，科研人员可将某项科技成果以许可的方式授权给企业使用，企业支付相应的许可费用。科研人员可将获得的许可费用投资入股企业，此种方式不仅有效规避了从学校作价入股的烦琐程序，还使得科研人员无须额外投入现金即可实现持股。同时，这一方式也减轻了企业在支付高额转让费用方面的压力，并成功地将科研人员的切身利益与企业的长远发展紧密联系在一起。

图 6.5　科技成果转化方式组合模式

（五）与现有企业合作 VS 催生新企业的方式

1. 倾向于与现有企业合作的方式

（1）科技成果许可。这种方式下，科技成果的所有者允许现有企业使用其成果，通常是通过支付许可费来实现的。这种方式不涉及所有权的转移，因此科技成果的所有者更倾向于与现有企业合作。

（2）合作实施转化。这种方式下，科技成果的所有者与现有企业合作，共同利用该成果进行商业开发或生产。这通常涉及双方各自发挥优势、共同承担风险以及共享收益，因此科技成果的所有者也更倾向于与现有企业合作。

（3）技术开发、技术咨询、技术服务。实际操作中，很多技术开发项目都是与现有企业合作进行的，特别是当这些企业有具体的技术需求或应用场景时。技术咨询、技术服务，这两种方式一般是与现有企业合作进行的。

2. 可能催生新企业的方式

（1）自行投资实施转化。当科技成果所有者决定自行投资将成果转化为商业产品或服务时，这通常意味着他们正在考虑或已经决定创建一个新企业来运营这个项目。这种方式更有可能催生新企业。

（2）科技成果转让。如果科技成果的所有者选择将其成果转让给其他人或机构，并且这些接收者没有现有的企业来使用这一成果，那么他们可能会因此创建一个新企业。虽然这不是必然的结果，但这种方式确实为新企业的诞生提供了可能性。

（3）科技成果作价投资。科技成果作价投资可以直接衍生新企业，这既是产学研合作的一种形式，也是推动科技创新和经济发展的重要途径。

（4）兼职或离岗创业。国家鼓励科研人员科技成果转化创业，科研人员可以通过兼职、在职或离岗创业等形式，直接创办新企业转化科技成果。相关内容参见本书第八章科技成果转化创业操作图解。

与现有企业合作和催生新企业的方式，详见图 6.6。

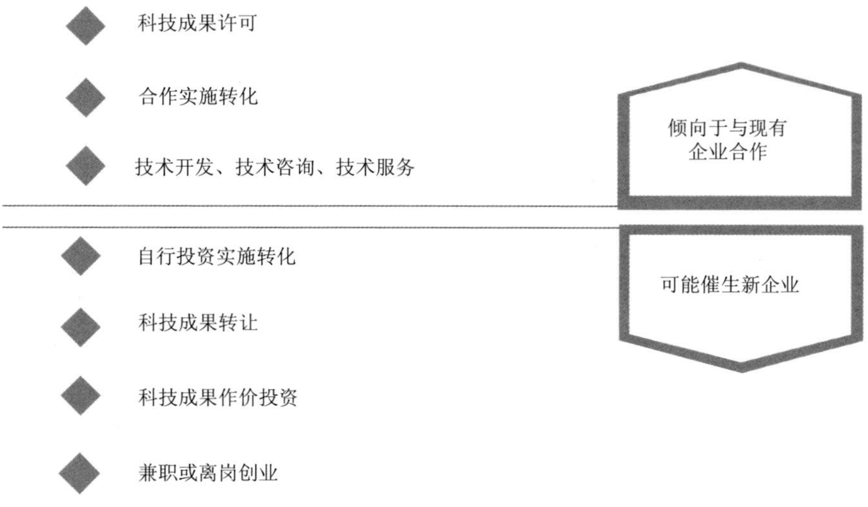

图 6.6　与现有企业合作和催生新企业的方式

二、科技成果转化方式选择

（一）选择转化方式需考虑的因素

科技成果转化方式的选择是一个综合决策过程，需全面考量技术成熟度、技术吸收能力、资金投入能力、后续研发、收益分配机制、操作难易程度、税收优惠政策以及后续成果权属等诸多因素。本书对这些关键因素进行了深入分析和比较。

1. 技术成熟度

技术成熟度直接影响科技成果转化方式的可选择范围，一般来说，成熟度越高，越受投资者和市场关注，可选择的方式就越多。

2. 技术吸收能力

技术需求方的技术吸收能力直接影响其对技术供给方的依赖程度。一般来说，需求方的技术吸收能力较弱的，倾向于选择技术供给方参与程度更高的成果转化方式，如合作转化或作价投资；需求方技术吸收能力较强的，倾向于选择一次性交易的成果转化方式，如技术转让、技术许可等。在排除其他因素变化的情况下，技术需求方对技术的吸收能力越强，科技成果转化效率越高[7]。

3. 知识产权归属

在选择成果转化方式时，要充分考虑知识产权归属因素，包括供需双方对于知识产权的需求和划分，科技成果是否包含知识产权，知识产权是否在法律保护期内等[8]。

4. 资金投入能力

科技成果转化需要投入大量资金，包括研发费用、知识产权申请和维护费用、各类税金等。选择何种科技成果转化方式，与资金投入能力有关。如果需求方的资金投入能力较强，一般如大型集团、上市公司，资金实力雄厚，可以选择

7　吴寿仁 . 科技成果转化政策导读 [M]. 上海：上海交通大学出版社，2019：65-66.
8　吴寿仁 . 科技成果转化政策导读 [M]. 上海：上海交通大学出版社，2019：66.

作价入股、技术转让等一次性投入较大的成果转化方式。如果需求方的资金投入能力较低，可以选择许可、开发、合作转化等逐步投入的成果转化方式。

5. 科研人员参与度

科研人员的参与度与需求方的技术吸收能力密切相关，此消彼长，互为补充，可统筹考虑。

6. 后续研发

在选择转化方式时，供需双方需要综合考虑技术后续研发的需求和可行性，以及自身的资源和能力，从而做出最适合的决策。

7. 不同阶段企业的诉求

成果转化方式的选择还与处于不同发展阶段的企业的诉求相关。

（1）科技型的大型国企、央企、民企、上市公司等通常代表国家产业技术的较高水平，承担国家“卡脖子”技术的攻关任务，需要与高校、科研院所强强联合。

（2）处于成长壮大期或者拟上市的企业，对技术的储备需求比较迫切。举例来说，T 大学某学院院长 W 带领的科研团队研发的微创外科手术机器人进行了我国首例国产机器人手术，成功为病人进行了胃穿孔修补和阑尾切除手术。2015 年，W 团队的专利以 1 000 万元费用独占许可 B 集团使用，对方还提供 3 000 万元研发经费支持共建微创手术机器人联合研究中心，在实现成果转化的同时又获得了推动技术再进步的新平台。B 集团与 T 大学共建微创手术机器人联合研究中心，既保留了原来的研发力量，同时借助企业的支持，保证了后续的研发和量产。

（3）对于一般企业，可以通过“揭榜挂帅”等方式将企业的技术需求张榜发布，广泛征集技术解决方案。

以上七种影响因素的对比详见表 6.3。

表 6.3　影响成果转化方式选择的因素对比

影响因素	自行实施转化	科技成果转让	科技成果许可	合作实施转化	作价投资
供方技术成熟度	一般不影响	高	高	低	可高可低
需方技术吸收能力	一般不影响	强	强	强	低
知识产权	不转移	转移	不转移	不转移	转移到作价投资的企业
资金投入	自行投资	受让方承担	被许可方承担	共投	投资方
科研人员参与与否	参与	不参与，或单独以技术开发、技术咨询、技术服务方式参与	不参与，或单独以技术咨询、技术服务方式参与	参与，负责技术部分	参与，成为股东
后续研发	自行研发	受让方研发	被许可方研发 / 科研人员研发	成果拥有方研发	被投资企业研发
企业所处阶段	大型企业	科技型企业	科技型企业	科技型企业	上升期企业

（二）不同转化方式的操作流程

《中华人民共和国促进科技成果转化法》和《实施〈中华人民共和国促进科技成果转化法〉若干规定》（国发〔2016〕16 号）等多个文件提到，国家鼓励研究开发机构、高等院校通过转让、许可或者作价投资等方式，向企业或者其他组织转移科技成果，可见对于这几种转化方式的重视程度。本书选取了部分有代表性的转化方式，梳理相应的转化操作流程。以下流程仅供各研发机构、高等院校、医疗卫生机构参照，实际操作中还需结合自身情况进行调整、优化、细化，以确保科技成果转化流程科学规范。

1. 职务科技成果转让 / 许可操作流程（图 6.7）

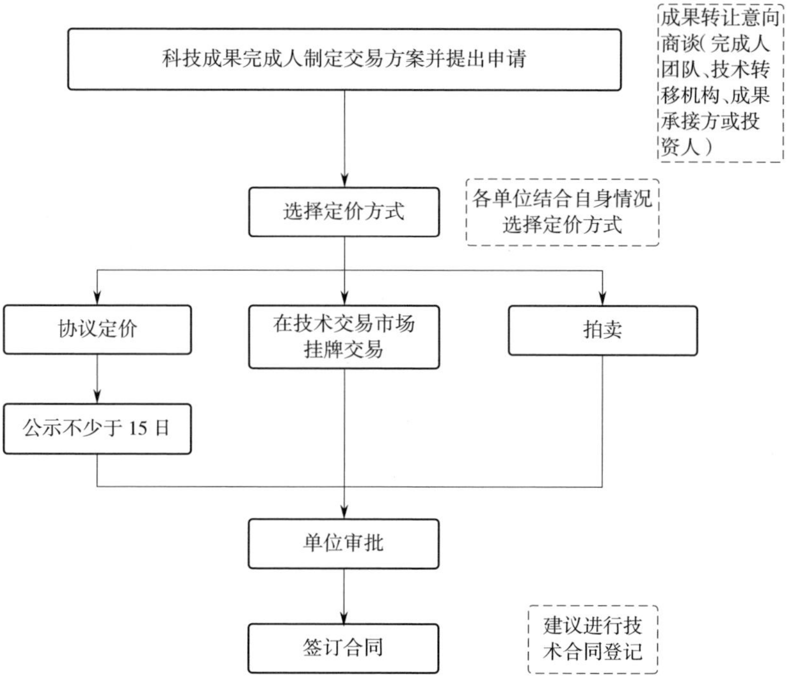

图 6.7　职务科技成果转让 / 许可操作参考流程[9]

2. 作价投资操作流程

详见本书第七章科技成果作价投资操作图解。

3. 自行实施转化操作流程（图 6.8）

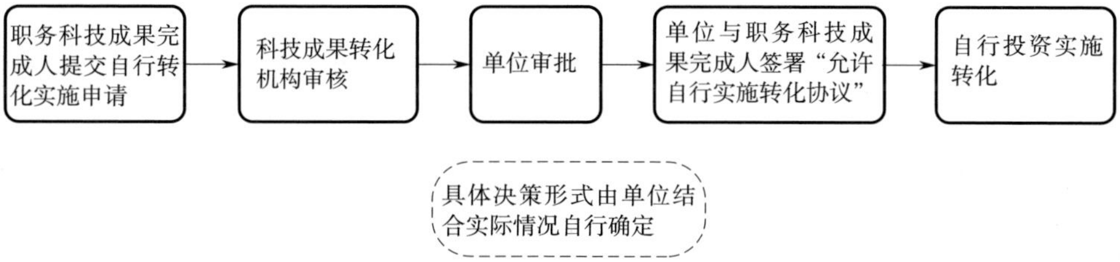

图 6.8　自行实施职务科技成果转化操作参考流程[10]

（注：“允许自行实施转化协议”由各单位结合本单位规定自行制定。）

---

9 《北京市贯彻落实〈中华人民共和国促进科技成果转化法〉〈北京市促进科技成果转化条例〉操作指南》。
10 《北京市贯彻落实〈中华人民共和国促进科技成果转化法〉〈北京市促进科技成果转化条例〉操作指南》。

三、案例分析

上文结合科技成果转化具体方式，辅以简要案例进行了说明。本节进一步选择几个具有代表性的综合案例进行剖析。这些案例不仅涵盖了多种转化场景，涉及的转化方式也更具多样性和灵活性。

案例 1

2020 年 12 月，华东理工大学某技术成果已经完成实验室阶段研究开发与验证工作，需进行工程化研究开发与应用。为使得该技术尽快完成产业转化，需要工业生产企业的设备和资金的大力支持，同时，为了适应产品市场发展，需要相关的市场营销和市场开发。2022 年 9 月，为深度挖掘该技术成果的内在价值，华东理工大学将其相关技术秘密、专利权与专利申请权作为一个整体“打包”进行成果转化。华东理工大学采取在评估价值基础上的协议定价，项目标的金额 2 000 万元，B 公司以转化价格的 50% 支付华东理工大学技术转让费，合同金额 1 000 万元；另 50% 采取技术入股的方式成立合资公司 F，合同金额 1 000 万元。华东理工大学以本项目转让的技术秘密及专利技术入股，占合资公司股权的 20%。根据学校相关管理制度，将占有的股权进行授权分割，其中 70% 授予科研团队，即科研团队占合资公司 F 股权的 14%。

案例分析

该项目采用技术转让与作价入股相结合的科技成果转化方式，选用资产评估、挂牌交易的多元化科技成果市场交易定价模式。最终，华东理工大学采取先与 B 企业签订技术转让协议，技术转让费用一分为二，一部分由 B 企业现金支付，另一部分则作价入股，作为华东理工大学所持合资公司 F 的股份。在合资公司 F 成立后，项目技术全部转到合资公司 F 名下。该转化方式，既保障了企业的权利，也维护了学校及科研团队的利益，促进了成果转化工作的高效开展。[11]

案例 2

2017 年 8 月 10 日，《中国知识产权报》报道，同济大学 H 教授团队自主研发的“高性能激光薄膜器件及装备”技术成果的 6 件发明专利，以 3 800 万元的价格转让给

11　中国科技评估与成果管理研究会，科技部科技评估中心，中国科学技术信息研究所 . 中国科技成果转化 2022 年度报告（高等院校与科研院所篇）[R]. 北京：科学技术文献出版社，2023：126−127.

M 公司。

10 年前 H 教授团队为解决我国高功率激光器核心技术和关键工艺长期被国外进口产品垄断的问题，承担了关键部件——高性能 Pick-off 镜的研制工作。经过两年的攻关，研究团队将高性能激光薄膜器件的损伤阈值提高了一个数量级，激光薄膜器件质量大幅提升，但在与企业沟通该成果的转化时，企业认为无法投入生产，因为生产工艺还不能做到可控。为此，研发团队进一步深化基础研究，从 2009 年起用了 6 年时间，基本实现了生产工艺的完全可控，即为满足高中低端市场需求，设计不同档次、不同质量的产品指标，提供相应的技术方案，使生产成本可控。为了减轻企业前期投入的压力，双方协商，采用分期付款的方式，由企业先支付 60% 的转让款，剩下的 40% 两年内付清。

案例分析

为什么不选择合作实施的科技成果转化方式？因为 M 公司没有设立自己的研发部门，无法达到合作实施的技术门槛，因此若要进行合作实施，则需要对员工进行培训学习，无论从成本方面还是时间方面考虑，都不利于科技成果转化的实施落地；此外，如果选择科技成果许可方式，M 公司不能取得知识产权，也不能享受国家和地方相关扶持政策，因而不利于 M 公司的健康发展。可见，科技成果转让是双方均可接受的方式[12]。

案例 3

围绕“双碳”目标，河北工业大学 L 教授团队将 CO_2 高值化利用与新能源产业紧密结合，突破了“低能耗、绿色碳酸酯产品生产方法和系统”关键技术，实现了动力电池电解液碳酸酯溶剂的绿色、低能耗制备，对实现新能源产业绿色低碳发展具有重大意义。L 教授团队基于该技术与“中国化工企业 500 强”N 集团签订了专利许可合同，采用项目投产后利润分成方式计算，合同总金额达数亿元，项目前期预付款 8 500 万元。

案例分析

为什么要选择许可的方式进行成果转化呢？首先，该项目成果是生产技术成果，是产业关键技术，采取许可的方式能够促进市场竞争，符合国家政策导向，而且通

12　梁传辉 . 不同成果转化模式的经济绩效评价研究 [D]. 天津：天津师范大学 .

过多次许可使用，可以获得更高的收益，实现科技成果在更大范围内扩散，以充分实现其价值[13]。如果选择转让方式，只会让受让企业收益，导致行业企业不公平竞争。如果选择作价投资方式，不利于行业企业使用该技术。

案例 4

某高校科研团队在生物医药领域取得了一项重大突破，成功研发出一种新型药物，对某种罕见病具有显著疗效。该团队科研人员的主要诉求在于提升学术影响力，并希望这项成果能够尽快应用于临床实践，造福患者。为此，他们选择了与大型制药企业合作的成果转化方式。通过与制药企业共同开展临床试验、申请新药证书等流程，新型药物的安全性和有效性得到充分验证。同时，制药企业利用其强大的市场推广能力，将新药迅速推向市场，使得更多患者受益。

案例分析

通过合作转化这种方式，科研人员不仅实现了学术影响力的提升，还使得他们的研究成果在实际应用中发挥了重要作用，产生了显著的社会效益。这种方式的特点是成果所有者与合作者之间能够形成良性互补关系，各自发挥其优势特点，实现资源整合，同时，这种方式也能够让双方收益共享、风险共担。

参考文献

[1] 国家科技评估中心，中国科技评估与成果管理研究会 . 科技成果转化工作指南 [M]. 北京：北京理工大学出版社，2021.

[2] 吴寿仁 . 科技成果转化政策导读 [M]. 上海：上海交通大学出版社，2019.

[3] 吴寿仁 . 科技成果转化操作实务 [M]. 上海：上海科学普及出版社，2016.

[4] 北京市贯彻落实《中华人民共和国促进科技成果转化法》《北京市促进科技成果转化条例》操作指南。

[5] 中国科技评估与成果管理研究会，科技部科技评估中心，中国科学技

13 吴寿仁 . 科技成果转化政策导读 [M]. 上海 ：上海交通大学出版社，2019：73.

术信息研究所．中国科技成果转化2022年度报告（高等院校与科研院所篇）[R]. 北京：科学技术文献出版社，2023.

[6] 梁传辉．不同成果转化模式的经济绩效评价研究 [D]. 天津：天津师范大学，2023.

第七章

科技成果作价投资操作图解

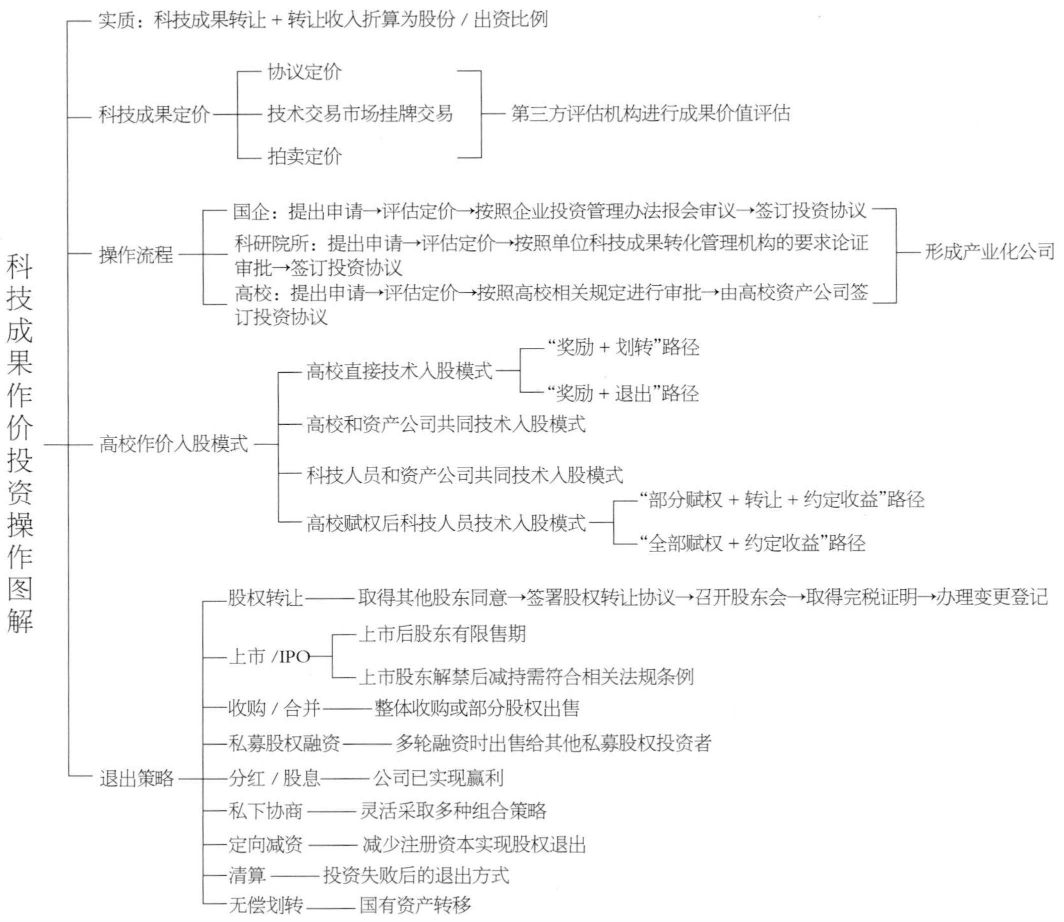

科技成果作价投资操作图解
实质：科技成果转让 + 转让收入折算为股份 / 出资比例
科技成果定价
协议定价
技术交易市场挂牌交易
拍卖定价
第三方评估机构进行成果价值评估
操作流程
国企：提出申请→评估定价→按照企业投资管理办法报会审议→签订投资协议
科研院所：提出申请→评估定价→按照单位科技成果转化管理机构的要求论证审批→签订投资协议
高校：提出申请→评估定价→按照高校相关规定进行审批→由高校资产公司签订投资协议
形成产业化公司
高校作价入股模式
高校直接技术入股模式
“奖励 + 划转”路径
“奖励 + 退出”路径
高校和资产公司共同技术入股模式
科技人员和资产公司共同技术入股模式
高校赋权后科技人员技术入股模式
“部分赋权 + 转让 + 约定收益”路径
“全部赋权 + 约定收益”路径
退出策略
股权转让——取得其他股东同意→签署股权转让协议→召开股东会→取得完税证明→办理变更登记
上市 /IPO
上市后股东有限售期
上市股东解禁后减持需符合相关法规条例
收购 / 合并——整体收购或部分股权出售
私募股权融资——多轮融资时出售给其他私募股权投资者
分红 / 股息——公司已实现赢利
私下协商——灵活采取多种组合策略
定向减资——减少注册资本实现股权退出
清算——投资失败后的退出方式
无偿划转——国有资产转移

本章总览图

科技成果作价投资是科技成果转化的重要方式之一，目前我国高校和科研院所科技成果作价投资虽然单项合同金额高，但整体项目数量少，许多科研人员对科技成果作价投资的流程和步骤，包括是否需要评估、如何进行评估、科技成果作价投资如何操作、有哪些操作模式和退出方式等问题，还不是很清楚，本章将对上述问题进行分析，供读者参考。

一、科技成果作价投资简介

（一）科技成果作价投资的内涵

科技成果作价投资是指科技成果持有方对科技成果，包括专利权、软件著作权、集成电路布图设计权、技术秘密等，进行评估作价，确定投资金额和股权比例，以资本的形式投资公司，取得公司的股权，获取对应的投资回报；或者以科技成果出资组建或加入合伙企业[1]。《中华人民共和国公司法》第四十八条规定，除法律、行政法规规定不得作为出资的财产外，同时满足“可以用货币估价”和“可以依法转让”的非货币财产均可以作价出资，也就是说，科技成果可以作为非货币财产进行作价出资。谁持有科技成果，就以谁的名义作价出资。科技成果作价出资的实质是将科技成果从生产要素转变为资本要素，是科技成果转让与以转让收入投资同时进行的行为[2]。

科技成果的作价投资＝科技成果的转让 + 折算为股份 / 出资比例。科技成果作价投资本质上是科技成果转让，科技成果所有权要转移到入股企业，才算是无形资产实缴到位，应当签订科技成果转让合同。作价投资方式的突出特点是各投资方结成紧密的合作关系，尽其所能地投入资金、技术、市场渠道、人才、资源等，并结成利益共享、风险共担的经营实体。

适宜通过作价投资方式转化的项目，一般具有以下特点：一是预期能有较好的市场化应用前景，或者属于成果持有方拟重点培育孵化的技术 / 产业方向；二是成果持有方希望能够参与成果产业化进程；三是具备公司化运作的资金、团队等。

1　天津市高新技术成果转化中心 . 技术经纪人实务教程 [M]. 天津：天津大学出版社，2020.
2　吴寿仁 . 科技成果转化操作实务 [M]. 上海：上海科学普及出版社，2016.

（二）科技成果作价投资面临的问题与解决路径

1. 问题

科技成果作价投资面临的问题，详见图 7.1。

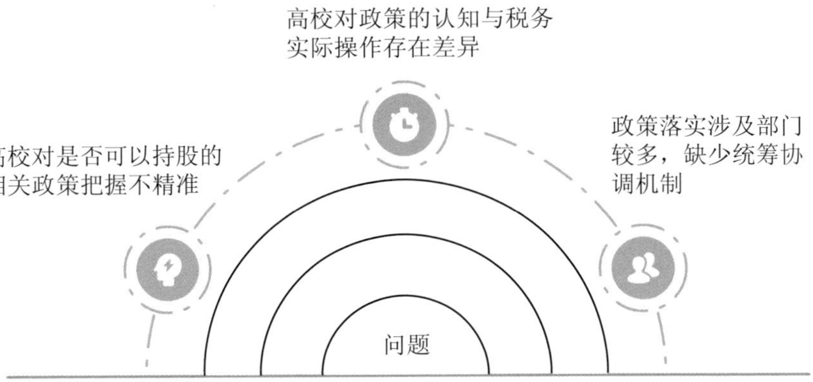

图 7.1　科技成果作价投资面临的问题

（1）高校对是否可以持股的相关政策把握不精准。《教育部关于积极发展、规范管理高校科技产业的指导意见》（教技发〔2005〕2 号）规定，高校要依法组建国有独资性质的资产经营有限公司或从现有校办企业中选择一个产权清晰、管理规范的独资企业，将学校所有经营性资产划转到高校资产公司，由其代表学校持有对企业投资所形成的股权。部分高校认为只能由资产管理公司持股。教育部办公厅印发的《关于落实科技成果转化国有资产管理有关授权政策的通知》（教财厅函〔2020〕1 号）明确规定，高校可以持股，只是应将直接持有的股权在形成后的半年内，转由资产经营公司持有管理，见图 7.2。因此，高校对本身是否可以持股的相关政策把握不精准，造成了高校前期在落实企业所得税和个人所得税的政策协同方面出现操作困难的情况。

（2）高校对政策的认知与税务实际操作存在差异。在技术作价入股操作中选择递延纳税政策时，高校认为股份由资产管理公司代持为划拨行为，不应缴税。而在税务实际操作中，高校和资产公司是两个独立的法人主体，作价入股操作是股份转让行为，高校取得股权时暂不纳税，递延至转让股权时纳税，高校应按股权转让收入减去技术成果原值和合理税费后的差额计算缴纳所得税。

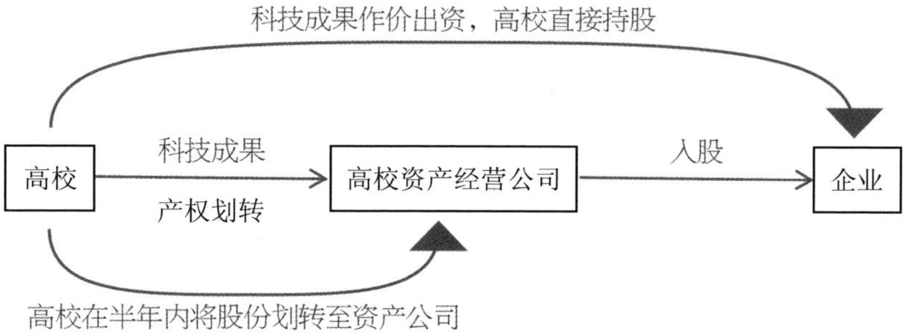

图 7.2　高校持股方式

（3）高校成果转化政策落实涉及科研、知识产权、国资、人事、财务等多个部门，少数高校缺乏统筹、协调机制，内部各部门操作缺乏衔接，也造成了在政策落实层面的滞后。

2. 解决路径

税务部门综合考虑合法合规、规避风险、减轻税负等多项因素，并根据高校倾向于选择首先由高校以专利技术对外投资，然后将股权转让给资产经营管理公司代持的路径，提出两种税收政策以供选择适用。

1）选择适用递延纳税政策

（1）技术入股环节，高校对专利技术进行分拆，由高校和科研人员以专利技术对项目公司进行投资，换取项目公司的股权。

①企业所得税方面：如符合《财政部 国家税务总局关于完善股权激励和技术入股有关所得税政策的通知》（财税〔2016〕101 号）规定的条件，可适用技术入股递延纳税政策（居民企业可享受企业技术成果投资入股递延纳税政策；选择技术成果投资入股递延纳税政策，需要向主管税务机关备案，旨在确认企业技术成果投资入股应递延的应纳税所得额，为税务机关加强后续管理奠定基础，对技术成果评估明显不合理的，主管税务机关有权进行调整）。

②增值税方面：如符合相关政策条件，可选择适用纳税人提供技术转让、技术开发和与之相关的技术咨询、技术服务免征增值税优惠政策。

③个人所得税方面：如符合相关政策条件，可选择适用《财政部 国家税务总局关于促进科技成果转化有关税收政策的通知》（财税字〔1999〕45 号）、《国家税务总局关于促进科技成果转化有关个人所得税问题的通知》（国税发

〔1999〕125号）、《财政部 税务总局 科技部关于科技人员取得职务科技成果转化现金奖励有关个人所得税政策的通知》（财税〔2018〕58号）文件规定的高校转化职务科技成果个人所得税优惠政策，即高校、科研院所转化职务科技成果以股份或出资比例等股权形式给予科技人员个人奖励，享受上述优惠政策的科技人员必须是科研机构和高等学校的在编正式职工。

（2）高校股权转让至资产经营公司代持环节，高校应当按照（财税〔2016〕101号）文件规定，按股权转让收入减去技术成果原值和合理税费后的差额计算缴纳企业所得税。

2）选择适用技术转让所得减免优惠政策

（1）技术入股环节，高校对专利技术进行分拆，由高校和科研人员以专利技术对项目公司进行投资，换取项目公司的股权。

①企业所得税方面：如符合相关政策条件，可选择适用《国家税务总局关于技术转让所得减免企业所得税有关问题的通知》（国税函〔2009〕212号）文件规定的技术转让所得免征、减征企业所得税优惠政策，即一个纳税年度内，居民企业技术转让所得不超过500万元的部分，免征企业所得税；超过500万元的部分，减半征收企业所得税。

②增值税方面：如符合相关政策条件，可选择适用纳税人提供技术转让、技术开发和与之相关的技术咨询、技术服务免征增值税优惠政策。

③个人所得税方面：如符合相关政策条件，可选择适用《财政部 国家税务总局关于促进科技成果转化有关税收政策的通知》（财税字〔1999〕45号）、《国家税务总局关于促进科技成果转化有关个人所得税问题的通知》（国税发〔1999〕125号）、《财政部 税务总局 科技部关于科技人员取得职务科技成果转化现金奖励有关个人所得税政策的通知》（财税〔2018〕58号）文件规定的高校转化职务科技成果个人所得税优惠政策，即个人在取得股份、出资比例时，暂不缴纳个人所得税；个人按取得股份、出资比例获得分红时，征收个人所得税；从职务科技成果转化收入中给予科技人员的现金奖励，可减按50%计入科技人员当月“工资、薪金所得”，依法缴纳个人所得税。

（2）高校股权转让至资产经营公司代持环节，如符合政策规定，可选择适用《财政部 国家税务总局关于促进企业重组有关企业所得税处理问题的通知》（财税〔2014〕109 号）文件规定的 100% 直接控制的居民企业之间划转股权采用特殊性税务处理政策。

（三）科技成果作价投资的意义和作用

科技成果作价投资可以将科技成果完成单位丰富的科技资源优势、科技成果完成人的研发优势和企业家对市场需求的敏锐反应能力，通过共同入股紧密地结合在一起，形成利益共享、风险共担的经济共同体[3]，能够最大限度优化资源配置，大大增强投资者信心[4]，提高科技成果转化成功率。科技成果作价投资可以直接衍生新企业，产生促进经济发展的新增量，其他科技成果转化方式对经济的促进作用相对间接，或者更多的是助力已有企业发展。

对高校等研发机构而言，科技成果作价投资有助于将高校科技成果转化为实际的商业价值，促进科技创新和经济发展。它为高校科研人员提供了更多的商业化机会，对科技成果完成人而言，以科技成果作价投资不需要现金出资，即可入股，可分红变现。高校通过科技成果作价投资，可以实现其科技成果的市场化和产业化，推动科技创新与产业发展的深度融合。以科技成果作价投资创办企业是高质量科技企业培育的重要方式，其意义在于直接服务区域产业技术进步、促进地方经济发展和提高社会就业率，这种方式也是实现高校人才培养、科学研究和社会服务良性发展的关键抓手[5]。

科技成果作价投资可提供商业化经验和资源支持，投资者通常具有丰富的商业化经验和资源，可以为科技成果团队提供指导和支持。投资者可以帮助科技成果团队制定商业化策略、拓展市场渠道、寻找合作伙伴等，提高科技成果的商业化成功率。科技成果作价投资有助于促进创新和科技进步，可以激励科技创新和研发活动。投资者的资金和支持可以帮助科技成果团队实现科技成果的商业化，从而鼓励更多的科技人才投身科技创新。

---

3 吴寿仁 . 科技成果转化操作实务 [M]. 上海：上海科学普及出版社，2016.

4 田海燕：成果转化，我推崇技术许可和作价入股两种方式 .https://www.eol.cn/news/xueshu/hui/202106/t20210617_2123590.shtml.

5 刘群彦，朱明轩，姚禹 . 高校科技成果作价投资机制实证研究：以上海市高校为例 [J]. 中国高校科技，2020（5）：88-91.

二、科技成果作价投资价格评估

（一）科技成果定价方式

科技成果转化定价是科技成果作价投资的难点，也是院校和企业双方谈判的焦点。《实施＜中华人民共和国促进科技成果转化法＞若干规定》（国发〔2016〕16号）明确，国家设立的研究开发机构、高等院校对其持有的科技成果，应当通过协议定价、在技术交易市场挂牌交易、拍卖等市场化方式确定价格（图7.3）。

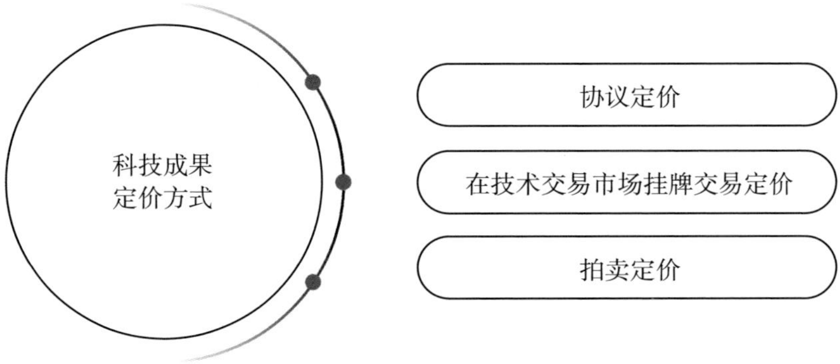

图7.3　科技成果定价方式

（二）科技成果作价投资需评估

根据《中华人民共和国公司法》第四十八条规定，股东可以用货币出资，也可以用实物、知识产权、土地使用权、股权、债权等可以用货币估价并可以依法转让的非货币财产作价出资，但是，法律、行政法规规定不得作为出资的财产除外。对用于出资的非货币财产应当评估作价，核实财产，不得高估或者低估作价。法律、行政法规对评估作价有规定的，从其规定。也就是说，科技成果作价投资时，科技成果需要满足的条件是，可以用货币估价，即原则上可以经由社会第三方评估机构进行估价。

科技成果作价投资时，如股东以非货币财产出资但未评估作价，一旦公司、其他股东或者公司的债权人提出异议，法院将委托评估机构对财产评估作价，如评估确定的价额显著低于公司章程所定价额的，法院将认定股东未依法全面履行出资义务。因此，在进行科技成果作价投资时，建议聘请专业的第三方评估机构出具评估报告并将评估报告作为非货币财产作价的依据。

三、职务科技成果作价投资操作模式

1. 国有企业科技成果作价投资操作流程

国有企业与其他主体的科技成果作价投资总体流程基本相同，由于涉及国有资产的处置，应注意遵照《中华人民共和国企业国有资产法》《企业国有资产监督管理暂行条例》《企业国有资产评估管理暂行办法》《企业国有资产交易监督管理办法》《国有科技型企业股权和分红激励暂行办法》等针对国有企业的法律法规进行。

根据国有企业现行政策要求，科技成果作价投资是指将科技成果通过第三方评估作价后，以知识产权出资的形式与合作各方共同投资形成产业化公司，通过取得该公司股权实现转化的形式。

国有企业科技成果作价投资操作流程，详见图 7.4。

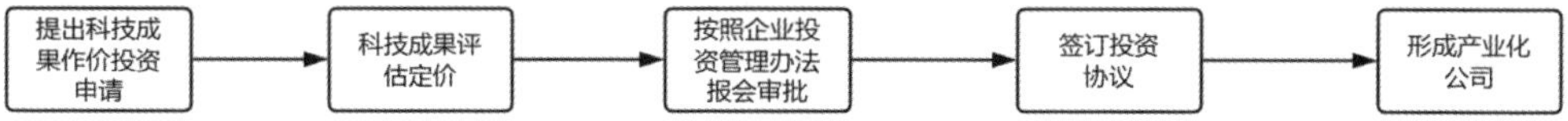

图 7.4　国有企业科技成果作价投资操作参考流程

2. 科研院所科技成果作价投资操作流程

科技成果完成人（团队）提出成果作价投资申请，制定作价投资方案，通过第三方评估作价后，单位对职务科技成果作价投资方案进行审批，具体审批程序由各单位结合自身实际情况自行制定，详见图 7.5。

3. 高校科技成果作价投资操作流程

高校科技成果作价投资操作流程要比国有企业和科研院所更复杂，主要是增加了资产公司代持股的环节。高校的知识产权最终转让到入股的产业化公司，在知识产权管理部门进行登记，完成知识产权转让后，在公司注册部门登记股东的出资情况，完成知识产权的出资实缴，详见图 7.6。

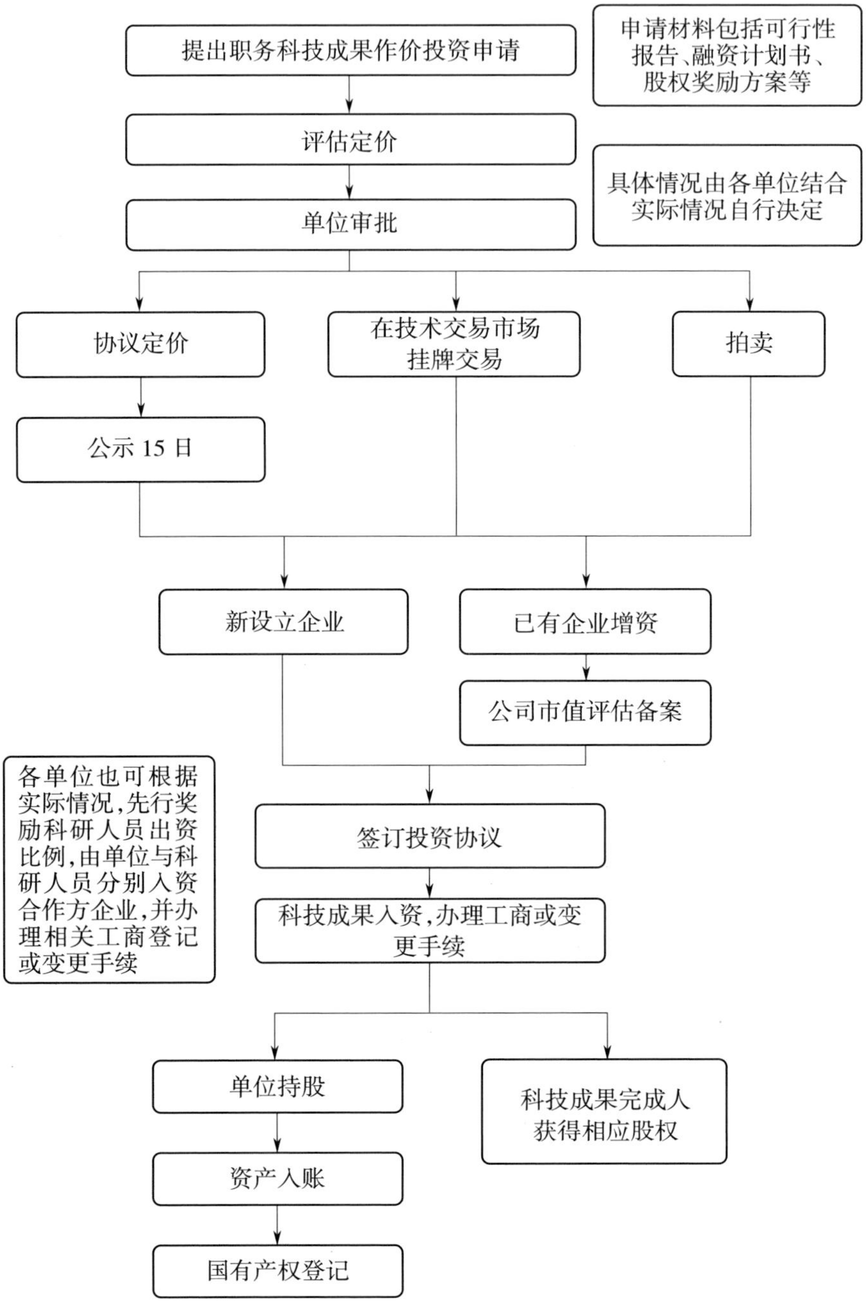

图 7.5　科研院所科技成果作价投资操作参考流程[6]

6　北京市促进科技成果转化议事协调联席会《科技成果转化工作操作指南和典型案例集》。

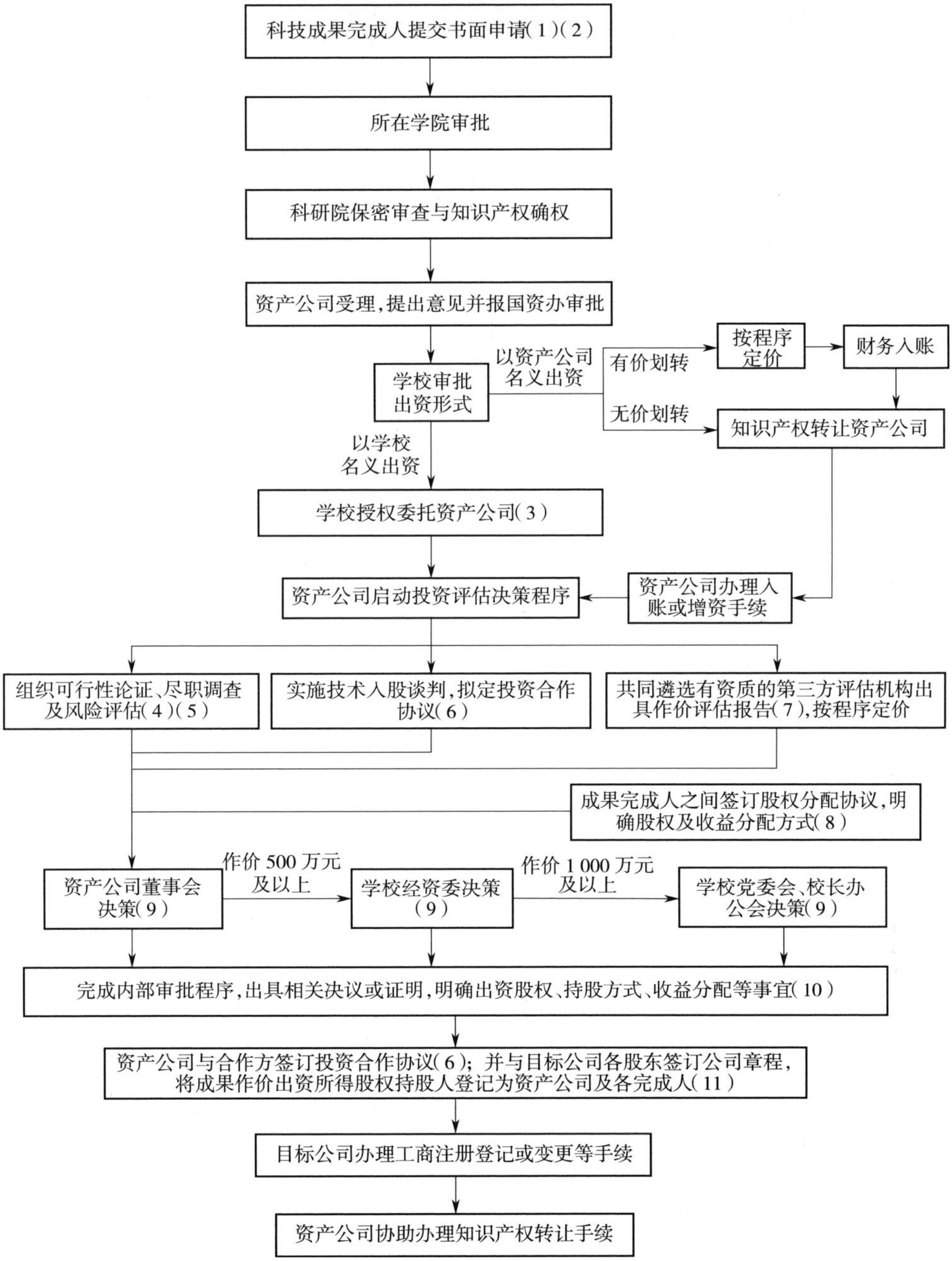

图 7.6　高校科技成果作价投资操作参考流程

（注：涉及书面材料：（1）高校科技成果作价投资申请表；（2）科技成果作价投资方案及可行性报告；（3）科技成果作价投资授权委托书；（4）科技成果作价投资尽职调查报告；（5）专家组论证意见表；（6）投资合作协议；（7）科技成果作价投资价值评估报告；（8）科技成果完成人股权及收益分配协议；（9）会议决议/纪要；（10）科技成果作价投资奖励及分配审批表；（11）★★★公司章程；（11）授权委托书；（12）其他必要的相关书面材料。
涉及费用：可行性论证等专家咨询费及相关费用；委托第三方机构产生的中介服务费。）

四、高校科技成果作价投资操作模式

高校开展科技成果作价投资的操作流程较为复杂，涉及多个主体、多个环节、多个税种，法律和政策问题复杂，依照《中华人民共和国公司法》规定，应当以科技成果持有人的名义作价出资，即谁持有科技成果，就以谁的名义作价出资。教育部已经明确规定了，学校全资资产公司代持学校股份，但高校较少采用作价投资的方式进行成果转化，一是如果教师在学校公开表明自己拥有某一公司股份，可能会引发潜在的利益冲突，引发团队成员、学生或其他利益相关方的疑虑，甚至可能会影响教师和学校的声誉；一些教师可能希望保护个人隐私，不愿意在学校公开自己的个人财务状况和投资情况；公开拥有某一公司股份可能会暴露个人财务信息，对个人隐私构成侵犯。二是涉及很多部门和环节，过程比较烦琐。三是学校股权递延纳税的问题没有解决。

2022 年 3 月 17 日，在天津市科学技术局、国家税务总局天津市税务局、天津市教育委员会的指导下，天津大学法学院、天津市科学技术发展战略研究院联合编制了《天津高校科技成果作价投资操作指引（V2.0 2022)》[7]，明确科技成果作价投资的概念、流程和税收相关问题，为高校科技成果作价投资提供参考。本书结合该指引提出了四种作价入股模式，并且按各模式操作环节编制示意图，不仅直观易懂，而且便于高校结合自身实际，选择转化成功率最高、收益最大的方案。

（一）高校直接技术入股模式

第一种是高校直接以其享有的技术作价入股目标企业，是高校以科技成果作价投资的常规模式（此模式下的“奖励 + 划转”路径与“奖励 + 退出路径”分别见图 7.7、图 7.8），但由于高校须在半年内将所持股份转至资产公司，高校技术入股享受的企业所得税递延纳税优惠随之终止，因此，在现有政策下该常规模式亦有其弊端。

相关税收政策规定，企业或个人以技术作价入股的，可选择递延纳税；科

7 天津大学法学院，天津市科学技术发展战略研究院．天津市高校科技成果作价投资操作指引（V2.0 2022）[EB/OL].（2022−03−17）[2024−9−17]. https://www.tjbpi.com/upload/history/UploadFiles/kyc1/2023/3/202332793633.pdf.

研机构、高等学校转化职务科技成果以股份或出资比例等股权形式给予科技人员的个人奖励，暂不征收个人所得税。因此，为了更好地让高校和资产公司享受企业所得税递延纳税、科技人员享受个人所得税递延纳税，在常规做法的基础上，结合税收优惠政策，提出了第二种、第三种操作模式。

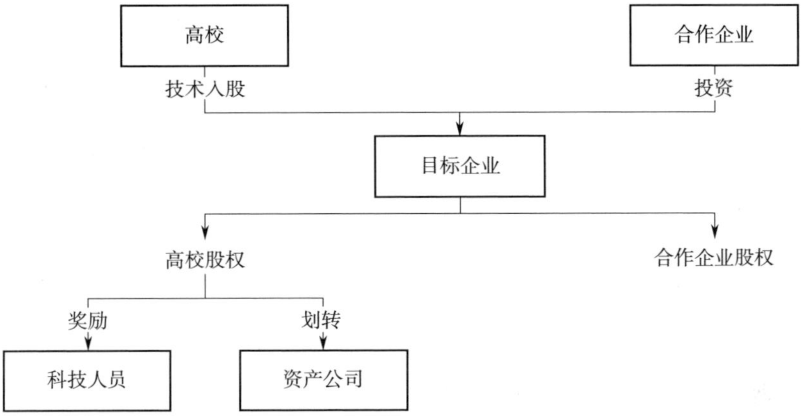

图 7.7 高校直接技术入股模式“奖励 + 划转”路径示意

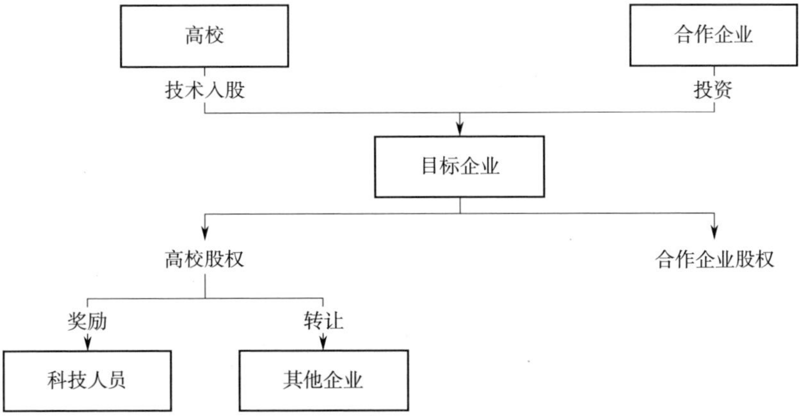

图 7.8 高校直接技术入股模式“奖励 + 退出”路径示意

（二）高校和资产公司共同技术入股模式

第二种模式是高校将科技成果产权先变更为高校与资产公司共有，再由高校和资产公司共同以科技成果作价入股，与合作企业共同投资于目标企业，并约定各自所持目标企业股权比例，高校将所持股权奖励给科技人员，详见图 7.9。

高校和资产公司共同以技术作价入股，高校和资产公司可享受递延纳税优惠，然后高校将其股份奖励给科技人员，科技人员可享受暂不缴纳个人所得税的优惠。

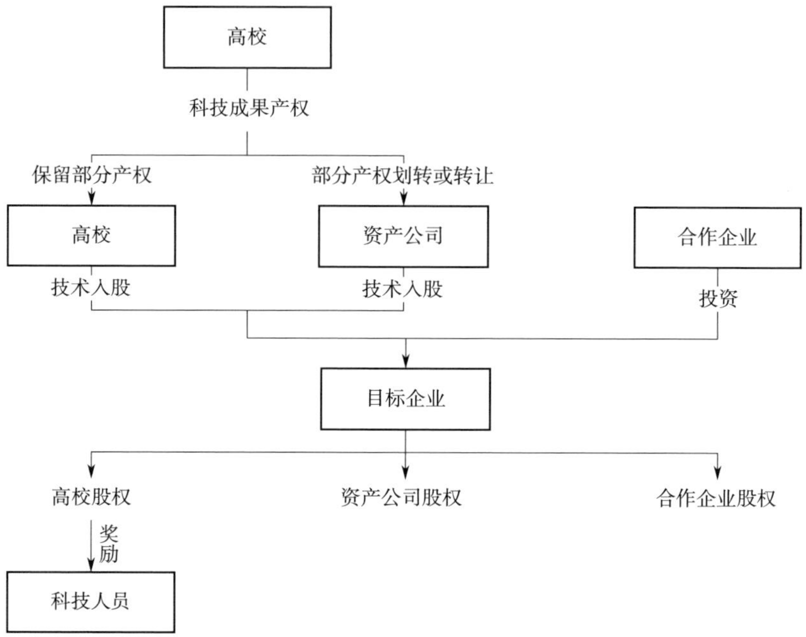

图 7.9　高校和资产公司共同技术入股模式示意

（三）科技人员和资产公司共同技术入股模式

第三种模式是高校先将科技成果产权转让给科技人员和资产公司共有，再由科技人员和资产公司共同以科技成果作价入股，与合作企业共同投资于目标企业，并约定各自所持目标企业股权比例，详见图 7.10。资产公司和科技人员都享受递延纳税优惠。

（四）高校赋权后科技人员技术入股模式

第四种模式是高校先将科技成果赋权给科研人员，待科研人员后续转化且成果产生收益后，再按既定比例与学校进行收益分配。这种模式按照赋权的程度有两种操作路径，即高校将科技成果的部分或全部产权赋予科技人员，由科技人员以科技成果作价入股，与合作企业共同投资于目标企业，并约定各自所持目标企业股权比例，产生收益后，高校与科技人员按赋权比例或约定比例进行收益分配。科技人员可享受递延纳税优惠。

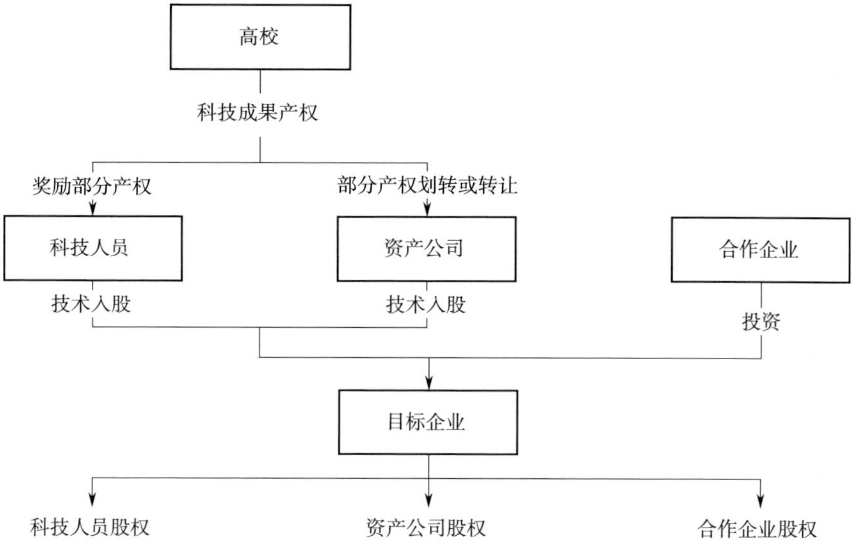

图 7.10　科技人员和资产公司共同技术入股模式示意

第一种是部分赋权，操作路径是“部分赋权 + 转让 + 约定收益”，即通过签订赋权协议，高校将大部分的科技成果所有权赋予科技人员，随后高校将保存的少部分成果所有权，通过技术转让协议让渡给科技人员，使科技人员 100% 持有成果所有权，科技人员通过作价入股取得股权，产生收益后按赋权比例分配收益给高校，详见图 7.11。

第二种是全部赋权，操作路径是“全部赋权 + 约定收益”，即通过签订赋权协议，高校将全部科技成果所有权赋予科技人员，在协议中约定收益分配的比例和时限，产生收益后按赋权协议约定分配收益给学校，详见图 7.12。

四种科技成果作价投资模式各有利弊，高校可根据实际情况予以选择。

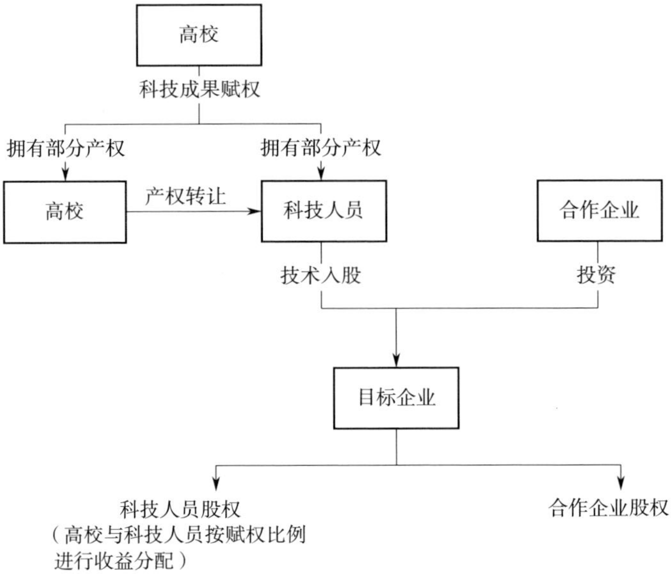

图 7.11　高校赋权后科技人员技术入股模式“部分赋权 + 转让 + 约定收益”路径

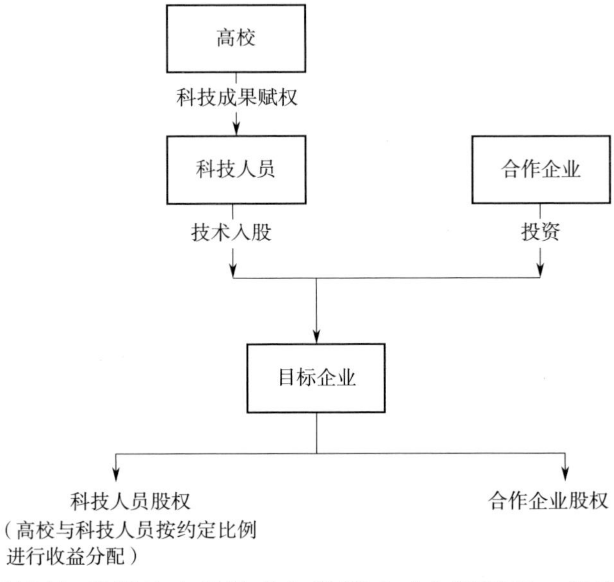

图 7.12　高校赋权后科技人员技术入股模式“全部赋权 + 约定收益”路径

五、退出策略

科技成果作价投资的退出策略是指将投资转化为现金或其他形式的回报的策略。图 7.13 所示的是几种常见的退出策略。

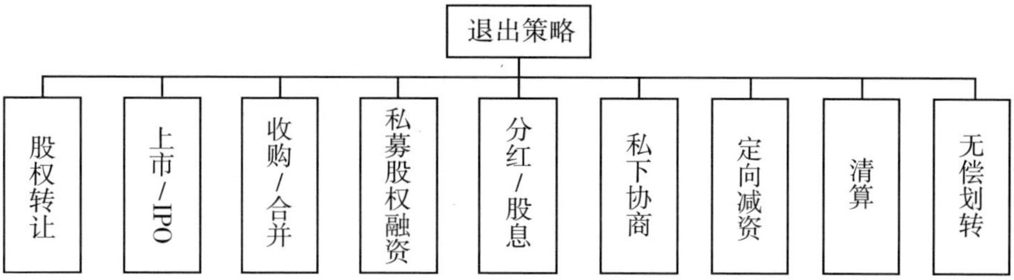

图 7.13 常见的退出策略

（一）股权转让

投资者可以将其在科技成果所属公司的股权转让给其他投资者或战略合作伙伴，以实现投资回报。这可以通过私下协商的方式进行，也可以通过股权交易市场进行。股权转让的基本流程如表 7.1 所示。

表 7.1 股权转让的参考流程

步骤	内容	备注
第一步	书面通知其他股东	股东向股东以外的人转让股权的，应当将股权转让的数量、价格、支付方式和期限等事项书面通知其他股东，其他股东在同等条件下有优先购买权。其他股东自接到书面通知之日起 30 日内未答复的，视为放弃优先购买权。两个以上股东行使优先购买权的，协商确定各自的购买比例；协商不成的，按照转让时各自的出资比例行使优先购买权
第二步	签署股权转让协议	签署股权转让协议时，需要关注以下几点：股权转让款金额、股权转让款的支付时间、配合办理变更登记的时间、违约责任的约定
第三步	召开股东会	按照法律规定召开股东会，股东会决议通常包括以下几个方面的内容：转让的股权的比例、新股东的基本信息、涉及法定代表人变更的将变更事项写在决议里、变更公司章程

续表

步骤	内容	备注
第四步	取得完税证明	股权转让是现有股东将其股权转让给他人的一种行为，这种情况下是否产生个人所得税需要转让股东前去税务部门进行完税申报。需要携带以下材料：股东会决议、股权转让协议、转让方和受让方的身份材料、目标公司的财务报表、营业执照、法定代表人身份证明与身份证复印件，以及代办人的授权委托书、身份证明与身份证复印件
第五步	办理变更登记	取得完税证明后，需携带完税证明和第四步中的其他文件去工商行政管理部门进行变更登记，最终完成股权转让

（二）上市/IPO

如果科技成果所属公司具备上市条件，投资者可以选择将其持有的股权通过公司的首次公开发行（IPO）上市，从而实现投资回报。这需要在科技成果的商业化过程中，注重公司治理、财务管理和市场准备等方面的工作。

公司上市后，股东在退出过程中，可以有两种选择：（1）利用股票市场的风险，获得潜在的损失或者回报；（2）通过交易手段，规避市场风险，锁定收益。被投企业股份成为上市公司股票后，投资机构股份退出需按照证监会要求进行减持退出。证监会、交易所发布了一系列减持法规条例，就减持方法，减持限制、公告要求提出了具体要求，股东在减持时需要严格遵守。相关法规条例包括：《上市公司股东减持股份管理暂行办法》（证监会令第224号）、《上市公司解除限售存量股份转让指导意见》、《上市公司收购管理办法》、《上市公司股权分置改革管理办法》、《深圳证券交易所主板上市公司规范运作指引》、《深圳证券交易所中小企业板上市公司规范运作指引》、《深圳证券交易所创业板上市公司规范运作指引》、《关于进一步规范创业板上市公司董事、监事和高级管理人员买卖本公司股票行为的通知》、《关于个人转让上市公司限售股所得征收个人所得税有关问题的通知》、《关于个人转让公司限售股所得征收个人所得税有关问题的补充通知》、《关于证券机构技术和制度准备完成后个人转让上市公司限售股有关个人所得税问题的通知》、《国有股东转让所持上市公司股份管理暂行办法》、《关于进一步规范“大非”通过大宗交易系统减持股份有关事项的通知》等。

上市股东限售期详见表 7.2。

表 7.2　上市股东限售期

公司首次公开发行	限售期
上市前持有股份的股东	上市交易之日起 1 年内不得转让
公司董事、监事、高级管理人员	上市交易之日起 1 年内不得转让
控股股东和实际控制人	上市交易之日起 36 个月内不得转让
上市公司非公开发行	**限售期**
控股股东、实际控制人或其控制的关联人（主板、中小板）	发行结束之日起 36 个月内不得转让
通过认购本次发行的股份取得上市公司实际控制权的投资者（主板、中小板）	
董事会拟引入的境内外战略投资者（主板、中小板）	
以竞价发行方式认购股份的发行对象，且不属于上述需锁定36个月的主体(主板、中小板)	发行结束之日起 12 个月内不得转让
控股股东、实际控制人或者其控制的关联方以及董事会引入的境内外战略投资者，以不低于董事会做出本次非公开发行股票决议公告日前 20 个交易日或者前 1 个交易日公司股票均价的 90%认购的（创业板）	发行结束之日起 36 个月内不得转让
发行价格低于发行期首日前 20 个交易日公司股票均价但不低于 90%，或者发行价格低于发行期首日前 1 个交易日公司股票均价但不低于 90%的（创业板）	发行结束之日起 12 个月内不得转让

上市公司股东解禁后减持、信息披露规定详见表 7.3。

表 7.3　上市公司股东解禁后减持、信息披露规定

股东类型	信息披露要求
所有限售股股东	限售股上市流通前 3 个交易日披露提示性公告
公开发行前持股 5%以上股东	披露减持意向，减持时提前 3 个交易日予以公告

续表

股东类型	信息披露要求
1、大股东； 2、公司董事、监事、高级管理人员； 3、控股股东、实际控制人及其一致行动人； 4、因协议转让方式减持股份后不再具有大股东身份的股东及交易受让方（6个月内）	计划通过集中竞价交易减持股份，应当在首次卖出的15个交易日前向交易所报告，备案并披露减持计划
	在减持计划披露的减持时间区间内，在减持数量过半或减持时间过半时，应当披露减持进展情况
	在减持时间区间内，上市公司发生高送转、并购重组等重大事项的，应同步披露减持进展情况，并说明本次减持与前述重大事项的关联性
	股份减持计划实施完毕后的2个交易日内予以公告
	股份减持计划未实施或者未实施完毕的，在股份减持时间区间届满后的2个交易日内予以公告
控股股东、实际控制人及其一致行动人	减持达到公司股份总数1%的，应在该事实发生之日起2个交易日内予以公告
控股股东、实际控制人	通过证券交易系统、信托或其他管理方式，预计6个月内减持5%以上的，应在首次出售2个交易日前刊登提示性公告
创业板5%以上股东	通过证券交易系统、信托或其他管理方式，持股变动1%的，应在2个交易日内披露

（三）收购 / 合并

投资者可以将科技成果所属公司出售给其他公司或投资者，实现投资回报。这可以是整体收购，也可以是部分股权的出售。投资者可以通过与潜在买家的洽谈和协商，确定最有利的收购 / 合并条件。

（四）私募股权融资

投资者可以将科技成果所属公司的股权出售给其他私募股权投资者，以实现投资回报。这可以是在科技成果发展过程中的多轮融资，投资者可以选择在适当的时机退出。

（五）分红 / 股息

如果科技成果所属公司已经实现赢利，投资者可以通过分红或股息的方式获得投资回报。这需要在投资协议中明确约定分红政策和股息政策，并根据公司的赢利状况进行分配。科技成果所有人作为被投资企业股东，将通过股息、分红的方式取得回报。根据《中华人民共和国企业所得税法》，符合条件的居民企业之间的股息、红利等权益性投资收益，可以享受免缴企业所得税的优惠。

（六）私下协商

在某些情况下，投资者可以与科技成果的所有者或管理团队进行私下协商，以寻求其他形式的退出。这可能涉及回购协议、赎回权、债务转换等方式。

在选择退出策略时，需要考虑科技成果的商业化进展、市场环境、投资回报预期等因素，并与科技成果的所有者或管理团队进行充分的沟通和协商。根据具体情况，可以选择单一的退出策略或多种策略的组合。

（七）定向减资

定向减资是指公司根据具体情况减少注册资本，是实现股东退出的有效方法，可作为无法通过股权转让或其他途径实现退出时的一种非常规操作。

（八）清算

清算退出是投资失败后不得不采取的退出方式，债务清偿后剩余资产可进行分配，能收回部分投资。

（九）无偿划转

无偿划转主要面向国有资产、产权在政府机构、事业单位、国有独资企业之间无偿转移。

参考文献

[1] 天津市高新技术成果转化中心．技术经纪人实务教程 [M]. 天津：天津大学出版社，2020.

[2] 吴寿仁．科技成果转化操作实务 [M]. 上海：上海科学普及出版社，2016.

第八章

科技成果转化创业操作图解

当前国际上推动科技成果转化的主流方式包括通过创业实现应用和建立专业技术转移机构推动转化。硅谷以其活跃的创业氛围和丰富的创新资源成为前者的典型代表，而德国史太白经济促进基金会则以其专业的技术转移服务和支持成为后者的佼佼者。

新经济的三大定律是创业、孵化和集群。创业驱动创新，创新驱动发展[1]。改革开放以来，我国抓住通过创新创业来推动科技成果转化、扩散新技术并推动新兴产业发展的这一核心要素，在多个技术和产业领域的发展突飞猛进。本章聚焦专业技术人员与大学生科技成果转化创业，为读者提供参考借鉴。

一、专业技术人员创新创业

高校、科研院所等事业单位是科技创新和科技成果转化的主体，在以科技创新推动产业创新的背景下，专业技术人员以创业的形式促进科技成果转化已成趋势。国家及各地出台了一系列政策文件，激发科研人员创新活力和干事创业热情，促进人才在事业单位和企业间合理流动，加速科技成果落地转化。

本章所说的“专业技术人员”，是指高校、科研院所及其他事业单位聘用的主要从事科技创新或科技成果转化工作的人员。在相关政策文本中，有的称“专业技术人员”，有的称“科研人员”，有的称“科技人员”，为方便表述，本章在介绍政策时，说法与《人力资源社会保障部关于支持和鼓励事业单位专业技术人员创新创业的指导意见》（人社部规〔2017〕4号）保持一致，统称“专业技术人员”。

（一）方式选择

1. 支持政策

《人力资源社会保障部关于支持和鼓励事业单位专业技术人员创新创业的指导意见》（人社部规〔2017〕4号）支持和鼓励事业单位专业技术人员以三种方式创新创业，详见图 8.1。

1　王德禄. 创业是中国的希望：我在中关村做新经济咨询[M]. 北京：金城出版社，2018.

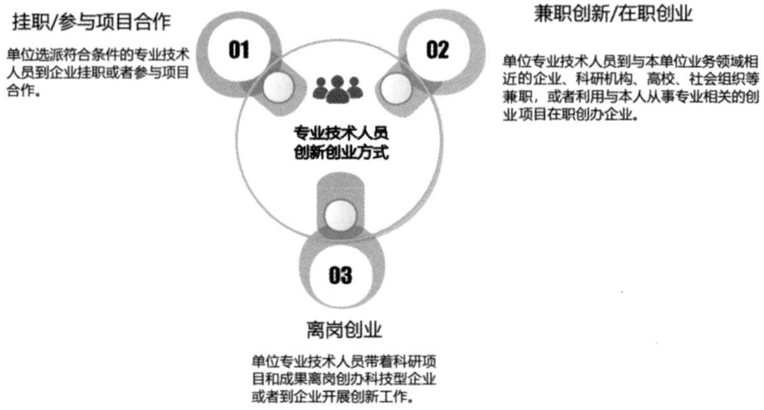

图 8.1　专业技术人员创新创业方式

2015年《中华人民共和国促进科技成果转化法》修订以来，随着科技成果“三权”下放，我国创新创业的活力进一步释放，专业技术人员（科研人员）成为创新创业的主力军和推动科技成果转化落地的中坚力量。国家相继出台了一系列政策规定，鼓励专业技术人员创新创业，见表 8.1。

表 8.1　专业技术人员创新创业支持政策

政策内容	具体规定		
	挂职 / 参与项目合作	兼职创新 / 在职创业	离岗创业
人事关系	不变。与原单位在岗人员同等享有参加职称评审、项目申报、岗位竞聘、培训、考核、奖励等方面权利（人社部规〔2017〕4 号）	不变。兼职创新、在职创办企业人员继续享有参加职称评审、项目申报、岗位竞聘、培训、考核、奖励等各方面的权利，工资、社会保险等各项福利待遇不受影响（人社部发〔2019〕137 号）	1.3 年内保留人事关系；离岗创业期间执行原单位职称评审、培训、考核、奖励等管理制度（人社部规〔2017〕4 号） 2. 在同一事业单位申请离岗创办企业的期限累计不超过 6 年（人社部发〔2019〕137 号）
业绩运用	事业单位可以按照有关规定对业绩突出人员在岗位竞聘时予以倾斜（人社部规〔2017〕4 号）	1. 兼职创新、在职创办企业人员可以在兼职单位或者创办企业申报职称（人社部发〔2019〕137 号）； 2. 工作业绩可以作为其职称评审、岗位竞聘、考核等的重要依据（人社部规〔2017〕4 号）	1. 允许离岗创办企业人员在所创办企业申报职称（人社部发〔2019〕137 号）； 2. 离岗创业期间取得的业绩、成果等，可以作为其进行职称评审的重要依据；创业业绩突出、年度考核被确定为优秀档次的，不占原单位考核优秀比例（人社部规〔2017〕4 号）

续表

政策内容	具体规定		
	挂职 / 参与项目合作	兼职创新 / 在职创业	离岗创业
社会保险		鼓励企业为兼职创新人员参加个人储蓄性养老保险提供补贴（人社部发〔2019〕137 号）	在人事关系所在单位缴纳社会保险。创办企业应当依法为离岗创办企业人员缴纳工伤保险费用，离岗创办企业人员发生工伤的，依法享受工伤保险待遇（人社部发〔2019〕137 号）
解聘自主权	与企业协商一致，自愿流动到企业工作的，事业单位应当及时与其解除聘用合同并办理相关手续（人社部规〔2017〕4 号）	专业技术人员自愿流动到兼职单位工作，或者在职创办企业期间提出解除聘用合同的，事业单位应当及时与其解除聘用合同并办理相关手续（人社部规〔2017〕4 号）	提出解除聘用合同的，其人事关系所在单位应及时依法解除聘用合同（人社部规〔2017〕4 号）
收益分配	1. 可按国家有关规定对完成或者转化职务科技成果做出贡献的人员给予奖励和报酬，不受本单位绩效工资总量限制；（人社部发〔2019〕137 号） 2. 事业单位、专业技术人员、企业三方可约定权益分配内容（人社部规〔2017〕4 号）	1. 事业单位、专业技术人员、相关企业可以订立协议，明确权益分配等内容（人社部规〔2017〕4 号）； 2. 兼职并取得合法报酬，兼职收入不受本单位绩效工资总量限制（厅字〔2016〕35 号）	1. 离岗创业项目涉及原单位知识产权、科技成果的，事业单位、离岗创业人员、相关企业可以订立协议，明确收益分配等内容（人社部规〔2017〕4 号）； 2. 离岗创业收入不受本单位绩效工资总量限制（厅字〔2016〕35 号）
税收缴纳	涉及职务科技成果转化的，可按照职务科技成果转化相关税收优惠政策执行	依法缴纳个人所得税	依法缴纳个人所得税
其他		工作时间灵活：经与人事关系所在单位协商一致，科研人员兼职创新或在职创办企业期间，可以实行相对灵活、弹性的工作时间（人社部发〔2019〕137 号）	返岗保障：聘用至不低于离岗创办企业时原岗位等级的岗位（人社部发〔2019〕137 号）

需要注意的是，《人力资源社会保障部关于支持和鼓励事业单位专业技术人员创新创业的指导意见》（人社部规〔2017〕4 号）对于专业技术人员离岗创业期间的原工作岗位做出了专门规定，见表 8.2。

表 8.2　专业技术人员离岗创业期间工作岗位相关规定

序号	情形	处理方式
1	离岗创业期间岗位空出怎么办?	事业单位对离岗创业人员离岗创业期间空出的岗位，确因工作需要，经同级事业单位人事综合管理部门同意，可按国家有关规定聘用急需人才
2	离岗创业返回时岗位已满怎么办?	离岗创业人员返回的，如无相应岗位空缺，可暂时突破岗位总量聘用，并逐步消化
3	离岗创业人员提出解聘怎么办?	离岗创业人员离岗创业期间，本人提出与原单位解除聘用合同的，原单位应当依法解除聘用合同
4	离岗创业人员提前返岗怎么办?	本人提出提前返回的，可以提前返回原单位
5	离岗创业人员超期未归怎么办?	本人离岗创业期满无正当理由未按规定返回的，原单位应当与其解除聘用合同，终止人事关系，办理相关手续

2. 方式对比

上述三种专业技术人员创新创业方式各有特点，专业技术人员可以根据实际情况选择使用。对比详见表 8.3。

表 8.3　专业技术人员创新创业方式比较

方式	优点	不足	适合企业类型
挂职/参与项目合作	1. 不影响专业技术人员的人事关系; 2. 获取收益和科技成果转化奖励; 3. 派出单位可以更多地掌握主动权，把控自身风险，包括但不限于双方合作可能涉及的关联交易风险项目; 4. 合作的形式可以多种多样，如提供技术服务、技术咨询、达成独家/战略合作等	1. 需对相关知识产权（包括但不限于委托研发、合作研发的知识产权）的归属进行明确约定。在院校掌握主动权的情况下，可能比较难以实现相关知识产权归属企业; 2. 专业技术人员参与自由度较小，参与意愿可能不高，科研投入可能有限; 3. 如采用项目合作的方式，需考虑对企业业务独立性和稳定性的影响，这也是上市审核阶段关注的重点	院校控股或参股企业，或者科技成果转化合作企业

续表

方式	优点	不足	适合企业类型
兼职创新／在职创业	1. 不影响专业技术人员的人事关系，符合专业技术人员对创新创业的“求稳”心态； 2. 可以兼职取酬；享有单位赋予的职务科技成果所有权或长期使用权； 3. 专业技术人员可以利用业余时间参与企业的研发、经营活动，促进成果转化	1. 需谨慎评估专业技术人员兼职的合规合法性，避免出现通过交叉兼职等手段规避国家收入分配政策、从事非“双创”活动等违纪违规现象； 2. 受限于单位内部关于兼职的各种限制性规定，如南开大学规定不认真履行岗位职责，近3年年度考核有基本合格或不合格等次，或上一聘期考核为不合格的，不得校外兼职； 3. 专业技术人员的有限投入可能比较难以满足企业的实际需求，且随着企业不断发展和规模扩大，企业需考虑如何将专业技术人员（尤其是核心科研人员）“充分绑定”（由顾问到核心技术人员到企业正式职工）； 4. 专业技术人员与企业可能发生关联交易； 5. 兼职的专业技术人员如果是企业的核心人员，可能影响企业的人员独立性及业务稳定性，并可能在上市审核时被问询或要求整改； 6. 专业技术人员和企业双方对科技成果的归属可能会存在一定分歧，并进一步对企业成长造成影响	初创期企业
离岗创业	1. 离岗创业期间可以保留人事关系且创业期满可以返岗，人事方面试错成本低； 2. 离岗创业可以合法取得报酬； 3. 专业技术人员可以在离岗创业期间充分投入到转化企业的研发、业务经营等工作，有利于满足转化企业的实际需求	1. 保留人事关系原则上不得超过3年（各省市保留人事关系的时间有所不同），离岗创业可能并非长久之计； 2. 专业技术人员需遵守相关法规及政策中的限制性规定，例如离岗创业期间，科技人员所承担的国家科技计划和基金项目原则上不得中止； 3. 专业技术人员需遵守单位内部关于离岗创业的限制性规定，例如中国科学院要求申请离岗创业的专业技术人员需满足特定条件、现主持国家或中国科学院重大科技项目的人员原则不得离岗创业等； 4. 需要防范关联交易风险； 5. 上市阶段仍需考虑对企业人员独立性及业务稳定性的影响	需要科技创新投入、商业化前景较明朗的成长型企业

（二）单位管理

1. 流程管理

在创新创业管理流程上，专业技术人员需要注意的是，《人力资源社会保障部关于支持和鼓励事业单位专业技术人员创新创业的指导意见》（人社部规〔2017〕4号）规定，兼职/在职创办企业与离岗创业，都需要专业技术人员提出书面申请，并经单位同意。兼职/在职创办企业的，单位还应当将专业技术人员兼职和在职创办企业情况在单位内部进行公示。

人社部规〔2017〕4号文件颁布以后，部分省市也跟进出台了关于鼓励和支持专业技术人员（科研人员）创新创业的实施意见，并提出了更为详细的要求。本节综合考虑人社部和地方性政策文件相关要求，梳理出专业技术人员创新创业参考管理流程（详见图8.2—图8.4）。

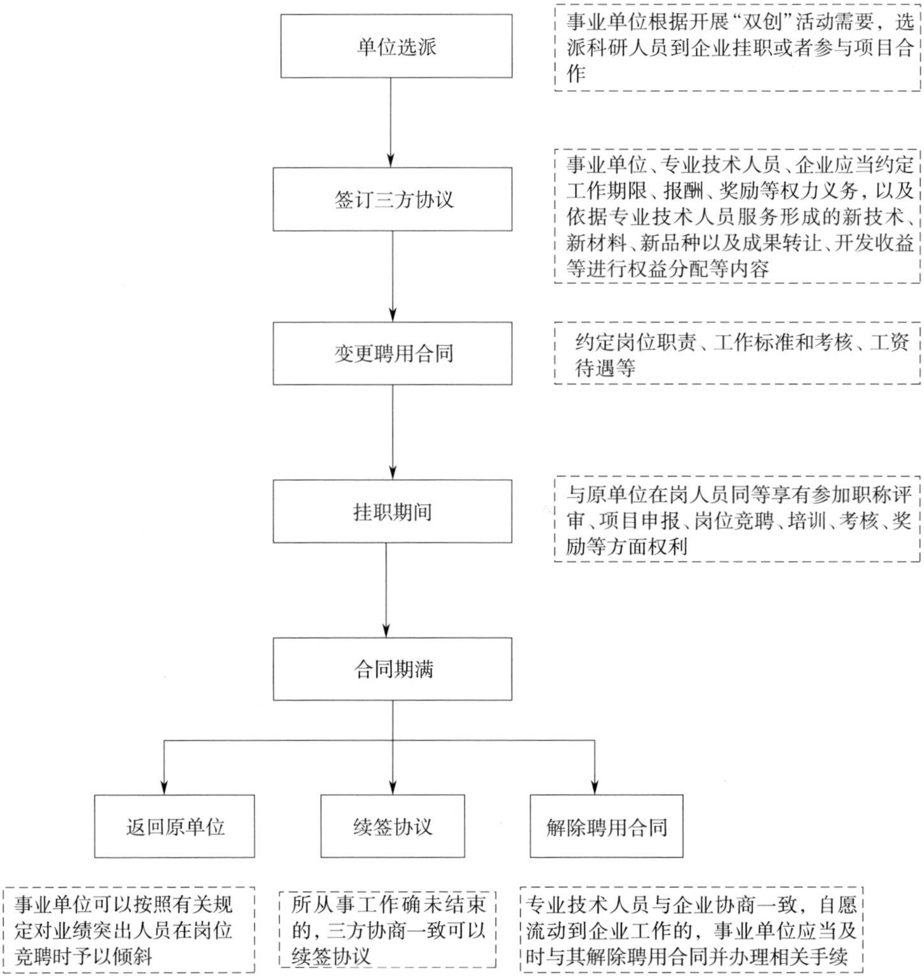

图8.2　专业技术人员挂职/参与项目合作参考管理流程

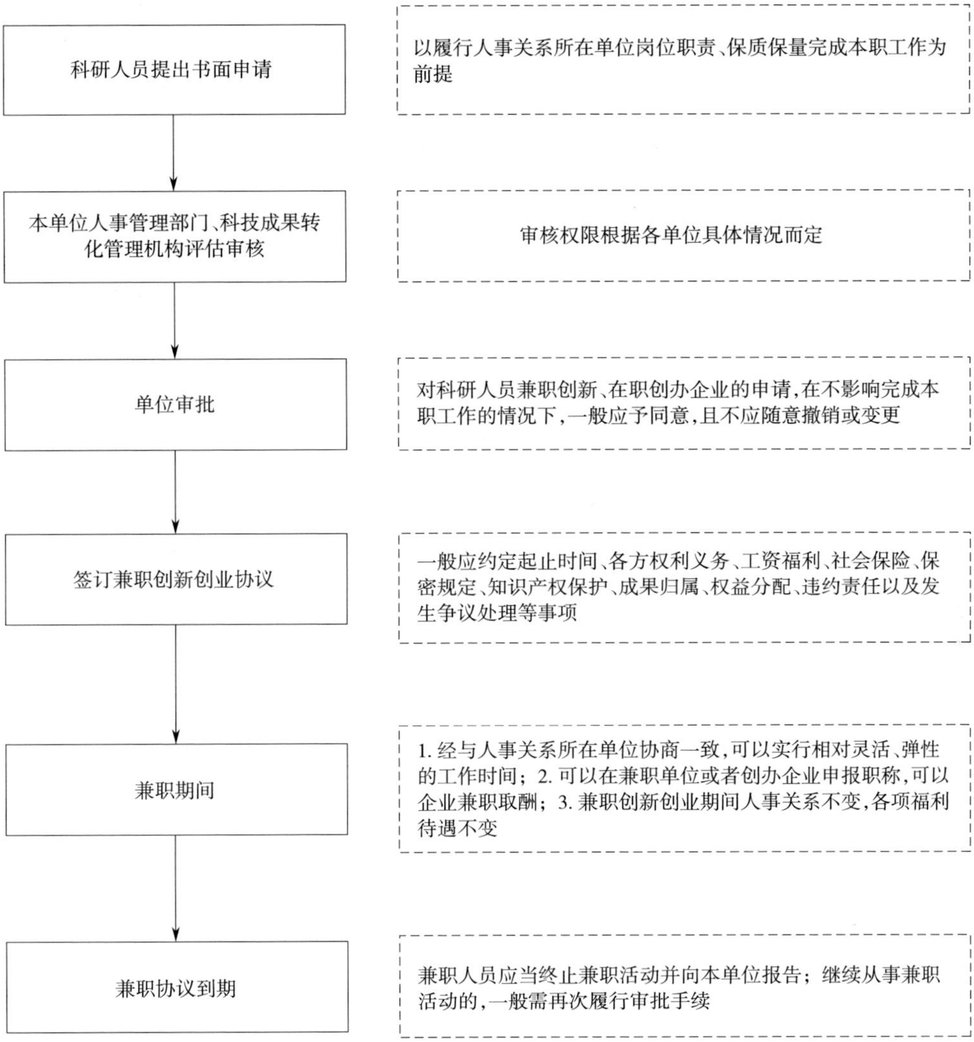

图 8.3　专业技术人员兼职创新 / 在职创业参考管理流程

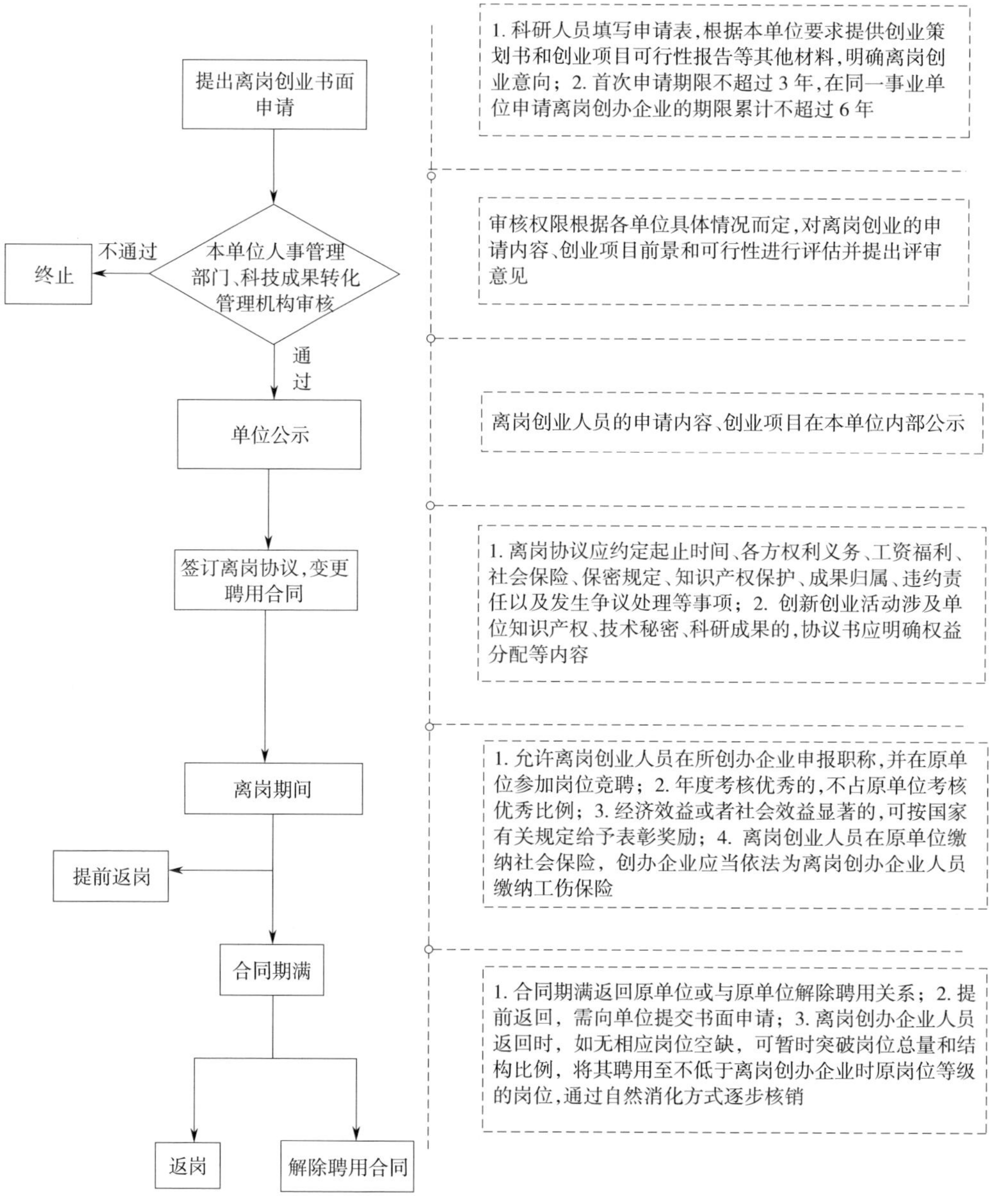

图 8.4　专业技术人员离岗创业参考管理流程

2. 负面清单

随着国家鼓励创新创业政策的不断推进，创新创业成为许多专业技术人员实现自身价值、将技术成果转化为实际生产力的重要途径。但是，在这个过程中，专业技术人员也要严格遵守法律法规和相关规定，确保离岗创业过程合法合规、健康有序地进行。本节梳理了专业技术人员创新创业负面清单，详见图 8.5。

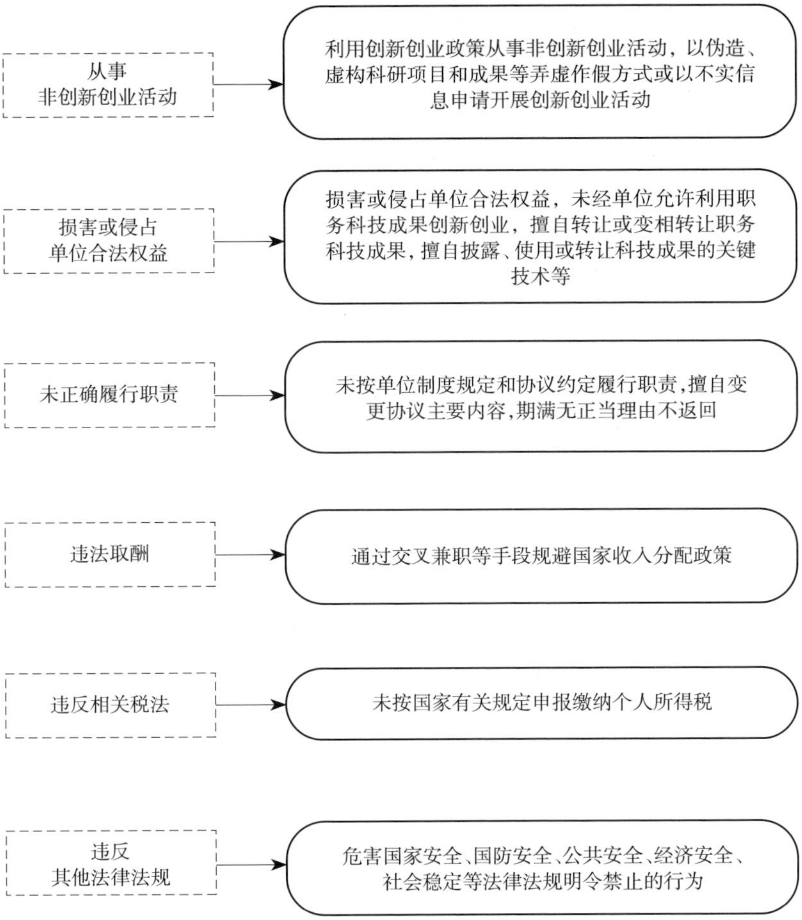

图 8.5　专业技术人员创新创业负面清单

（三）案例及启示

近年来，国内涌现出一批科技成果转化创业成功的优秀案例，其创业历程对科研人员创新创业具有很好的借鉴作用。本节列举比较有代表性的 3 个案例，并分析其所带来的启示，见表 8.4。

表 8.4　科技成果转化创业成功案例及启示

序号	创业项目	创业背景与历程	启示
1	贝达药业	贝达药业由丁列明等海归博士创立。丁列明毕业于美国阿肯色大学，回国后成为一名高校老师。他的创业团队凭借在医药研发领域的专业知识和经验，致力于将先进的抗癌药物研发成果转化为实际产品。他们克服重重困难，专注于靶向抗癌药物的研发。经过多年努力，贝达药业成功研发出埃克替尼，这一成果填补了国内相关领域的空白，打破国外医药垄断。在研发过程中，面临资金紧张、临床试验复杂等挑战，但通过积极融资、严谨试验，最终使埃克替尼上市，为国内肺癌患者提供了有效的治疗药物，贝达药业也逐步发展成为知名的创新型药企	1. 强大的技术基础是根本。这些企业的成功都建立在科研人员扎实的科技成果之上。这启示高校和科研院所的科研人员在创业时，必须确保拥有核心的、具有竞争力的技术成果。例如，在新能源领域创业，科研人员如果掌握了高性能电池材料的先进制备技术，就有了创业的根本支撑。 2. 产学研合作的重要性。这些成功案例都体现了产学研合作的积极意义。高校和科研院所为企业提供技术研发的源头支持，企业为高校和科研院所提供成果转化的实践平台。这种合作模式可以缩短科技成果转化的周期，提高转化的成功率。 3. 适应市场需求的产品开发。仅仅有好的技术还不够，必须将科技成果转化为满足市场需求的产品。科研人员在创业过程中要深入了解市场需求，根据市场反馈及时调整产品的性能、功能和应用场景。 4. 人才团队的组建。企业的发展离不开优秀的人才团队。高校和科研院所的科研人员在创业时，要注重组建多元化的人才团队，不仅包括技术研发人才，还需要市场营销、企业管理、工程化等方面的人才
2	科大讯飞	科大讯飞由中国科学技术大学的科研人员刘庆峰等创立。中国科学技术大学在语音技术等人工智能相关领域有着深厚的科研底蕴。科大讯飞的创业团队在高校科技成果的基础上，致力于语音识别、合成等技术的产业化发展。创业初期，他们面临着技术优化、市场开拓、与传统语音技术竞争等问题。例如，在语音识别技术方面，要提高识别准确率以满足不同场景（如方言识别、嘈杂环境下识别等）的需求。科大讯飞通过不断地进行算法优化、大数据积累和深度学习技术应用，逐渐提高了语音识别的准确率和稳定性。如今，科大讯飞的语音技术已经广泛应用于智能手机、智能汽车、智能家居等多个领域	
3	久吾高科	南京工业大学在膜科学技术领域有着卓越的科技成果。久吾高科就是基于南京工业大学的膜技术科技成果转化而创立的企业。膜技术在水资源净化、化工分离等多个领域有着重要的应用价值。久吾高科在创业过程中，将高校的膜技术成果进行工程化开发和产业化推广。例如，在海水淡化项目中，将实验室的膜科技成果转化为实际可应用的大规模海水淡化设备，面临着工程放大、成本控制、与现有海水淡化技术竞争等挑战。久吾高科通过不断改进膜材料性能、优化工程设计，成功降低了海水淡化成本，提高了膜技术在海水淡化领域的市场竞争力	

二、大学生创新创业

大学生富有创新精神与知识技能储备，大学生创新创业不仅能够推动经济发展、创造就业、提升国家竞争力，同时也是推动教育改革与人才培养的有效途径。

（一）支持措施

1. 支持政策

近年来，国家先后发布支持大学生创新创业的一系列政策文件，推动大学生逐渐成为我国创新创业的生力军。图 8.6 整理了部分应用较为广泛的支持政策，为大学生创新创业提供参考。

2. 相关赛事

除了政策补贴外，我国还推出了一系列创新创业大赛，激发以大学生为主体的青年创客参与创业的热情。这里整理了目前认可度较高的 10 项赛事（详见表 8.5）。

（二）一般历程

图 8.7 借鉴《黑龙江省人民政府关于促进大学生创新创业的若干意见》（黑政发〔2015〕16 号），绘制了大学生创新创业的一般历程，供读者参考。

（三）案例及启示

大学生创办科技型企业的成功案例可以为我们提供借鉴，启发创新思维，为大学生创办具有竞争力的科技成果转化企业提供借鉴。以下列举了 3 个有代表性的案例，并分析了启示，见表 8.6。

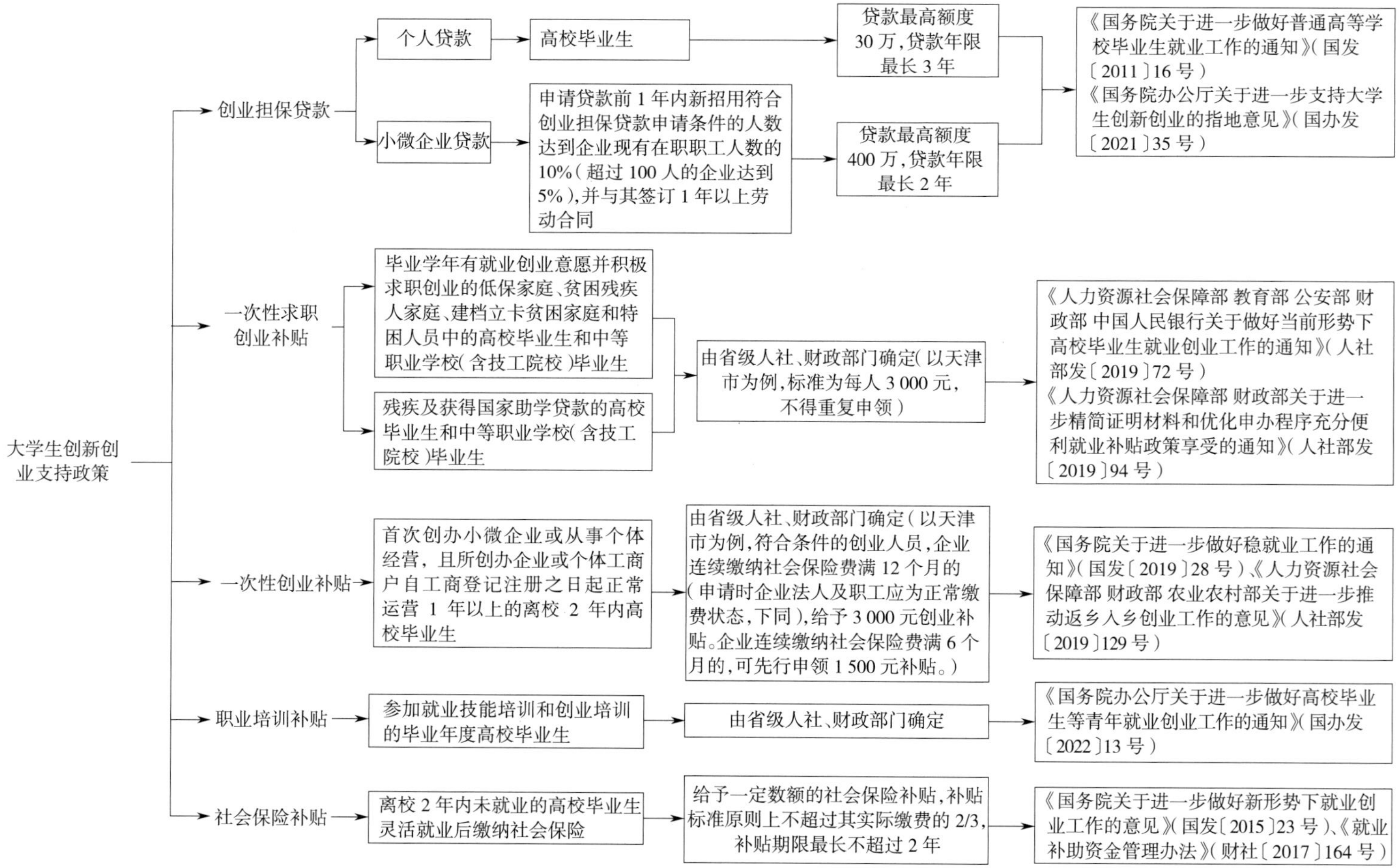

图 8.6　大学生创新创业支持政策

表 8.5　大学生创新创业赛事

序号	赛事名称	主办单位	赛事时间	大赛简介	官方网址
1	中国国际大学生创新大赛	教育部、中央统战部、国家网信办、国家发展改革委员会等 13 个省部级主办机构	校赛：每年 4 月—5 月 区赛：每年 7 月—8 月 国赛：每年 10 月—11 月 （以具体通知为准）	高等教育的“奥林匹克”，由教育部、中央统战部等 13 个部委共同主办	https：//cy.ncss.cn/
2	“创青春”中国青年创新创业大赛	共青团中央、人力资源社会保障部、农业农村部、商务部、国务院扶贫办	每年 5 月—10 月	服务青年创新创业的重要赛事，自 2014 年起，已连续举办 9 届，累计吸引 45 万支青年创业团队、逾 200 万名青年创业者参赛	http：//cqc-dc.yeeol.com/
3	中国大学生服务外包创新创业大赛	教育部、商务部、地方人民政府	报名截止：每年 1 月 作品上交时间：4 月中旬 区域赛时间：4 月 （以具体通知为准）	大赛开放方式竞赛，经过报名参赛、自主选题、分散备赛和集中答辩的环节，评选出相应的优秀团队	http：//www.fwwb.org.cn/
4	中国创新创业大赛	科技部、财政部、教育部、中央网信办、全国工商联	报名时间：每年 6 月下旬截止 区赛时间：9 月 国赛时间：11 月中旬	大赛分为新一代信息技术、生物医药行业、高端设备制造、新材料、新能源、新能源汽车、节能环保等专场竞赛	http：//www.cxcyds.com/cxcyds/index.shtml
5	“创客中国”中小企业创新创业大赛	工业和信息化部与财政部联合主办	不同专题赛事会有不同的时间段。每年 1 月开始，至 12 月均有不同专题赛，详见官网	赛事分为中小企业产教融合、生物医药等专题大赛	http：//www.cnmaker.org.cn/index.html
6	全国大学生电子商务“创新、创意及创业”挑战赛	教育部、教育部高等学校电子商务类专业教学指导委员会	校赛：3 月—4 月 区赛：5 月—6 月 国赛：7 月	激发大学生兴趣与潜能，培养大学生创新意识、创意思维、创业能力以及团队协同实战精神的学科性竞赛	http：//www.3chuang.net/

续表

序号	赛事名称	主办单位	赛事时间	大赛简介	官方网址
7	“中国创翼”创业创新大赛	人力资源社会保障部、国家发展改革委、科技部、国务院扶贫办、共青团中央、中国残疾人联合会	报名：2月—6月 区赛：9月 国赛：9月下旬—10月中旬	以“共圆中国梦、青春创未来”为主题，包括主体赛事与专项赛事。参赛对象为年满18周岁但不超过40周岁的境内高校青年学生、社会青年、港澳台青年以及海外留学青年	http://zgcyds.newjobs.com.cn/
8	全国大学生创新创业训练计划年会	教育部高等教育司	区级评选：7月中旬—-8月 国家级评选：10月—11月	年会主要内容包括大学生创新学术年会、大学生创新创业项目展示、大学生创新创业交流活动	http://gjcxcy.bjtu.edu.cn
9	中国青年志愿服务公益创业赛	共青团中央、中央文明办、民政部、水利部、国家卫生和计划生育委员会、中国残疾人联合会、中国志愿服务联合会	区域赛、国赛：9月—11月	大赛以习近平新时代中国特色社会主义思想为指导，以“志愿新时代·共筑中国梦”为主题，展示宣传优秀志愿服务项目	http://zhijh.youth.cn/
10	“挑战杯”全国大学生系列科技学术竞赛	共青团中央、中国科协、教育部和全国学联、举办地人民政府共同主办	每个项目每两年举办一次	“挑战杯”竞赛在中国共有两个并列项目，包括中国大学生创业计划竞赛和全国大学生课外学术科技作品竞赛。两个项目交叉轮流开展	https://www.tiao_zhanbei.net/

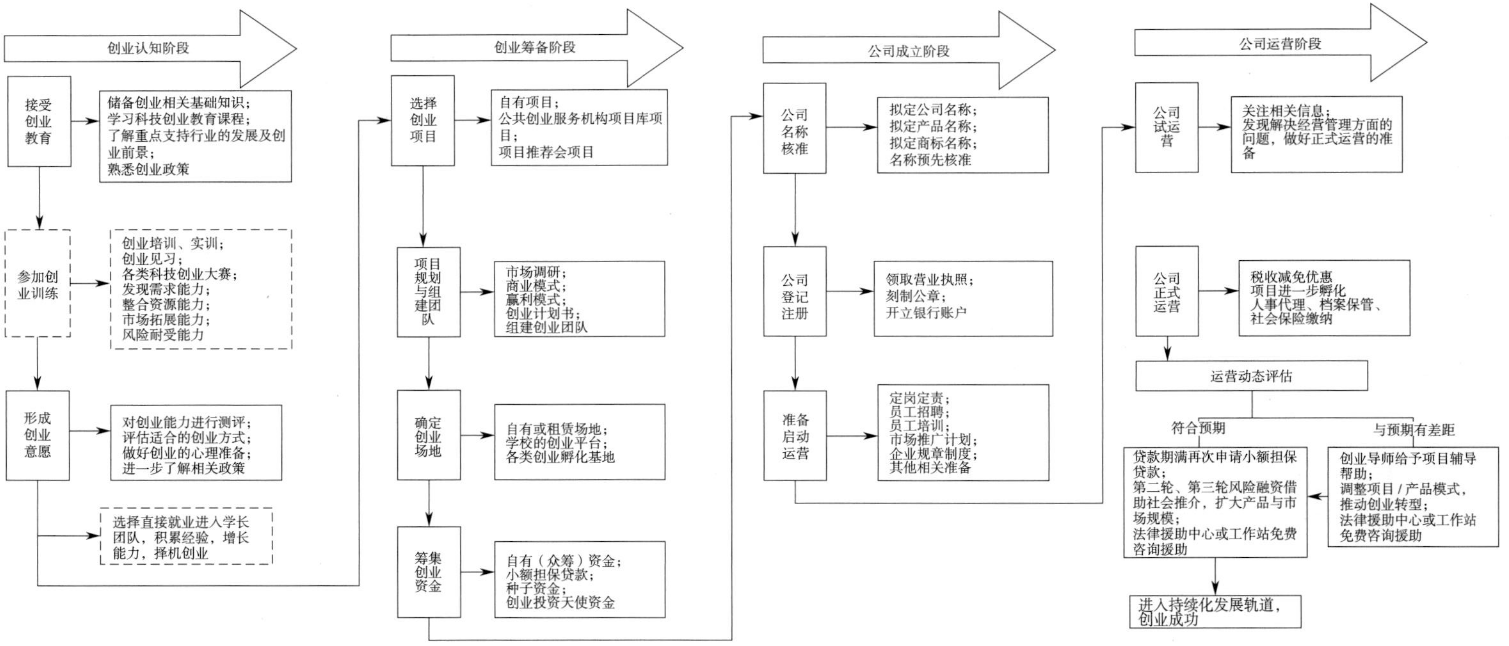

图 8.7　大学生创新创业一般历程

表 8.6 大学生科技成果转化创业案例及启示

序号	创业项目	创业历程	启示
1	大疆创新	大疆创新由汪滔在香港科技大学读书期间创立。最初，大疆创新专注于航模飞行控制系统的研发。汪滔及其团队凭借对飞控技术的深入研究和不断创新，开发出了一系列高精度、高稳定性的飞控产品。随着技术的积累，大疆创新逐步扩展产品线，进入消费级无人机市场。大疆创新的无人机产品以其卓越的性能、易用性和创新性，广泛应用于航拍、农业、测绘等多个领域，在全球市场占据了主导地位	1. 技术深耕。大疆创新从飞控技术这一核心技术入手，不断投入研发资源进行深耕。大学生如果有技术专长，如在人工智能、软件开发等领域，应该专注于技术的深入研究，打造具有竞争力的技术产品。 2. 从细分领域切入。大疆创新从航模飞控这个相对细分的领域开始创业，在该领域积累了技术和市场优势后再向更广泛的无人机市场拓展。大学生创业时也可以先选择一个细分的科技领域，例如针对特定行业的智能软件解决方案，为艺术设计行业开发智能图像优化软件等
2	旷视科技	旷视科技由3位清华大学的学生创立。他们最初专注于人脸识别技术的研发，利用深度学习算法提高人脸识别的准确率和效率。旷视科技的Face++平台提供了一系列的人脸识别解决方案，涉及安防监控、门禁系统、金融身份验证等多个领域。随着技术的发展，旷视科技不断拓展业务范围，将人工智能技术应用到更多的场景，如城市物联网等	1. 紧跟前沿技术。旷视科技的创始人利用深度学习这一当时的前沿技术开展创业。大学生要关注科技发展的前沿动态，如量子计算、区块链等新兴技术，结合自己的知识和能力，探索在这些领域的创业机会。 2. 多领域应用探索。旷视科技在人脸识别技术成熟后，积极探索该技术在不同领域的应用。大学生创业时如果开发出了一项新的科技成果，也应该思考如何将其应用到多个不同的行业或场景中，以扩大市场份额
3	字节跳动	张一鸣从南开大学毕业后，凭借自身的知识积累、技术能力和创新思维等逐步创立了字节跳动。字节跳动旗下拥有众多知名产品，如今日头条和抖音等。字节跳动以算法推荐技术为核心，今日头条通过算法为用户精准推荐新闻资讯，改变了传统新闻媒体的传播模式。抖音则是将算法推荐应用于短视频领域，让用户能够快速发现自己感兴趣的视频内容。字节跳动在技术研发、产品创新和市场拓展方面不断进取，成为全球最具价值的初创科技企业之一	1. 算法驱动创新。字节跳动以算法为核心竞争力，大学生如果在算法、数据挖掘等方面有能力，可以围绕算法构建创新的产品或服务。例如，开发基于算法推荐的个性化学习平台，根据学生的学习进度、兴趣爱好等为其推荐学习内容。 2. 跨领域应用技术。字节跳动将算法推荐技术从新闻资讯领域成功应用到短视频领域。大学生创业时可以思考如何将一项科技成果在不同的领域或场景中进行跨界应用，从而开拓新的市场

三、创办企业的常见问题

（一）选择企业组织形式

选择合适的企业组织形式对创业至关重要。它直接影响创业的成本、风险承担、管理效率、融资能力以及创业者的控制权等方面，合适的形式有助于优化创业资源配置，提高创业成功的概率。表 8.7 列出了常见的几种企业组织形式，并提出了创业选择参考意见。

表 8.7　常见的几种企业组织形式

企业组织形式	优点	不足	创业选择
有限责任公司	1. 公司具有独立法人地位，不受股东个人因素的过多影响，稳定性高； 2. 股东个人只承担有限责任，风险小； 3. 可以吸纳多个投资人，集中资本； 4. 多元化产权结构，决策科学化	1. 设立程序相对复杂，需要遵守一定的法律程序和要求； 2. 公司需要缴纳企业所得税，股东在分配利润时还需要缴纳个人所得税； 3. 不能公开发行股票，筹集资金的规模受限； 4. 产权不能充分流动，资产运作受限	对于创业来说，有限责任公司是比较适合创业的企业类型，大部分投融资方案、VIE（Variable Interest Entity，可变利益实体）架构等都是基于有限责任公司进行设计的
股份有限公司	1. 融资能力强，可以通过发行股票广泛地筹集资金； 2. 股东数量众多，股权分散，降低了单个股东的投资风险； 3. 职业经理人管理，管理水平较高； 4. 通过发行新股和并购等方式，能够快速扩大公司的规模和经营范围，增强市场竞争力	1. 创立的程序复杂，设立成本高； 2. 公司需要缴纳企业所得税，股东在分配股息红利时还需要缴纳个人所得税； 3. 需要向公众披露大量的公司信息，信息披露要求严格； 4. 由于股权分散，股东很难直接参与公司的日常经营管理，容易出现管理层与股东之间的利益冲突	适用于成熟的大规模公司，一般不适用于初创企业和中小微企业

续表

企业组织形式	优点	不足	创业选择
个人独资企业	1. 设立手续简便，设立成本低； 2. 投资者对企业的经营拥有绝对控制权； 3. 内部管理结构简单，可以迅速对市场变化做出经营调整； 4. 只需缴纳个人所得税，无须缴纳企业所得税； 5. 在技术和经营方面有保密优势	1. 创业投资者承担无限责任，风险较大； 2. 创业成功过多依赖创业者个人能力；企业的存续也取决于投资者的个人状况； 3. 企业规模较小，信用度相对较低，融资渠道有限	1. 适合想要独立经营、享有决策自主权的个人创业者； 2. 适合个人技能能够形成核心竞争力的行业，如艺术创作、独立设计等
合伙企业	1. 创办比较简单，设立成本较低； 2. 合伙企业本身不缴纳企业所得税，合伙人根据其所得分别缴纳个人所得税或企业所得税； 3. 经营上比较灵活，合伙协议的内容可以根据合伙人的意愿进行协商约定； 4. 可以将不同合伙人的资金、技术、管理经验等资源进行整合，实现优势互补	1. 合伙创业人对企业的债务承担无限连带责任； 2. 企业绩效靠合伙人的能力； 3. 合伙人之间的利益诉求、经营理念等存在差异，容易在经营过程中产生矛盾和分歧； 4. 合伙企业的规模一般较小，且合伙人的变动可能会导致合伙企业的解散，存续期限相对不稳定； 5. 合伙人的投资流动性低，产权转让困难	一般适用于风险投资基金、公司持股平台、律师和会计师事务所等

（二）完成企业注册

创业者确定企业组织形式后，就需要办理企业注册手续。图 8.8 整理了企业注册通用流程，供创业者参考借鉴。

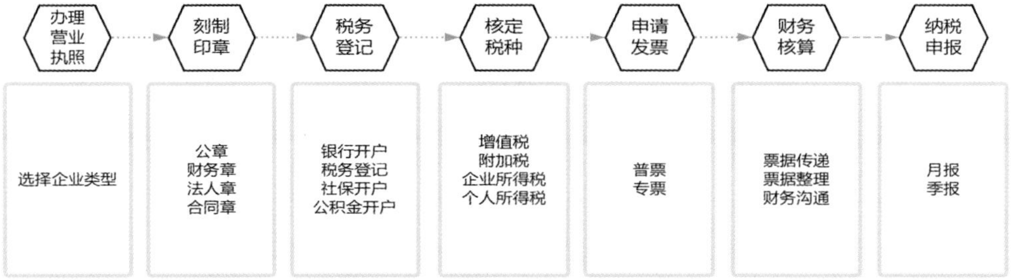

图 8.8　注册企业参考流程

这里以天津市为例，整理了企业注册的具体操作流程，需要的读者可以扫描二维码阅读。

附件 8–1

（三）解决创业共性问题

企业注册之后，创业者在企业经营过程中通常会遇到一些共性问题，这里梳理了科技成果转化创业经营中的一些共性问题及解决办法，见表 8.8。

表 8.8　科技成果转化创业共性问题及解决办法

序号	问题	表现	解决办法
1	资金短缺	科研项目从实验室到产业化往往需要大量的资金投入，科研人员在创业初期，往往缺乏足够的自有资金来支撑整个项目的运作。由于科技成果的转化存在不确定性，可能面临技术难题无法突破、市场需求不匹配等风险，所以风险投资机构投资也比较谨慎，项目吸引外部投资难度较大	1. 积极申请政府的科技成果转化创业扶持资金； 2. 寻求天使投资人和风险投资机构的支持； 3. 通过技术入股等方式与有实力的企业合作
2	市场经验不足	科研人员长期专注于科研工作，对市场动态、消费者需求、市场营销策略等缺乏深入了解。同时由于缺乏市场调研能力和渠道，他们可能也不知道如何准确地收集市场信息，如竞争对手的情况、潜在客户的数量和分布等	1. 参加相关的培训课程系统学习市场知识； 2. 聘请有市场经验的顾问； 3. 进行深入的市场调研
3	团队组建困难	科技成果转化创业需要多种人才，包括技术研发人员、市场销售人员、企业管理人员等。科研人员可能在自己的专业领域有很多同行资源，但在其他领域难以找到合适的合作伙伴。同时，创业公司在初期往往规模小、风险高、资源有限，与成熟企业相比，在薪酬待遇、职业发展前景等方面缺乏竞争力，因此吸引高端人才加入创业团队难度较大	1. 参加行业展会、创业大赛等活动拓展人脉资源； 2. 利用社交媒体和专业网络平台吸引志同道合的人才加入； 3. 建立合理的人才激励机制
4	技术转化难度大	在实验室中，研究条件相对理想，而在大规模生产时，可能会遇到工艺放大的问题。同时，科研人员需要在保护自己知识产权的同时，将技术有效地转移到企业中进行产业化，但相关的法律法规、合同谈判、技术评估等环节都较为复杂	1. 与高校、科研机构建立更紧密的合作关系； 2. 用好专门的科技成果转化平台； 3. 对科技成果转化过程进行详细规划

此外，企业在不同的发展阶段，应对科研人员兼职创新创业采取不同策略，见图 8.9。

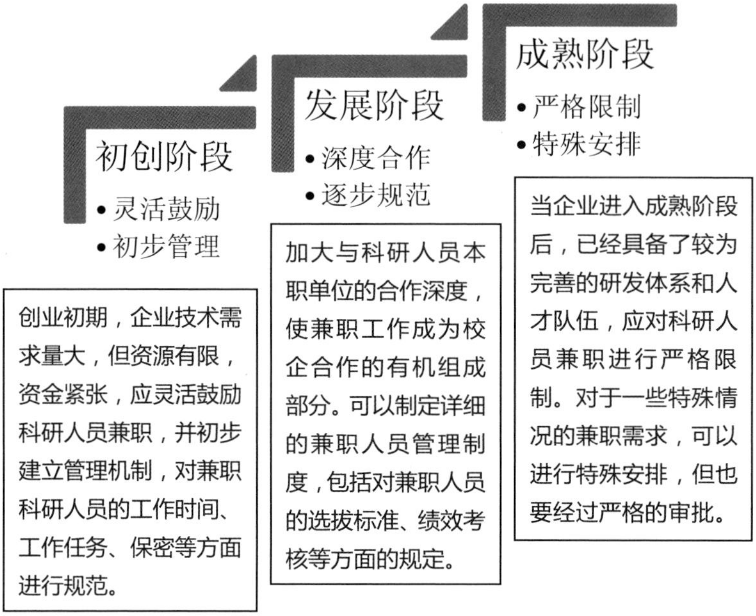

图 8.9 企业发展不同阶段对科研人员兼职的不同策略

当企业发展到上市阶段，证券监管机构会要求企业对科研人员的兼职情况进行如实披露，包括兼职科研人员的数量、兼职工作的内容、兼职单位的性质、兼职对公司业务的影响，以及兼职可能带来的风险等方面。图 8.10 以科大讯飞为例，说明科技成果转化创业企业在上市过程中对科研人员兼职的处理策略。

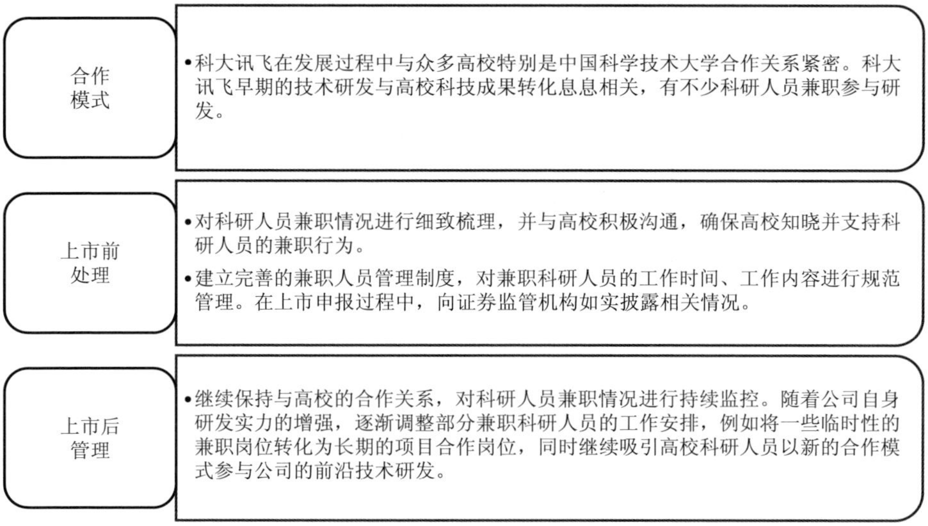

图 8.10 科大讯飞上市阶段对科研人员兼职的处理策略

03

第三部分

主体要素图解

第九章

科技成果转化参与主体图解

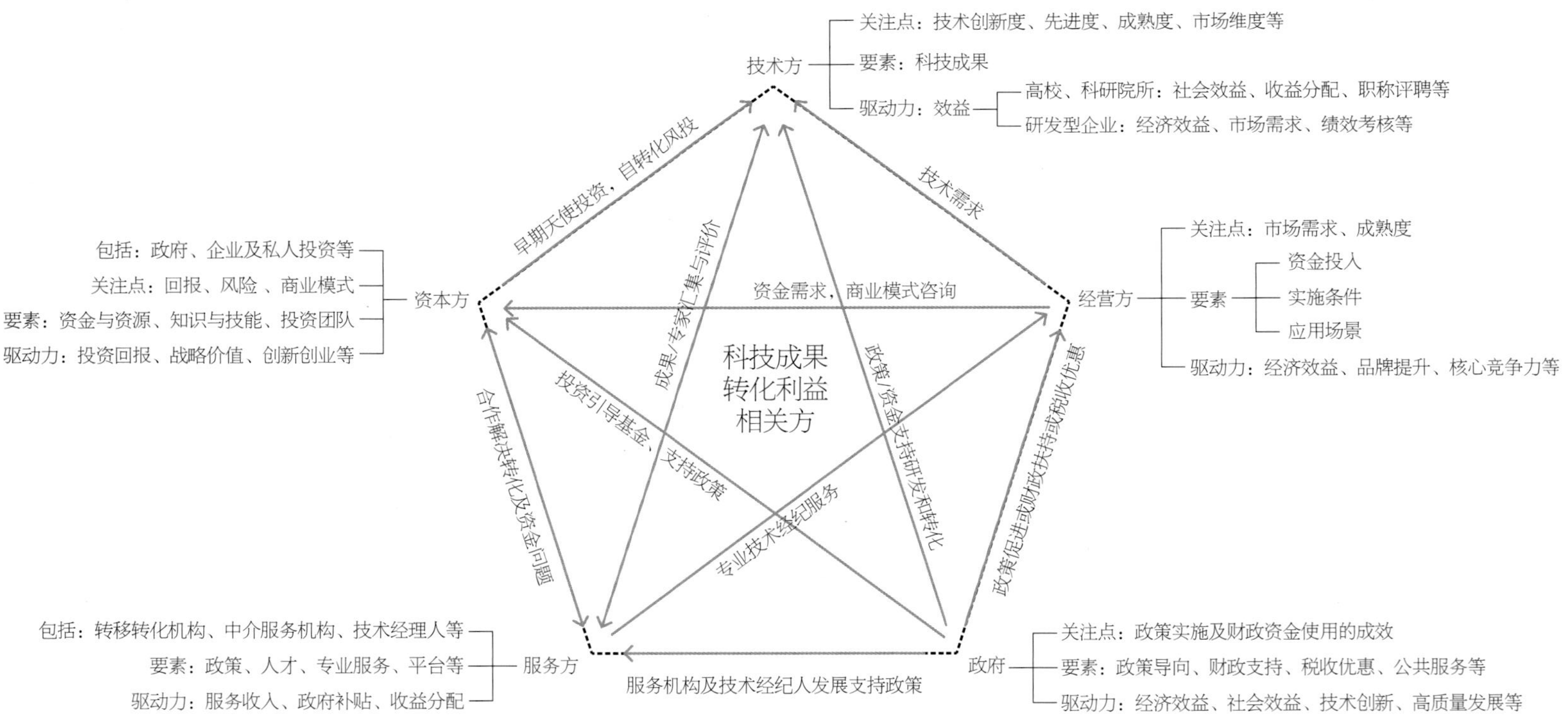

技术方
关注点：技术创新度、先进度、成熟度、市场维度等
要素：科技成果
驱动力：效益
高校、科研院所：社会效益、收益分配、职称评聘等
研发型企业：经济效益、市场需求、绩效考核等
经营方
关注点：市场需求、成熟度
要素
资金投入
实施条件
应用场景
驱动力：经济效益、品牌提升、核心竞争力等
资本方
包括：政府、企业及私人投资等
关注点：回报、风险 、商业模式
要素：资金与资源、知识与技能、投资团队
驱动力：投资回报、战略价值、创新创业等
服务方
包括：转移转化机构、中介服务机构、技术经理人等
要素：政策、人才、专业服务、平台等
驱动力：服务收入、政府补贴、收益分配
政府
关注点：政策实施及财政资金使用的成效
要素：政策导向、财政支持、税收优惠、公共服务等
驱动力：经济效益、社会效益、技术创新、高质量发展等
科技成果
转化利益
相关方
早期天使投资，自转化风投
技术需求
资金需求，商业模式咨询
成果/专家汇集与评价
政策/资金支持研发和转化
投资引导基金、支持政策
专业技术经纪服务
合作解决转化及资金问题
政策促进或财政扶持或税收优惠
服务机构及技术经纪人发展支持政策

本章总览图

科技成果转化涉及高校、科研院所、企业、政府以及服务机构等多方主体，各主体的有机衔接，协同促进作用的发挥，需要我们关注各参与主体所能发挥的作用、关注点、核心要素及其相互间的关系，从而引导不同的利益主体与国家总的战略导向同步，实现资源融合与优化配置，产生更加强大的科技创新驱动力，加快推动科技成果转化为现实生产力。

一、科技成果转化主客体

根据《中华人民共和国促进科技成果转化法》的规定，科技成果转化是指“为提高生产力水平而对科技成果所进行的后续试验、开发、应用、推广直至形成新技术、新工艺、新材料、新产品，发展新产业等活动”。依据该定义，结合工作实际，一般认为科技成果转化是在政府、高校院所、企事业单位、服务机构以及组织或个人等各方参与下，通过一系列活动最终实现科技成果产业化，将科技成果转化为现实生产力获得经济收益的过程。

（一）科技成果转化的主体

科技成果的应用及推广是技术活动与经济活动相互结合的过程，受技术、市场、资金等多种因素影响，是一项需要多方参与的复杂性、系统性工作，这些参与方构成科技成果转化的主体。根据《中华人民共和国促进科技成果转化法》相关规定，我们梳理出科技成果转化参与主体，具体包括：研究开发机构、高等院校、企业、政府、投资机构、金融机构、保险机构、技术转移机构、科技中介服务机构、其他组织及个人。另根据《促进科技成果转移转化行动方案》（国办发〔2016〕28 号）文件，本章不再称“研究开发机构、高等院校”，将其统一称为“高校、科研院所”。

（二）科技成果转化的客体

根据《中华人民共和国促进科技成果转化法》对科技成果转化及转化对象“实用价值”特征的定义，一般认为科技成果转化的客体为科技成果转化的对象，即已经存在的科技成果，本章提及的科技成果转化主要指应用类科技成果的转化。

二、科技成果转化参与主体

科技成果转化是一个系统的工程，参与的主体比较多，厘清各参与主体所持有的要素资源、关注点、参与科技成果转化的动力、所发挥的作用以及其相互间的关系，是开展科技成果转化的关键。

根据管理学概念，影响组织行为及组织目标的实现或是受到组织目标实现及其过程影响的个体和群体，一般称为“利益相关者”。科技成果转化的过程也是各参与主体追求利益协同与取得经济效益的过程，据此，本章引入这一概念对科技成果转化主体进行分析。

（一）主要利益相关方

科技成果转化受市场、技术、资金、非技术因素和政策等多种因素影响，根据各参与主体持有的资源要素、驱动力、彼此间的联动机制等情况，一般可以将其概括为技术方、经营方、资本方、服务方以及政府五个主体，据此可构建科技成果转化主要利益相关方“五角钻石”结构[1]。

1. 技术方

1）资源要素

技术方是指科技成果的主要转出方，即技术的生产方，或供给方，或输出方，主要包括高校、科研院所、研发型企业以及科技成果完成人或发明人。

技术方核心资源要素是科技成果。对于高校、科研院所，其具备完成科技成果的基础性研究条件，包括政策性项目支持、经费保障、实验室（含仪器设备）资源、人才培养体系及较全面的人才梯队等，一般是科技成果产出较多的供给方。对于研发型企业，其具备科技成果的强转化条件，包括市场需求导向的支撑、专业聚焦的研发团队、多渠道的资金保障等。科技型企业由于经济目标导向，更专注于科技成果所形成的产品或服务的市场竞争力和占有率，及科技成果的先进性、创新性、成熟度等，一般是应用型科技成果的主要供给方。科技成果完成人、发明人及其团队，统称为科研人员，是科技成果的创造者，他们具有

---

1 喻凯，马凤岭，吕云飞．技术经理人实务教程 [M]. 天津：天津大学出版社，2020.

研发能力，是科技成果发明与转化活动的核心主体。

2）驱动力

技术方作为科技成果的拥有者，主要关注点一般为不断优化科技成果，并推动科技成果转化产生价值，如经济效益、社会效益。

对于高校、科研院所而言，在发展新质生产力的背景之下，推动其科技成果转化是打通产业链、创新链、人才链的强劲动力，而调动科技成果产出的关键核心——科研人员的积极性、加速科技成果转化尤为重要。我国科研事业单位实行工资总额管理，但国家从法律层面明确，国有企业、事业单位、国家设立的高校、科研院所转化科技成果所获得的收入全部留归单位，并对完成和转化职务科技成果做出重要贡献的人员给予奖励和报酬；此外，高校和科研院所获横向科研项目经费结余资金，可提取一定比例的管理费后用于对项目组成员的绩效奖励。

科技成果转化收益分配政策突破科研事业单位工资总额限制，可有效加速科技成果转化，激发科研人员的创新积极性；同时，这项政策对于科研事业单位弥补财政拨款的不足，吸引人才和留住人才都至关重要，也为科研人员职称评聘和绩效考核提供支撑。

对于研发型企业而言，推进研发的主要驱动力是市场需求。适应市场需求并抢占市场的核心是产品的竞争力，而产品的核心竞争力是技术的创新性、先进性及成熟度，有效的人才激励政策则可以解决这一问题。研发型企业可有效利用科技成果转化收益分配政策，结合企业实际制定合规、有效的人才培养和激励体系，留住人才并加速人才培养，进而推动技术水平提升，提高科技成果转化效益，最终“反哺”企业，加速自主研发和成果转化。

2. 经营方

1）资源要素

经营方是指科技成果的主要接收方，即技术的需求方或输入方，主要是指引入科技成果实施科技成果转化，从而增强经济实力、提升市场竞争力的主体，一般为科技型企业。经营方一般掌握以下几方面资源要素。

（1）可供投入的资金。经营方不仅是高校、科研院所及其他科技型企业等输出的技术成果的接收方，同时也是高校、科研院所承接横向课题的需求方。经营方从技术方获取科技成果，不仅能解决自身产品或服务面临的技术难题，也能有效地促进了技术方科技成果转化实施。

（2）技术实施条件。经营方作为需求方，由于贴近市场、了解客户需求，能够更为准确地把握技术需求的趋势和变化，同时拥有成果转化过程需要的设备、场地以及原材料等优势，可高效整合高校、科研院所及其他科技型企业的科技成果资源，从而实现持续的技术创新。目前国家鼓励的产学研合作以及以创建企业为主导的创新联合体也基于该主体。

（3）应用场景[2]。应用场景是指某个产品或技术在实际使用中的适用范围和场合，一般认为可以是空间、需求、供给、用户、环境、系统、决策等。经营方由于直接接触市场，掌握最迫切的市场需求，并“倒逼”技术创新和应用，能有效整合创新资源，突破线性创新模式下的成果应用瓶颈。从科技成果转化主体来看，经营方提供应用场景，能带动跨界合作及上下游产业链相关经营方的集聚，推动高校、科研院所成为科技成果转化的直接参与者，进而推动科技研发、成果转化及市场化的无缝对接。

2）驱动力

经营方作为科技成果的需求方，首先，比较关注科技成果是否贴合市场需求以及能否带来收益；其次，关注科技成果成熟度是否够高，是否可以低成本、低风险地顺利转化；最后，关注能否给自身带来长期的收益。所以，最大限度扩大经营方的利润空间、提升经营方品牌价值和创新能力、助力经营方实现发展战略以及形成核心竞争力，是经营方进行科技成果转化的内驱力所在。同样，经营方建立的激励和约束机制，制定的收益分配以及绩效考核体系，以及经营方与研发人员的利益绑定情况，都将影响科研人员和企业员工推进科技成果转化的积极性。

3. 资本方

1）资源要素

资本方是指对科技成果转化提供资金投入的机构或个人。一般有以下两种

2　谈力，任志宽 . 场景驱动下开展科技成果转化的思考 [J]. 广东科技，2021，30（11）：38-43.

分类方式。一是按照出资主体分为政府投资或公共财政投资、企业投资、私人投资以及相互间组合的投资主体。二是按照所投项目所处的阶段不同，根据项目实际发展情况，可能涉及天使轮、Pre-A 轮、A 轮（风险投资，VC）、B 轮（VC，PE——私募股权投资）等多轮融资，故投资主体亦不同。

资本方拥有的资源要素，一般包括以下三个方面。一是资金与资源。作为资本方，拥有足够的资金是保障项目投资或者应对可能出现突发情况的基础，通常资本方还拥有相关行业领域上下游资源，可以加速拟投资项目的发展壮大。二是掌握投资知识和技能。如了解市场环境、项目所属领域、项目的特点和风险点等，并掌握投资的原则和技巧等，从而做出相对明智的投资决策。三是投资团队。诸如合伙人、投资总监、投资分析师以及投资培训专家等，其拥有行业的人脉和资源、丰富的消息源和获取优质项目的渠道、筛选和主导项目的能力以及进行投资趋势判断和分析的能力等，可以更好地保障科技成果成功转化。

2）驱动力

科技成果从实验室走向市场，每一阶段都需要资金投入，投资机构的参与，降低了科技成果转化的风险，加速了科技成果的转化，同时投资者借科技成果转化的成功，获取投资回报。那么，资本方在投资项目时主要关注什么呢？

一般说来，资本方关注的要素主要有三个：一是拟投资项目必须有赢利点，赢利点是资本方投资项目最重要的考核标准，也是投资项目必须具备的一点；二是拟投资项目的风险须可控；三是拟投资项目须有专业的管理团队，团队成员须包括专业的运营人员、技术人员、营销人员等，且资本方尤为关注拟投资项目创始人的能力及背景情况。

资本方进行成果转化的动机也不尽相同。诸如风险投资公司、天使投资以及种子基金一般都是为了获得投资回报。企业投资主要是为了获取收益，但有时是为了平衡公司的业务线而投资，即实现战略价值。政府引导基金虽然侧重于科技成果转化，但是大部分并不产生商业价值，主要目的是吸引社会资金的投入，或是促进创新创业等。此外，一些个人或组织通过向社会募集资金以满足科技成果创新和转化所需的资金需求，其动机通常不是出于投资回报，而是助推科研活动的正常开展。目前，一些孵化载体也从外部募集资金以加速孵化优质项目或联合投资富有潜力的孵化项目。所以，不同的资本方有不同的投资方式和动机，但通常都希望依托科技成果的成功转化。常见资本方进行科技成果转化投资的动机见表 9.1。

表 9.1　常见资本方进行科技成果转化投资的动机

序号	常见投资类型	投资动机
1	风险投资	获取高额投资回报通常是风险投资唯一的目的，主要投资富有赢利潜力的高技术企业
2	天使投资	主要是获取投资回报，不同的天使投资人还有一些非经济性追求，如建立人际网络、传授创业经验等
3	种子基金	和风险投资有相同的动机，但主要投资早期的创业企业，通常投资额度较小
4	企业投资	把资金投放于生产经营环节中以期获取利益，或为了平衡业务线直接投资创业公司，实现战略价值
5	政府投资	投资回报不是其第一目的，常常投向与政策导向和产业规划匹配的行业，促进成果转化，拉动创新就业、税收以及招商等
6	众筹	助推科研活动顺利开展，确保一定时间内完成项目
7	其他 （如孵化载体）	获得投资回报，服务创业公司、培养成功企业家等非金融动机

4. 服务方

1）资源要素

服务方主要包括科技成果转化机构、科技中介服务机构以及技术经理人等。他们拥有政策、人才、科研、产业技术、法律等方面服务上的优势，为技术方以及经营方提供良好的技术支持服务平台，包括交易场所、信息检索、加工与分析、评估、经纪等服务。如孵化载体可以为初创期企业提供孵化场地、创业辅导、研究开发以及管理咨询等服务。技术产权交易线上服务平台，让技术供需双方便捷实时获得信息查询、供需信息发布、成果价值评估、技术和产权交易等基本服务。专利代理人接受高校、科研院所以及企业的委托提供专利申请和维护等服务。

2）驱动力

促进科技成果转化，离不开良好的市场化服务的支撑。服务方的内在驱动力是显而易见的，其为了生存和发展，必须通过建立统一的标准与服务规范，提升专业化服务水平，将高校、科研院所、企业以及政府部门等连接起来，为推动技术转移转化活动创造良好的环境和条件，发挥外在的催化和支撑作用，从中获得咨询服务收入或政府补贴奖励。高校、科研院所以及大型企业设立的技术转移机构或者科技成果转化办公室对科技成果转化绩效的提升发挥着重要作用，而科技成果转化收益分配则直接影响他们的积极性。国家鼓励推行技术经理人市场化聘用制，设立技术创新引导专项（基金）加大对符合条件的技术转移机构的支持力度。国内不少省市出台了技术交易后补助政策，除了奖励技术成果购买方和出让方，对推动技术交易的服务方同样给予补贴。部分高校和科研院所为充分发挥科技中介服务的优势，积极探索新的管理体制、运行机制和激励机制，如将科技成果转化收益的部分用于科技中介服务。

5. 政府

1）资源要素

政府主要指的是国务院和地方各级人民政府。政府为了促进科技成果转化、加速科技成果产业化，主要通过加强科技、财政、投资、税收、人才、产业、金融、政府采购、军民融合等政策协同，为科技成果转化创造良好环境。由此可见，政府在科技成果转化链条中所拥有的要素就是政策导向，通过制定和实施政策，政府这只“看得见的手”可以较快地进行财政投入、税收优惠、土地资源、人才评价以及金融支持等资源的配置。诸如，中央财政设立国家科技成果转化引导基金用于支持转化利用财政资金形成的科技成果；政府对科研机构、高等学校的技术转让收入免征营业税，企业符合条件的技术转让所得可以免征、减征企业所得税；一些地方政府出台政策，在专业技术职称评聘中确保一定比例的名额用于参与技术转移、成果转化和产业化的人员。强化政府在科技成果转化政策制定、平台建设、人才培养、公共服务等方面的职能，营造有利于科技成果 转化的良好环境，也是加快政府职能转变改革的趋势所在。

2）驱动力

政府作为科技成果转化的推动者和主导者，发挥着不可或缺的作用。那么政府开展科技成果转化的动力是什么呢？

保障科技成果转化的相关法律法规中已规定了政府的职责和要求，除此之外一般包括以下几方面因素的驱动。

一是可以创造经济效益。发展经济要依靠科技进步，而只有作为第一生产力的科技在生产实践中得到广泛的应用，才能有效地提高经济增长质量。

二是提高社会效益。政府通过创造有利于成果转化的环境条件，加快成果转化的步伐，解决社会发展中的难点、热点、重点问题，如创造就业岗位、推动科技创业等。

三是推动技术创新，实现高质量发展。近年来，各级政府为了贯彻落实习近平总书记关于新时代科技创新的新理念新思想新战略，高度重视科技创新，把大力推动科技成果转化作为科技工作的重中之重，推动实现高质量发展。

通过以上对技术方、经营方、资本方、政府以及服务方科技成果转化主要利益相关方的分析，可以发现各方最终目的都是以科技创新促进产业创新，推动经济高质量发展。因此，各方须形成高度共识，每个主体在合作中既保持独立又相互渗透，既相互影响又相互协作，在共同利益驱动下，同时、同向发力，达成协同合作的默契，并在不断创新中实现真正意义上的共赢。

（二）核心利益相关方

1998 年，美国众议院科学技术委员会副委员长埃勒斯（Vernon Ehlers）提出了“死亡之谷”的概念，用来描述联邦政府重点资助的基础研究与产业界重点推进的产品开发之间的鸿沟。为了跨越“死亡之谷”，近年来美国高校通过建立“概念验证中心”（POCC）来填补研发成果与市场化、产业化成果之间的关键环节空白。POCC 源于私人基金，其主要目的是验证一些概念或理论，帮助科研人员或企业评估科技成果的商业价值，把科技成果的技术和市场风险降低到关键节点，进而吸引天使投资或风险投资等其他资金投资该项科技成果。我们不难发现，这其实也就是技术、资本、市场等要素资源整合的过程，整合资源、综合赋能，有效解决供需匹配难的问题，从而推动科技成果落地开花。实践证明，这种新尝试在美国取得了明显的成效，引得其他国家纷纷效仿。

中国科学院科技创新发展中心提出：科技成果转化由三个要素构成，简单来说就是“人、财、物”，其中“人”包括“三种人”：科学家、企业家、投资者。离开合适的人才，科技成果转化就无从谈起。科学家往往是高校或科研院所科技成果的完成者，是科技成果的供给者；企业家有创新精神、熟悉市场需求，具体负责科技成果转化的实施；而投资者通过投资初创企业或资助研究项目的方式来促进科技成果的转化，为科技成果商业化提供动力。要提升科技成果转化的效率效益，完善科技成果转化的生态体系，必须发挥好“三种人”的作用。

一般认为，一项技术应用到企业里去能够产生的收益，是由技术、资金和经营管理这三个要素决定的。政府其实是从外部去推动成果转化的，通过制定支持政策、拨划财政资金或建立投资引导基金助推成果转化。技术转移服务机构（会计师事务所、律师事务所、孵化载体、加速器等）等服务方，都是从外部去服务成果转化的。所以技术方、资本方和经营方三方是核心的利益相关方。

需要强调一点，核心利益相关方在科技成果转化过程中发挥核心作用，且具有必不可少的功能，但并非科技成果转化为现实生产力的充分条件。在实际操作中，科技成果转化仍需要政府、科技成果转移转化机构等发挥外在催化和服务支撑的作用，从而使三个核心方融合效率更高、效果更好。

总之，从发挥作用来看，政府和服务方旨在促进技术方、资本方和经营方的合作，最核心的利益相关方是技术方、资本方和经营方，三方的共同目标是风险最小化、利润最大化。因此，技术方、资本方和经营方三个核心构成了科技成果转化的“金三角”，见图 9.1。

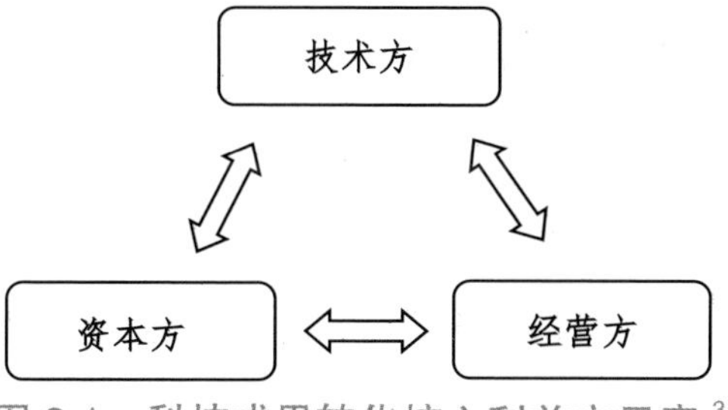

图 9.1　科技成果转化核心利益方示意[3]

3　喻凯，马凤岭，吕云飞 . 技术经理人实务教程 [M]. 天津：天津大学出版社，2020.

三、科技成果转化主体的流动与组合

科技成果转化各方主体并非完全独立的，而是流动的、可以组合的。随着科技成果转化工作的不断深入推进和创新发展，各主体相互之间的边界日益淡化，各自的职能和作用相互重叠和渗透，甚至融为一体，即每一个参与主体在保持原有作用和身份的情况下，都表现出其他一个甚至两个主体的一些特征，除发挥自身的传统功能外，还承担了其他功能。目前，科技成果转化主体常见的流动与组合情况见图 9.2。此外，还存在服务方兼经营方以及技术方兼服务方等组合情况，以后可能还会出现新的组合情况，这里不再一一赘述。

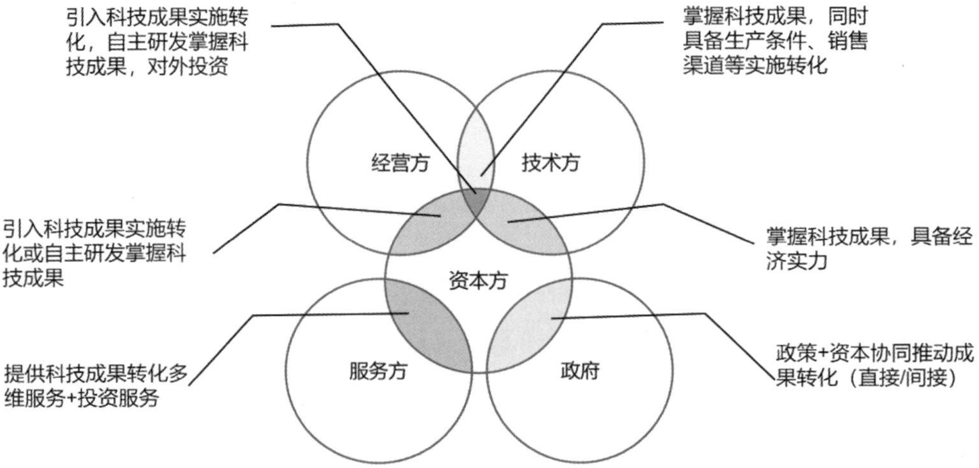

图 9.2　科技成果转化主体常见的流动与组合示意

（一）技术方兼经营方

科研人员如高校科研教师，一直被认为是科技成果的核心输出方，如果其拥有生产条件、掌握销售渠道和应用场景等并创业，那么其实际上就实现了科学家向企业家的转变，即兼具技术方和经营方的双重角色。

不可否认，就社会分工而言，科研人员和创业者往往是两类人，二者各有所长、术有专攻，因其思维方式和行为习惯的不同，角色切换常常存在壁垒。因此，科研人员一旦有了独立创业的念头，必须要客观冷静地评估技术价值，考量市场、销售和团队合作等因素，才能更有效地实现技术和市场需求对接，实现从科学家到企业家的角色转变。

（二）经营方兼技术方与资本方

我们一般把以研究开发为主输出科技成果的主体作为技术方，把以赢利为目的并引入科技成果实施转化的主体作为经营方，那么既输出科技成果又引入科技成果以增强经济实力，也就是统筹开展研究开发和科技成果转化的企业，其实就兼具了技术方和经营方的双重功能[4]。如果此类企业还有较强的经济实力，如内设风险投资部门，在其内部或外部进行相关的风险投资活动，或自行投资实施科技成果转化，或对外直接投资创业公司，以期获取利益的回报，这时企业又多了一个资本方的身份，也就实现了技术方、经营方、资本方三重角色的组合。

（三）资本方兼服务方

目前很多投资机构不仅提供科技成果转化所需要的资金，而且为被投资企业提供公司管理架构完善、财务管理体系优化以及管理咨询等增值服务。专业化的投资机构拥有专业的投资和管理团队、丰富的产业链资源、多行业产业资源、人脉资源和资本支持等，可以为企业提供全方位、全生命周期的融资和培育服务，帮助企业提高战略定位，协助转化的技术成果进入高端市场。例如：为助力推进某园区建设，基金公司与园区建设运营方合作，共同设立兼具投资子基金和直投项目功能的科创母基金，以市场化的方式吸引并遴选全国知名风投机构，配资形成创投基金群，再与周边各高校优势科技应用学科相结合，投资包括但不限于高校教师、校友、学生的相关科创项目，引导优质项目与科创成果在该园区转化落地，以基金群为纽带推动技术与产业的深度融合，助力园区高质量发展。

（四）服务方兼资本方

《促进科技成果转移转化行动方案》（国办发〔2016〕28 号）中提到：支持有条件的技术转移机构与天使投资、创业投资等合作建立投资基金，加大对

4　吴寿仁 . 国有企业科技成果转化政策体系及其影响因素研究 [J]. 安徽科技，2023（6）：6-13.

科技成果转化项目的投资力度。诸如传统的孵化载体主要为新创办的中小企业提供物理空间、基础设施及基础增值服务，进而降低创业者的创业风险和成本，提高创业成功率；或某些孵化载体设立自有基金或与外部基金建立战略合作关系，组建专业投资人团队，投资孵化企业以加速其发展；或扮演服务方角色的技术经纪公司，除为经营方与技术方提供技术咨询、技术交易以及技术评价等服务外，同时提供技术投融资服务。

此外，还涌现出一种以服务入股，通过服务发现优质项目，从而带动投资回报的新模式。例如，国内知名孵化载体——启迪之星推出一项壹计划微投资产品，即通过从启迪之星孵化器、创业营和加速计划等公益产品所培育的初创企业中，优选一批企业进行微股权投资，集中启迪之星全球孵化网络资源和品牌优势，进行深度孵化，并为启迪之星及合作基金的天使投资做好项目培育，从而带动投资回报、实现共赢。这样，服务方就兼具了服务方和资本方的双重角色。

（五）政府兼资本方

前面讲到政府主要是通过发挥政策协同作用，为科技成果转化创造良好环境，其中就包括了投资方面的支持政策。

一是发挥国家科技成果转化引导基金等的杠杆作用，吸引社会资本投入，支持关系国计民生和产业发展的科技成果转化。二是鼓励地方政府设立创业投资引导、科技成果转化、知识产权运营等专项资金（基金），引导信贷资金、创业投资资金以及各类社会资金加大投入，支持区域重点产业科技成果转化。三是近期多地政府相继推出的“先投后股”的创新型财政支持模式，先期以科技项目形式向科技型企业投入财政资助资金，在被投企业实现市场化股权融资时或发展良好后，将投入的财政资金转换为股权，并按照“适当收益”原则逐步退出。这一模式将财政资金与社会融资巧妙结合，充分发挥“有形的手”的引导作用，撬动有限资源发挥更大效能，助推科技成果转化成现实生产力。

政府通过科技成果转化引导基金或直接财政资金支持的方式投资科技成果转化项目，也就实现了政府向资本方的角色转变，发挥了资本方的职能，兼具了政府和资本方的双重角色。

第十章

技术转移人才成长路径图解

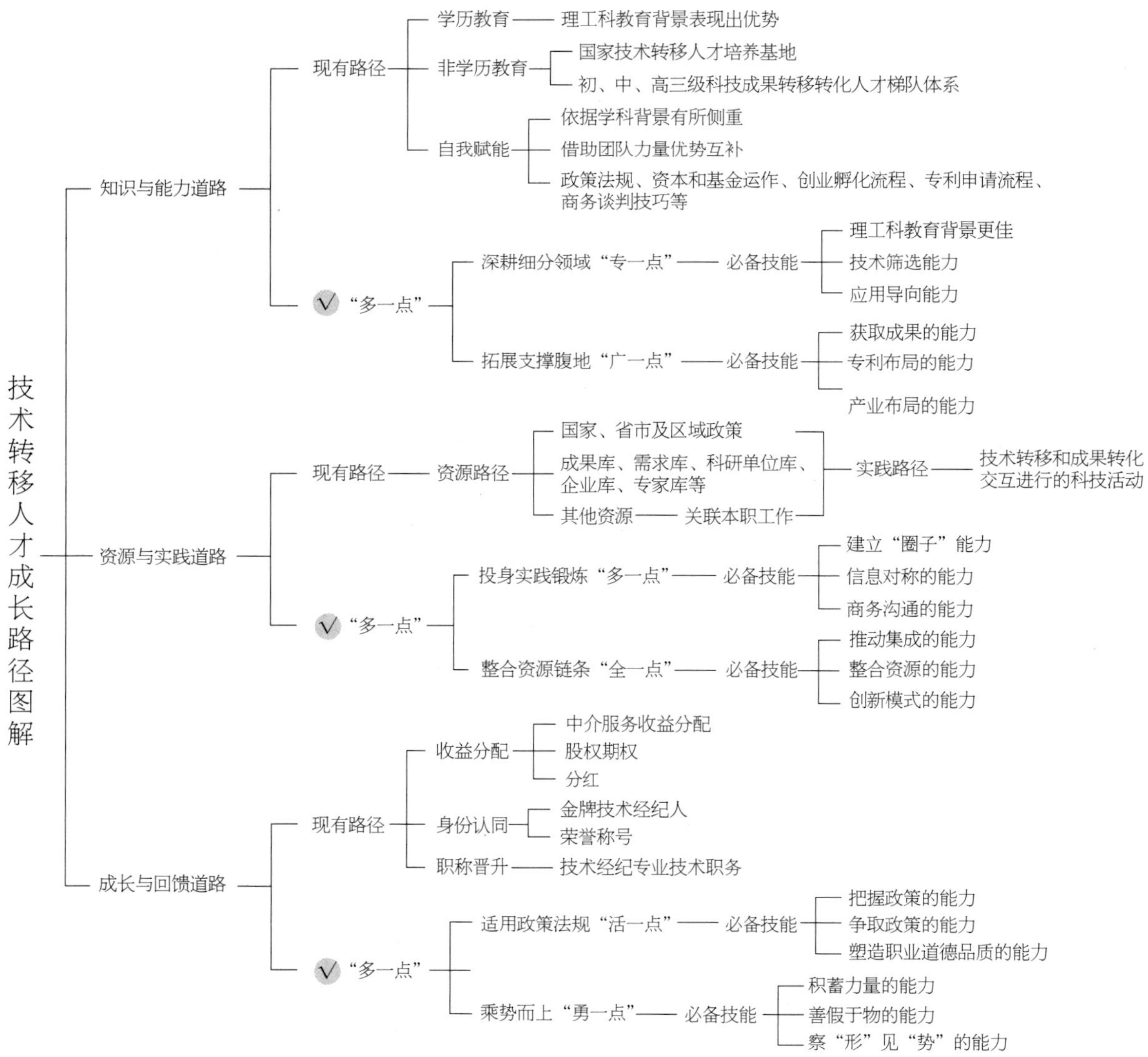
技术转移人才成长路径图解
知识与能力道路
现有路径
学历教育
理工科教育背景表现出优势
非学历教育
国家技术转移人才培养基地
初、中、高三级科技成果转移转化人才梯队体系
自我赋能
依据学科背景有所侧重
借助团队力量优势互补
政策法规、资本和基金运作、创业孵化流程、专利申请流程、商务谈判技巧等
“多一点”
深耕细分领域“专一点”
必备技能
理工科教育背景更佳
技术筛选能力
应用导向能力
拓展支撑腹地“广一点”
必备技能
获取成果的能力
专利布局的能力
产业布局的能力
资源与实践道路
现有路径
资源路径
国家、省市及区域政策
成果库、需求库、科研单位库、企业库、专家库等
其他资源
关联本职工作
实践路径
技术转移和成果转化交互进行的科技活动
“多一点”
投身实践锻炼“多一点”
必备技能
建立“圈子”能力
信息对称的能力
商务沟通的能力
整合资源链条“全一点”
必备技能
推动集成的能力
整合资源的能力
创新模式的能力
成长与回馈道路
现有路径
收益分配
中介服务收益分配
股权期权
分红
身份认同
金牌技术经纪人
荣誉称号
职称晋升
技术经纪专业技术职务
“多一点”
适用政策法规“活一点”
必备技能
把握政策的能力
争取政策的能力
塑造职业道德品质的能力
乘势而上“勇一点”
必备技能
积蓄力量的能力
善假于物的能力
察“形”见“势”的能力

本章总览图

党的二十大报告提出，推动创新链产业链资金链人才链深度融合。技术经纪人作为科技成果和市场有机结合的重要桥梁，是“四链”有机融合的重要媒介，是推进技术转移和科技成果转化的重要生力军。

近年来，我国一直在不断建立全方位、多层次的技术转移人才培养体系。早在 1997 年，国家科委就曾印发《技术经纪资格认定暂行办法》和《全国技术经纪人培训大纲》。之后，国家层面一直对技术转移人才的培育进行有益尝试和反复优化，2023 年科技部出台《高质量培养科技成果转移转化人才行动方案》，明确提出到 2025 年，要培养科技成果转移转化人才超过 10 万人；打造职业技术经理人队伍，各类技术转移和成果转化相关机构从业的职业技术经理人不少于 1 万人；全国建成人才培养基地超过 50 个，建成不少于 300 人的科技成果转移转化顾问队伍。党的二十届三中全会审议通过的《中共中央关于进一步全面深化改革 推进中国式现代化的决定》，专门提到“加强技术经理人队伍建设”。国家历年有关政策摘要详见图 10.1。

《国家技术转移专业人员能力等级培训大纲（试行）》以分层次培养为原则，所列内容既包括不同层次技术转移从业人员应知应会的知识、经纪实务、案例实操等培训课程，也包括提升技术转移从业人员知识素养的扩展性选修课程，课程设置涵盖公共知识、政策法规、实务技能、能力提升四个模块。《高质量培养科技成果转移转化人才行动方案》强调不断提升技术经理人在成果转化服务端的业务水平，探索形成以“培训 + 考试 + 实操 + 绩效”综合认证“技术经理人”执业资质的职业化发展模式。而对于技术转移人才的实践，国家、各地政府乃至各创新主体，也提供了不乏职称、荣誉等多种“多巴胺”支持。

技术是一种生产难、确权难、交易难的特殊商品，这就决定了以技术为主要对象的技术转移，通常表现出低频、高难、非标和长线等特征[1]。

从宏观层面，国家和各地方政府密集出台的一系列新规新政，包括权属改革方面的政策法规，明确科研人员能够从科技成果转化中获得收益分配、享受税收优惠等，成果转化的动力问题已经得到较大改善，但做好技术转移仍然很难，技术转移过程中的难点和痛点更多的是体系问题，需要系统的解决方案，不是某个技术转移个体可以解决的。作为技术转移人才，如何拨开迷雾，看到关键点，形成个体主导力量，最终做到贯通创新链、产业链与资金链，尤其重要。

1　邱超凡，池长昀 . 技术转移人才要提升“水下冰山”能力水平 [M]. 中国科学报，2021-11-10（3）.

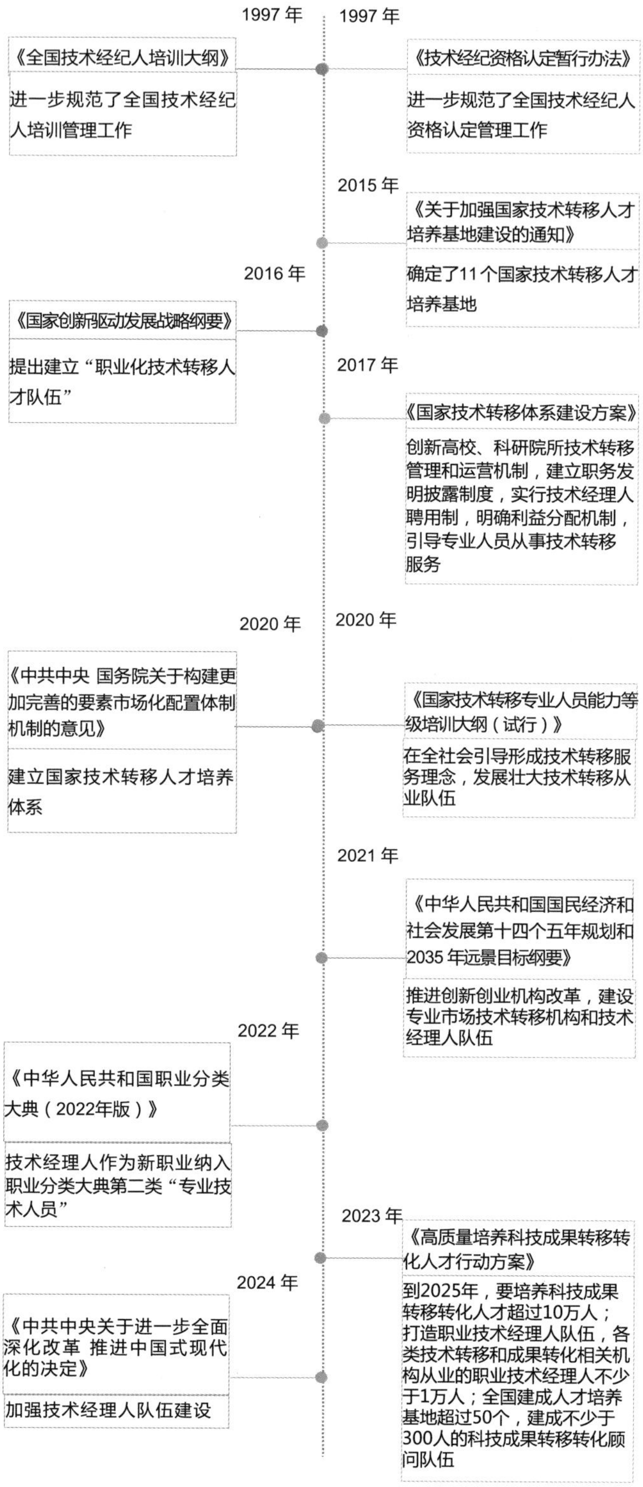

图 10.1　国家历年有关政策摘要

结合以上种种，本书将技术转移人才成长的几个主要通用路径归纳为：知识与能力道路、资源与实践道路以及成长与回馈道路。同时，尝试提出几个关键“点”，以期帮助技术转移人才获取更多“装备”和“武器”，实现“闯关”升级。

一、知识与能力道路

知识与能力道路目前主流的有学历教育、非学历教育以及技术转移人才的自我赋能，可使技术转移人才具备应有的综合能力素质，详见图 10.2。除此之外，建议这些方面可以“多一点”。

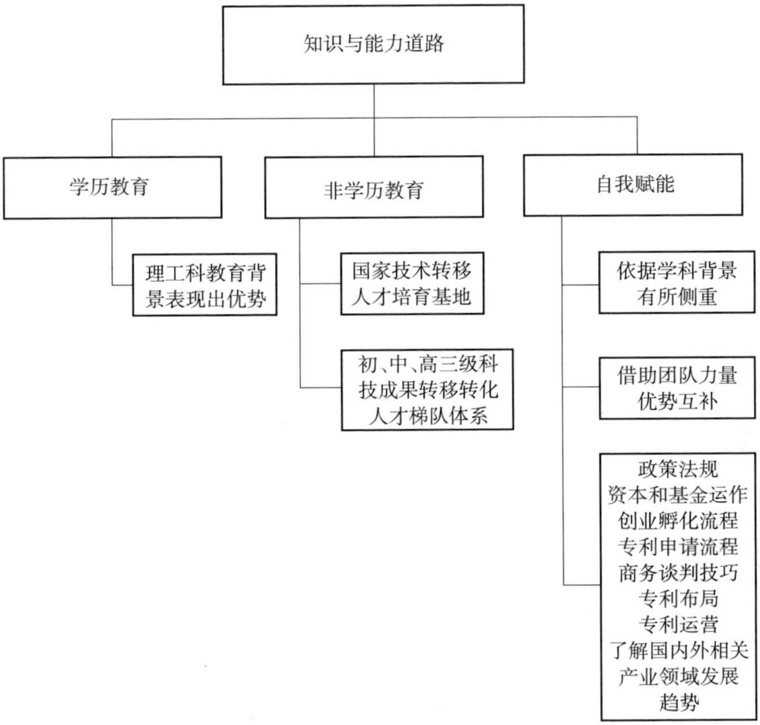

图 10.2　知识与能力道路

（一）深耕细分领域“专一点”

《中华人民共和国职业分类大典（2022 版）》提出，技术经理人主要工作任务为：收集、储备、筛选、发布各类科技成果信息，促进交易各方建立联系；

为技术交易各方在科技、经济、市场方面提供技术成果评估评价、分析咨询、尽职调查、商务策划等服务；为交易各方提供需求挖掘、筛选、匹配和对接等服务；制定科技成果转移转化实施方案、商业计划书、市场调查报告等，开展可行性研究论证；组织各类资源促进技术孵化、熟化、培育、推广和交易；提供科技成果转移转化和产业化投融资相关服务；提供科技成果转移转化知识产权导航、布局、保护和运营等服务；提供科技成果转移转化合规审查、风险预判、争端解决等法律咨询服务。国际技术转移经理人联盟（ATTP）提出，技术经理人应拥有战略与商业洞察力、企业家领导力、沟通协作能力、法律与技术知识、项目管理能力等五大能力素质[2]。在技术转移工作中，我们也发现，技术转移人才的工作内容具有很强的专业性和复合性。

技术交易一般需要三个步骤——机会发现、价值评估与交易撮合，这里指出的每个技术交易阶段都需要技术转移人才提供有深度和精度的服务。除此之外，万事开头难，技术转移人才找准突破口尤为关键，所以与其追求大而全，不如选择做一名深耕细分领域的专才型技术经理人。

技术转移人才在深耕细分领域方面的必备技能见表 10.1。

表 10.1　必备技能一

必备技能	理工科教育背景更佳
	技术筛选能力
	应用导向能力

技术转移一般多集中在国家重点支持的八大领域：电子信息、生物与新医药、航空航天、新材料、高技术服务、新能源与节能、资源与环境、先进制造与自动化。具备理工科教育背景的人才更容易理解和进入技术转移全流程。

技术筛选能力要求技术转移人才除不断提升专业能力以外，还要主动培养利用多途径来源获取信息的习惯，培养批判性思维和对客观事物及规律的判断能力。通过重点模拟技术转移前端过程，锻炼技术筛选能力，更重要的是在真实的实践过程中复盘和总结技术筛选的利弊。

2　池长昀 . 技术经理人应深耕细分领域实现价值创新 [N]. 中国科学报，2022-11-07（4）.

应用导向能力则要求技术转移人才具备以市场化和产业化为目标的逆推和分解能力，甚至要有关注地方和区域经济发展的前瞻性，能根据环境和政策变化动态调整技术转移路径。

（二）拓展支撑腹地“广一点”

技术经纪人作为居间人，要能站在后端资本的角度，分析很多可能性并提示风险，需要了解每个参与主体，熟悉技术转移各环节，这也是出版本书的目的和意义，如技术转移人才能活学活用本书各章节的内容，相信可以在技术转移工作中获得更多正向回馈。

技术转移人才在拓展支撑腹地方面的必备技能见表 10.2。

表 10.2　必备技能二

必备技能	获取成果的能力
	专利布局的能力
	产业布局的能力

在这里重点谈谈专利布局。专利的本质是对发明创造的依法保护，具有独占性，经过专利布局后的技术创新，才能在广阔天地立于不败之地。为更好地保护科技成果所有方和承接方利益，促进科技成果转化，需要加强知识产权布局。

技术转移人才如具备专利布局的能力，可以帮助企业分析其性状、找到优势，将相对优势转化为绝对优势，帮助企业综合产业、市场和法律等因素，对专利进行有机结合，形成对企业有利的专利组合。专利布局以专利挖掘和专利组合为基础，但又不仅仅是专利挖掘和专利组合。专利挖掘是从创新成果中提炼出具有专利申请和保护价值的技术创新点和方案，重在“找点”；专利组合是依照技术上的关联性，围绕不同功效，对专利进行结构和数量上的集合，重在“叠加”和“互补”。依靠不同专利之间的相互协同作用，往往可以打破单个专利在技术、时间保护上的局限性，消除专利文件撰写瑕疵的不利影响等。而专利布局是有目的地进行专利挖掘、专利组合的过程。

这里提供一些专利布局模式供技术转移人才参考，详见表 10.3。

表 10.3　专利布局模式 [3]

序号	模式	定义	优点	缺点	适用类型
1	路障式布局	是指为实现某一技术目标所必需的一种或几种技术解决方案申请专利，形成路障式专利的布局模式	申请与维护成本较低	给竞争者绕过己方所设置的障碍留下了一定的空间，竞争者有机会通过回避设计突破障碍，而且在己方专利的启发下，竞争者研发成本较低	只有当技术解决方案是实现某一技术主题目标所必需的，竞争者很难绕开它，回避设计必须投入大量的人力财力时，才适宜用这种模式。 较为适合技术领先型企业
2	城墙式布局	是指为实现某一技术目标之所有规避设计方案全部申请专利，形成城墙式系列专利的布局模式	可以抵御竞争者侵入自己的技术领地，不给竞争者进行规避设计和寻找替代方案的任何空间	专利申请量大，需要投入大量资金及研发人员配合	适宜围绕某一个技术主题有多种不同的技术解决方案，每种方案都能够达到类似的功能和效果的情况
3	地毯式布局	是指为实现某一技术目标之所有技术解决方案全部申请专利，形成地毯式专利网的布局模式	专利网牢固，能够有效地保护自己的技术，阻止竞争者进入。一旦竞争者进入，还可以通过专利诉讼等方式将其赶出自己的保护区	需要大量资金以及研发人力的配合，投入成本高，并且在缺乏系统的布局策略时容易演变成为专利而专利，容易出现专利泛滥却无法发挥预期效果的情形	适宜在某一技术领域内拥有较强的研发实力，各种研发方向都有研发成果产生，且期望快速与技术领先企业相抗衡的企业在专利网策略中使用
4	丛林式布局	针对基础专利技术申请大量的外围专利，用多个外围专利来包围基础专利	有效地阻遏竞争对手的基础专利向四周拓展，从而极大地削弱对手基础专利的价值。必要的时候，还可以通过与竞争对手的专利交叉许可来换取对手的基础专利的授权	专利申请量大，需要投入大量资金及研发人员配合	一是基础专利掌握在竞争对手的手中。 二是基础专利掌握在自己手中

作为专利布局的成果，企业的专利组合应该具备一定的数量规模，保护层

3　资料来源：专利布局 [EB/OL].[2024−9−20]. https://baike.baidu.com/item/%E4%B8%93%E5%88%A9%E5%B8%83%E5%B1%80/1004369?fromModule=disambiguation.

级分明、功效齐备，从而获得在特定领域的专利竞争优势。优秀的专利布局就像防护网，应该有两个功能：一个是保护自身的专利或非专利技术不受侵犯，二是能够成为攻击竞争对手的根据。这个网做得越好，其发挥的作用就越大。图 10.3 和图 10.4 所示的是专利布局参考流程和专利申请审批流程，供技术转移人才借鉴。

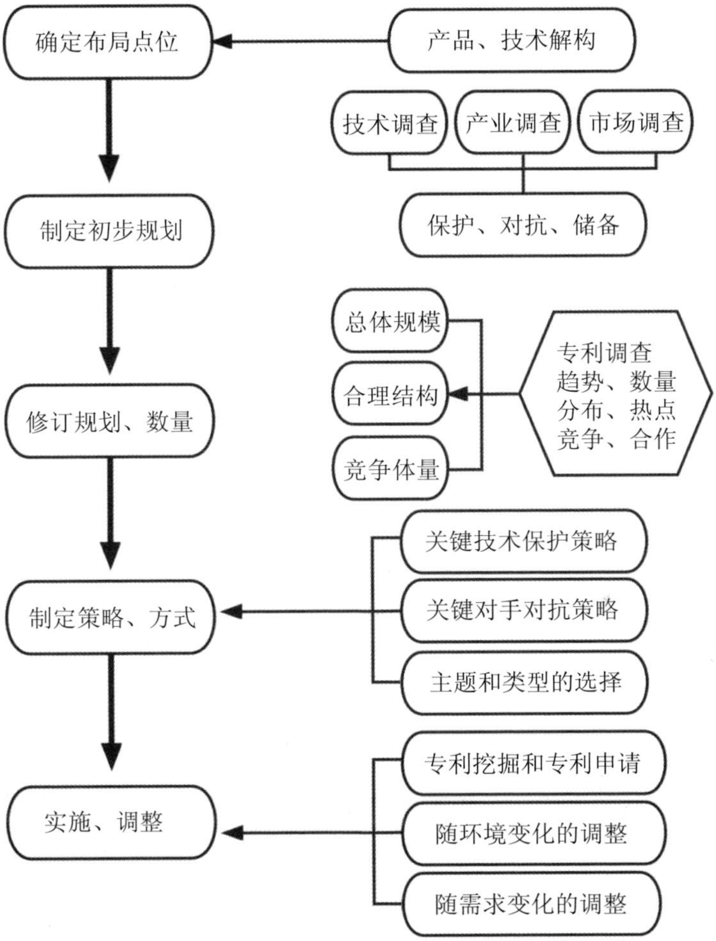

图 10.3　专利布局参考流程[4]

4　马天旗. 专利布局 [M]. 北京：知识产权出版社，2016.

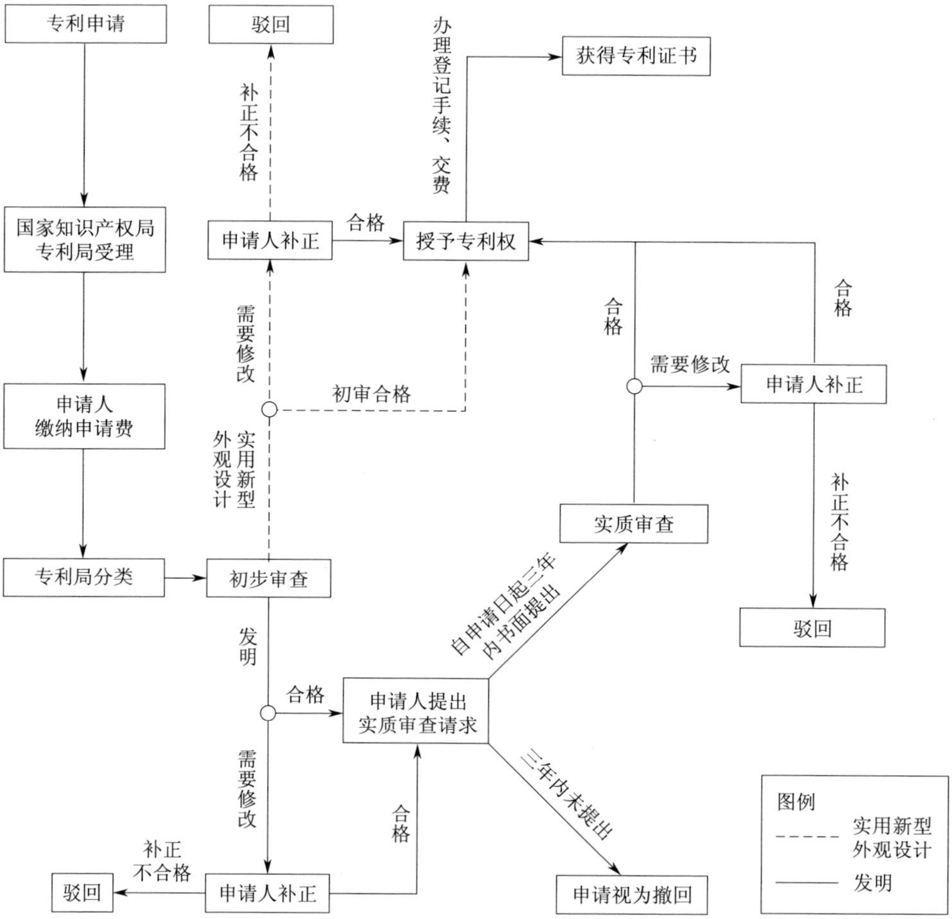

图 10.4 专利申请审批流程[5]

除此之外，如今市场全球化发展趋势下，越来越多的中国企业开始进军国际市场，然而曾有相当一部分被专利挡在了市场之外，或陷入海外专利诉讼案，遭遇跨国企业的专利围剿。技术转移人才也要具备开展海外知识产权布局、化解海外知识产权风险的能力，帮助企业防范海外知识产权风险，加强知识产权的海外布局。（详见：中华人民共和国国家知识产权局《海外专利布局实务指引》）

二、资源与实践道路

资源与实践道路主要是借助外部环境，资源和实践两者密不可分，资源如

5 马天旗．专利布局 [M]．北京：知识产权出版社，2016.

国家政策、地方政策、区域政策、成果库、需求库、科研单位库、企业库、专家库等，同时，技术转移人才要善于将科技成果转移转化工作与其他科技工作进行关联，取得资源，这要求技术转移人才能熟练掌握各方资源运行机制，还要能调动、统筹并进行创造性结合。实践则要求技术转移人才巧妙利用上述资源，把知识和能力内化于心、外化于行，做到知行合一、自然流动，从而有效推动成果转化。相关内容详见图 10.5。

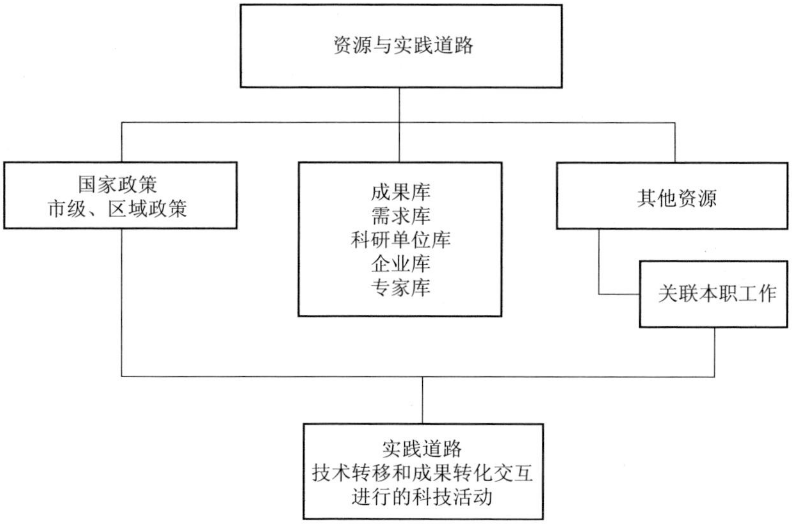

图 10.5　资源与实践道路

（一）投身实践锻炼“多一点”

科技研发的象牙塔离企业的需求、市场的前景比较遥远，而现有的学历教育和技术能力培训对科技成果转化本身的促进作用有限，好的技术经纪人主要还是实践出来的。

技术转移人才要利用资源渠道，通过密集而小范围的交流活动获取有价值的信息，留心积累。高校院所的技术转移人才可以通过挂职、兼职、离岗创业、专家咨询等多种形式向企业流动，通过这些方式促进技术的转移和创新。

技术转移人才在投身实践锻炼方面的必备技能见表 10.4。

表 10.4　必备技能三

必备技能	建立“圈子”能力
	信息对称的能力
	商务沟通的能力

科技成果的交易往往都是秘密的，技术转移的特殊性决定了很多时候技术经纪人参与不进去。灵活运用“校友圈”“桑梓圈”等渠道，尝试搭建“朋友圈”，并实时进行“朋友圈”扩容升级，最终实现资源互通、联合互补，共建共赢。“圈子”的建立，能帮助技术转移人才破除“万事开头难”的壁垒，并且能带来天然的“信任”。

信息对称，主要说的是技术转移工作中，在市场条件下想要实现有效的交易，双方掌握的条件必须对称，如果信息不对称，信息掌握比较充分的人员往往会处于比较有利的位置。这种时候技术转移人才的重要性就凸显出来了，其作为居间方，能运用方法和技巧，使双方信息对称，从而促成技术转移。

商务沟通的能力要求在这里主要提醒各位技术转移人员，注意肢体语言、倾听技巧以及有效地阐述观点。

（二）整合资源链条“全一点”

纯粹市场化的技术转移机构很难生存，政府主导或科研单位的技术转移服务又往往只停留在简单的牵线搭桥的层面。技术转移经常是有能力有资源做的人，没时间没动力去做；有时间有动力做的人，没能力没资源去做。政府部门和相关职能部门，往往受限于体制，没时间没动力；科研院所和高校的技术转移中心受人手、人员专业程度等限制，仅能满足简单的产学研合作牵线搭桥需求；市场化的技术转移机构，受限于资源和权威性等。作为技术转移人才，要想在推动创新链、产业链、资金链、人才链“四链”集成上着力，打通技术转移通道，就要凸显其能力与智慧。

要着重考量技术转移过程中的非常规因素，每个技术转移的过程，其个性化体现在各个环节的各个方面，且堵点不尽相同，无唯一模式，要深挖根源、集聚资源，实现供需匹配。

技术转移人才在整合资源链条方面的必备技能见表 10.5。

表 10.5　必备技能四

必备技能	推动集成的能力
	整合资源的能力
	创新模式的能力

要放弱对资源的掌控，转而把精力放到如何整合资源上。随着大环境越来越开放，获取资源越来越便利，使得独占资源变得越来越难，并且独占资源的成本要求高，目前看来已不是一个经济的方式。个体或者单一资源的力量也是非常有限的，作为技术转移人才，有能力整合更多的资源，才能提升转化效率、增强创新、建立竞争优势，真正实现创新链、产业链、资金链、人才链的有机结合，更好地完成技术转移各环节工作。

技术转移人才作为人才链的一部分，也是推动"四链"集成的关键，针对现状，可以考虑通过创新思维和协作模式，开展体制内技术经纪人和体制外技术经纪人协作，这样既可以较好发挥市场优势，有效调动团队积极性，又能发挥政府部门和科研单位的资源和协调作用，一起完成整个科技服务。

三、成长与回馈道路

回馈主要是通过技术转移工作取得成果转化收益分配、股权期权或分红收益；同时可以结合各地方政策获取"专家"身份认同，如金牌技术经纪人、相关荣誉称号等，有的地方还设立了技术经纪专业技术职务。回馈道路帮助技术转移人才在实现专业价值的同时得到合理的名誉和收益回馈。

以天津市为例，2020 年，天津市科技创新发展中心被确定为国家技术转移人才培养基地，同年，天津市增设了技术经纪专业技术职务，进一步拓展了技术转移专业技术人员职业发展通道，该职称证书在京津冀三省市范围内均可互认。2021 年，天津市海河教育园区管委会在天津市率先推出"揭榜挂帅"制度，建立了从技术供需双侧征榜，面向全国发榜，按照"赛马制"揭榜，委托专业第三方机构评榜的工作机制。天津市关于培育壮大专业化技术转移人才队伍，加速科技成果转移转化的举措，以上只是太仓一粟，其他各地方政府也是多措并举，不断完善技术转移服务体系，让技术转移人才无后顾之忧。

技术转移人才的成长与回馈道路见图 10.6。

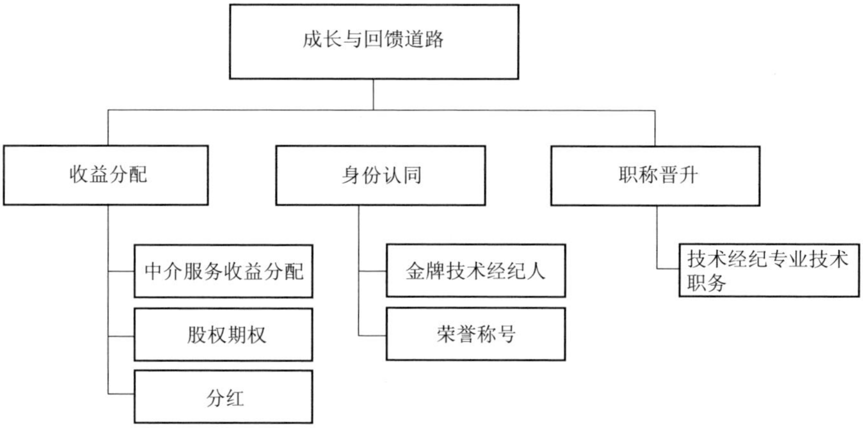

图 10.6　成长与回馈道路

技术转移人才想要获得持久和长期的回馈，应该要有持续的进步，这些进步来源于以上我们谈到的点滴方面，也正是这样的“内啡肽”的体验积累，促使技术转移人才不仅只因即时反馈而马力全开，更因长期回报产生的自我认同和内驱力而久久为功。在掌握、熟知政策的基础上，技术转移人才还可以在以下两方面着力。

（一）适用政策法规“活一点”

政策具有导向和分配作用，熟悉政策法规并能灵活运用实现助攻，可以实现靶向发力。在技术转移工作中，要重视对所在区域政策法规的关注和研究，要善用政策法规，也要切记行必有据。要善于从过去的经验中找精粹，从当前的规范中找出路，从政策之间找链接，或者是通过有效行动争取同政策的关联。同时，加强职业规范和约束，塑造一个可信赖、有经验、懂政策、知方法，既有善作之勇，又有善成之谋的可靠形象。

技术转移人才在适用政策法规方面的必备技能见表 10.6。

表 10.6　必备技能五

必备技能	把握政策的能力
	争取政策的能力
	塑造职业道德品质的能力

把握政策，是领导干部的基本功。只有全面把握政策，有效落实政策，才能把党的正确主张变为群众的自觉行动，凝聚起推动事业发展的强大合力。同理，在技术转移工作中，把握政策的能力相当重要，只有紧紧抓住政策机遇，在政策方向和尺度允许的范围内，坚决干、大胆闯、大胆试，奔着问题去、盯着问题抓，着力打通堵点、破除体制机制阻碍，才能真正使政策成为推动技术转移工作的助推器。

争取政策的能力不同于把握政策的能力，这项能力对技术转移人才要求则更高一些。它需要技术转移人才在政策优势不显著的条件下，通过有效行动找到不同政策间的关联，结合主客观条件和委托方实际诉求，找到关键突破口或支撑点，帮助委托方巧妙设计实操路径，最大限度享受政策支持。

技术转移人才的职业道德品质尤其重要，是其赢得双方客户信赖的根本保障，技术转移人才的信誉和口碑是顺利开展工作的基础。由于技术转移的特征，技术转移工作很难迈出“圈子”，如能够通过不断积累，在“圈内”建立起口碑，能帮助技术转移人才快速建立自身品牌身份，获取更多的对接机会；如在圈外，想要快速融入“圈内”，塑造职业道德品质的能力则更显重要。

（二）乘势而上“勇一点”

“故善战者，求之于势，不责于人，故能择人而任势。”技术转移工作从来不是照本即能宣科，也不是远在云端难以触碰，它是一项复杂多维的社会活动，要求技术转移人才除了有上述种种能力之外，还要有借势而进，乘势而上，聚势而强的大智慧。

技术转移人才在乘势而上方面的必备技能见表 10.7。

表 10.7 必备技能六

必备技能	积蓄力量的能力
	善假于物的能力
	察“形”见“势”的能力

“风之积也不厚，则其负大翼也无力”。技术转移人才要以目标导向为根本遵循，有针对地积蓄力量，并将积蓄的力量通过充分吸收消化转化为高效推动技术转移工作的切实招法，既要蓄好势，也要用对势。技术转移工作纷繁复杂，有规律可循却也特色层出，技术转移人才要潜心积累、有机结合、善假于物、逐一攻克，也要秉持一份静待花开的从容心态。

“虽有智慧，不如乘势；虽有镃基，不如待时。”党的二十大做出了“加快实现高水平科技自立自强”的战略部署，高水平科技自立自强事关国家全局和长远发展，而高质量科技成果转化则是实现高水平科技自立自强的重要抓手和强力助推。科技是第一生产力，科技成果转移转化是推动经济结构升级和产业转型的关键因素。国家和各地政府高度重视科技成果转移转化工作，从多方面不断完善技术转移体系建设，“东风”已至，“大势”正盛，技术转移大有可为。技术转移人才要坚定投身科技成果转移转化工作的决心和信心，善于聚焦新形势，敏锐捕捉发展脉搏，将自己的智慧乘势放大，发挥出最大效用，做到盘活资源存量、培育成果增量、提升转化质量，以期实现自我价值。

第十一章

科技成果评估与评价图解

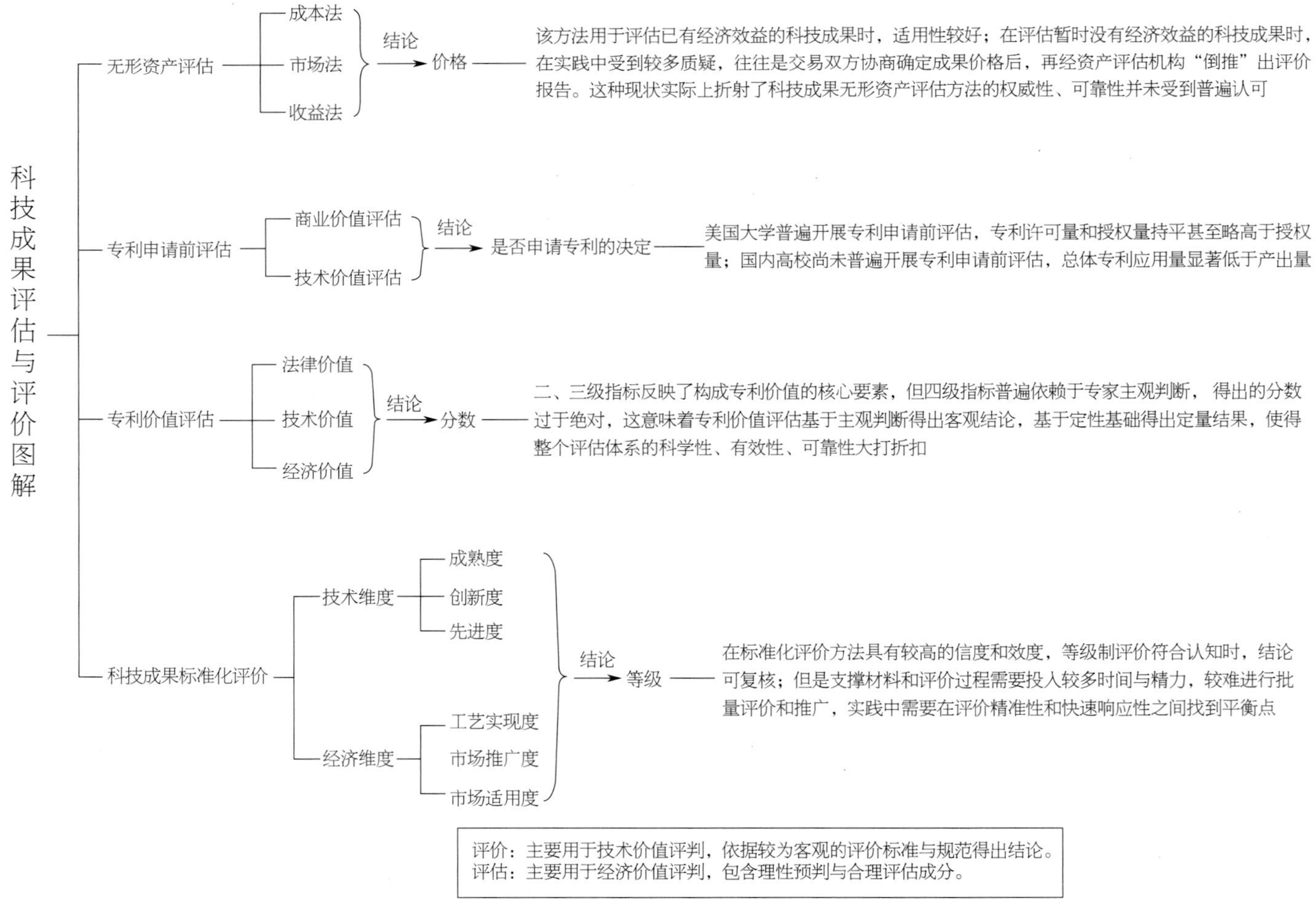
科技成果评估与评价图解
无形资产评估
成本法
市场法
收益法
结论
价格
该方法用于评估已有经济效益的科技成果时，适用性较好；在评估暂时没有经济效益的科技成果时，在实践中受到较多质疑，往往是交易双方协商确定成果价格后，再经资产评估机构“倒推”出评价报告。这种现状实际上折射了科技成果无形资产评估方法的权威性、可靠性并未受到普遍认可
专利申请前评估
商业价值评估
技术价值评估
结论
是否申请专利的决定
美国大学普遍开展专利申请前评估，专利许可量和授权量持平甚至略高于授权量；国内高校尚未普遍开展专利申请前评估，总体专利应用量显著低于产出量
专利价值评估
法律价值
技术价值
经济价值
结论
分数
二、三级指标反映了构成专利价值的核心要素，但四级指标普遍依赖于专家主观判断， 得出的分数过于绝对，这意味着专利价值评估基于主观判断得出客观结论，基于定性基础得出定量结果，使得整个评估体系的科学性、有效性、可靠性大打折扣
科技成果标准化评价
技术维度
成熟度
创新度
先进度
经济维度
工艺实现度
市场推广度
市场适用度
结论
等级
在标准化评价方法具有较高的信度和效度，等级制评价符合认知时，结论可复核；但是支撑材料和评价过程需要投入较多时间与精力，较难进行批量评价和推广，实践中需要在评价精准性和快速响应性之间找到平衡点
评价：主要用于技术价值评判，依据较为客观的评价标准与规范得出结论。
评估：主要用于经济价值评判，包含理性预判与合理评估成分。

本章总览图

科技成果评估与评价是科技领域的“度量衡”，只有统一度量衡，科技成果才能更加顺畅地从科技界流向投资界与产业界。2021 年，中央全面深化改革委员会第十九次会议审议通过了《关于完善科技成果评价机制的指导意见》，习近平总书记在主持会议时强调，加快实现科技自立自强，要用好科技成果评价这个指挥棒，遵循科技创新规律，坚持正确的科技成果评价导向，激发科技人员积极性[1]。为了方便读者更好地了解科技成果评估与评价方法及其特点，本章将系统介绍常见的科技成果评估与评价方法。

一、无形资产评估

科技成果知识产权作为无形资产，其价值（价格）评估属于无形资产评估。对于高校、科研院所而言，无形资产评估主要用于科技成果作价投资，按照《中华人民共和国公司法》的有关规定，科技成果作为出资的非货币财产，应当评估作价。对于企业而言，无形资产评估主要出于生产经营的需要，用于面向质押贷款、企业并购、投资入股等活动中专利资产的评估定价。

（一）评估方法

科技成果无形资产评估使用的方法以资产评估类方法为主，评价结果主要以现金价格的形式呈现。现行的无形资产评估的经济学方法主要有三种，分别是重置成本法（简称“成本法”）、市场比较法（简称“市场法”）和收益现值法（简称“收益法”），实践中认可度较高、使用较多的方法是收益法，三种方法的简介及使用条件见表 11.1。

表 11.1　三种常用的无形资产评估方法

名称	简介	适用条件
成本法	将被评估科技成果的重建或者重置成本作为确定其价值的基础，扣除相关贬值，以此确定被评估科技成果价值的一种评估方法	1. 评估对象应当是可再生、可复制的资产； 2. 能够合理计算被评估科技成果的重置成本，以及需要考虑的相关贬值

1　完善科技成果评价机制深化医疗服务价格改革 减轻工务教育阶段学生作业负担和校外培训负担 [N]. 人民日报，2021-05-22（1）.

续表

名称	简介	适用条件
市场法	通过比较被评估科技成果与最近发生交易的相同或类似科技成果的异同，并以相同或类似科技成果的经济价值或交易价格为基础进行相应调整，从而确定被评估科技成果经济价值的一种评估方法	1. 应有一个充分发育的、活跃的、公平的、信息透明的科技成果交易市场； 2. 应在交易市场上找到与被评估科技成果相同或类似的交易案例
收益法	通过估算被评估科技成果的未来预期收益，并按照一定的折现率折算成评估基准日的现值，确定被评估科技成果经济价值的一种评估方法	1. 被评估科技成果的未来收益可以预测并可用货币衡量； 2. 被评估科技成果的剩余期限可以预测； 3. 剩余收益期限内，科技成果获得预期收益所承担的风险可以预测，并可用货币衡量

（二）优点与局限性

成本法、市场法、收益法三种方法在资料的获取难度、反映问题的客观性、实用性等方面各有优劣。三种评估方法的公式、优点、局限性见表 11.2。

表 11.2　三种无形资产评估方法对比

	成本法	市场法	收益法
评估公式	评估价值＝重置成本－有形损耗－无形损耗	评估值＝技术市场同类技术成交价格×（1 ±修正系数）	$P=\sum_{i=1}^{n}\frac{KR_i}{(1+r)^i}$
优点	所需评估参数和有关资料依据比较易于取得，适宜评估无市场交易、无现实收益和预期收益的资产	1. 市场法能直接反映技术资产的市场行情，并直接运用市场信息、市场价格信号作为评估的客观依据，评估价格比较真实； 2. 由于采用的是公开市场条件下的公允市场价值，反映了整个市场对专利技术资产的效用的整体认知，比较公平、公正，符合市场经济的规律； 3. 市场法相对来说容易	克服了成本法和市场法不考虑专利的未来使用年限、不重视未来收益及风险的缺陷，使科技成果评估更接近现实
局限性	评估的结果一般与其市场价值会有较大的出入，需根据实际情况和条件变化进行调整	1. 由于科技成果是技术和法律的结合，科技成果一个技术特征的微小变化都可能引起巨大差异，进而导致所能产生的经济效益的巨大差异，因此在市场上很难找到参照物，也很难获得相似资产的交易数据； 2. 由于科技成果的创新性，往往缺乏类似的可比较市场	评估预期收益折现所需参数，包括预期收益、经济寿命、利润分成率、折现率等，仍需要估算，如果估算不准确，结果就会不准确

注：P 为科技成果的价值，n 为科技成果预期获利年限，r 为折现率，R_i 为使用该科技成果后第 i 年带来的预期收益额，K 为分成率。

实践中认可度较高、使用较多的方法是收益法。收益法的评估公式是确定的，但是利润分成率、折现率等参数的取值是不确定的，不同的取值方法对评估价格的影响很大。收益法参数影响因素详见表 11.3。

表 11.3　收益法参数影响因素

参数	主要影响因素
n	1. 被评估科技成果有无法律保护期限或合同期限
	2. 成果产权方的情况
	3. 成果实施方的情况
	4. 科技成果的权属状况
	5. 被评价科技成果所属领域的技术进步状况与更新周期
	6. 被评价科技成果所处生命周期阶段
	7. 被评价科技成果的技术复杂程度，包括被模仿复制程度以及推广扩散速度等
	8. 其他因素
K	1. 被评价科技成果的法律因素，包括成果所处法律状态、法律保护范围、科技成果实施应用形式、侵权判定等
	2. 被评价科技成果的技术因素，包括技术所属领域、替代技术发展程度、技术先进性、技术创新性、技术成熟度、技术应用范围、技术防御能力等
	3. 被评价科技成果的市场因素，包括科技成果产品市场容量和市场竞争度、产业影响力等
	4. 其他因素
r	1. 被评估科技成果的市场风险，包括产品市场规模、投资额及转化费用、销售网络成熟度、配套产业成熟度、市场竞争度等
	2. 被评估科技成果的管理风险，包括销售服务、质量管理、技术开发等
	3. 被评估科技成果的财务风险，包括融资和流动资金等
	4. 被评估科技成果的技术风险，包括技术转化、技术替代、技术权利和技术整合等
	5. 其他因素

二、专利申请前评估

2020 年 2 月，《教育部 国家知识产权局 科技部关于提升高等学校专利质量促进转化运用的若干意见》（教科技〔2020〕1 号）将“开展专利申请前评估”作为重点任务之一进行部署，同时，也以专利申请前评估结果作为申请专利以及明确专利产权归属与费用分担的依据，这标志着我国高校知识产权工作导向发生根本转变。申请前进行评估可以减少无效申请和低质量专利的数量，从而汇聚更多的人财物等资源支持高质量专利的培育和转化[2]。

（一）评估标准

国内尚未普遍开展专利申请前评估，但在国外，专利申请前评估是国际高水平大学普遍做法[3]，这里以美国为例，介绍大学技术转移办公室（Office of Technology Transfer，TTO）专利申请前评估的经验。美国大学在专利申请前，普遍由 TTO 指派技术经理人或技术许可专员进行发明评估，其中最关键的环节是构建科学有效的评估标准和评估方法体系。关于专利申请前评估的关键要素，最早的记录要追溯到 1970 年的俄勒冈大学创新中心，该中心发展出了一整套包含了 33 个要素的发明商业潜力评估系统，此后各大学也发展出了各自的发明评估理念或评估内容（见表 11.4）。

在决定是否对发明进行专利保护的评估过程中，尽管各高校的研究水平、专利经费状况、学校政策、既往经验以及与工业界的关系等方面情况的不同，致使其决策风格有较大差别，但是各高校的专利申请前评估往往呈现出一个共同特点，那就是技术经理人往往从发明的技术独特性和商业应用前景两个方面进行考虑，特别是商业应用前景。专利申请前评估维度详见图 11.1。

2 田海燕 . 高校专利申请前评估：中美差异及启示 [J]. 创新科技，2021（3）：49.

3 《关于提升高等学校专利质量促进转化运用的若干意见》10 问 10 答[EB/OL].(2020- 02- 24)[2020-11- 12] .http：//www.sipo.gov.cn/zcfg/zcjd/1 146 233.htm.

表 11.4　美国大学发明评估标准一览表

大学	侧重维度	核心内容	具体指标
俄勒冈大学	市场价值	商业潜力	发明商业潜力评估系统：主要包括合法性、潜在市场、产品生命周期、现有竞争、潜在销售、发展状况、投资成本、需求趋势等[4]
佛罗里达大学	技术价值 市场价值	可专利性 可实施性	技术转移办公室在批准投资专利保护的成本之前，必须考虑一项技术能否成功获得专利或获得实施机会[5]
哈佛大学	技术价值 市场价值	可专利性 商业可行性	可专利性和商业可行性评价，主要评价指标是投资回报率[4]
麻省理工学院	市场价值	商业吸引力	不会为那些在商业上没有吸引力的发明寻求保护——即使该发明有智力价值——除非研究资助人另有合同在先[4]
斯坦福大学	技术价值 市场价值 被许可方	可专利性 可执行性、潜在市场 潜在被许可方	1. 该发明是革命型的还是改善型的； 2. 该发明目前所处的发展阶段； 3. 是否可给予专利以及专利是否有可执行的价值； 4. 该发明的潜在市场规模有多大； 5. 发明家的历史发明记录是什么； 6. 哪家企业对发展技术并将其推向市场具有最大优势[6]
加州大学戴维斯分校	技术价值 市场价值 发明人 被许可方	专利性 市场性 发明人 潜在被许可方	1. 专利性评估： ①新颖性、创造性、实用性； ②事先出版和销售情况； ③发明人的材料； ④发明人在技术转移过程中的合作情况，实际或潜在市场上类似的产品。 2. 市场性评估： ①市场规模； ②竞争对手的产品或工艺； ③许可类似发明的成功记录； ④识别潜在被许可方； ⑤发明人在创业中成为企业家的可能性[7]

4　IPRlearn. 申请前的发明评估，如何评，才能真正促进技术转移？ [EB/OL].（2020-07-06）[2020-11-12]. https://mp.weixin.qq.com/s/2oiStiXYgW837hOkZRBtkA.

5　IPRlearn. 提升专利质量，需要在促进转化的框架下去设置 [EB/OL].（2020- 07- 08）[2020-11-12]. https://mp.weixin.qq.com/s/2oiStiXYgW837hOkZRBtkA ？ from=singlemessage&isappinstalled=0&scene=1&clicktime=1598579764&enterid=1598579764.

6　隆云滔，张富娟，杨国梁 . 斯坦福大学技术转移运转模式研究及启示 [J]. 科技管理研，2018（15）：120-126.

7　刘勤，张熠，胡良龙，等 . 美国加州大学戴维斯分校技术转移策略探析 [J]. 科技管理研究，2019（12）：150-155.

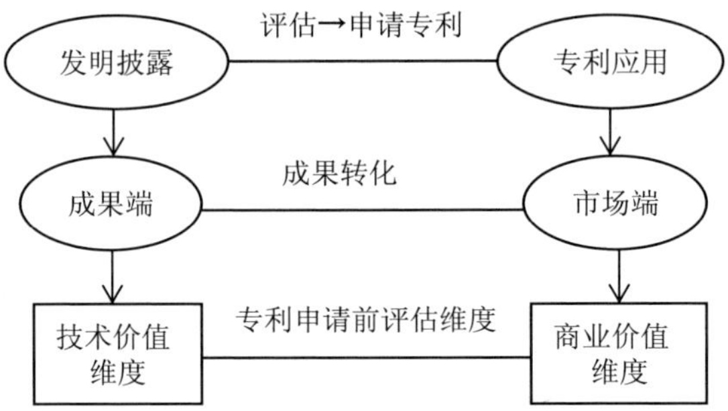

图 11.1　专利申请前评估维度示意

（二）深远影响

以 2022 年数据为例，《AUTM：US Licensing Activity Survey》显示，美国专利授权量为 7 739 件，专利许可量为 9 884 件，这意味着从总体上而言，授权专利都获得了许可；而《国家知识产权局 2022 年度报告》《2022 年中国专利调查报告》《中国科技成果转化年度报告 2023（高等院校与科研院所篇）》显示，国内高校职务发明专利授权量为 17.2 万件，专利实施率为 16.9%，专利产业化率为 3.9%，专利许可率为 7.9%，专利转让率为 3.1%，总体专利产出量显著高于应用量，呈现出“重数量轻质量”“重申请轻实施”等问题。中美高校专利产出量和应用量之所以存在如此巨大的差异，最核心的问题就在于是否开展了专利申请前评估。

专利申请前评估，最大的价值在于识别出有商业前景的潜力技术，推动其商业化。同时，基于评估反馈，还可以达到两个目的：一是引导发明人像企业家一样思考，在研究开发过程中即关注生产实践和市场需求；二是明确当前技术所处的研发阶段和与市场的距离，指导尚不成熟或有待完善的技术进一步开发、熟化，再商业化。美国大学 TTO 一致认为，不能仅仅因为期望获得专利，就允许一项发明提交专利申请进入商业化通道，这也被认为是衡量一所大学 TTO 是否成熟的重要标志。对比之下，在涵盖专利导航与布局、专利申请与维护、专利转化运用等内容的知识产权全流程管理体系中，国内高校缺失的很重要一环就是专利申请前评估，而这一环节，正是筛选具有可专利性和可转化性发明的最核心环节。由于缺少这一关键环节，国内高校专利申请量和授权量远远高于美国高校，但可转化应用者却寥寥无几。

三、专利价值评估

专利价值评估是针对已经获得专利保护的专利进行综合价值评估和分析的过程。它旨在确定专利在特定市场和商业环境中的潜在价值，为专利所有者、投资者、企业和其他相关方提供决策依据。

（一）评估方法

专利价值可以分为狭义和广义两类。狭义的专利价值仅从经济学意义上讲，表现为专利在市场环境下给其所有者或使用者带来的经济收益。而对于广义的专利价值，国家知识产权局专利管理司和中国技术交易所组织编写的《专利价值分析指标体系操作手册》将专利价值分为法律价值、技术价值和经济价值（见图 11.2），对业界产生了较为广泛的影响。后续实践中使用的专利价值评估方法，虽然不乏三维及以上的评估指标，但大多包含广义专利价值内涵下的技术、法律、经济三个维度，仅在其他维度选择上有所差异。

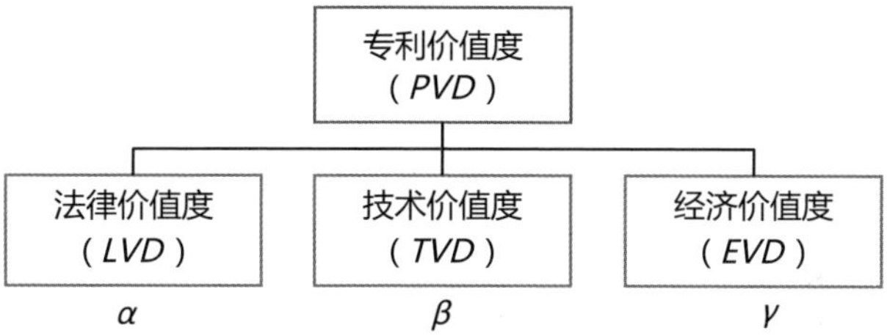

图 11.2　专利价值度分类

首先专利具有技术价值，这源于专利技术自身的固有属性，包括新颖性、创造性和实用性；其次法律赋予专利权人在专利有效期内的独占权益产生法律价值；最后专利的技术价值、法律价值在专利商品化、产业化、市场化运营过程中带来的经济收益为其经济价值。从整体上看，专利的技术价值是根本基础，法律价值是前提保障，经济价值是最终目的，它们之间相辅相成，共同构成了专利价值。《专利价值分析指标体系操作手册》在这三个维度下，又设置了 18 个子指标（单个指标一般按照 10 分制赋分）。法律价值度指标、技术价值度指标、经济价值度指标，依据不同子指标的重要程度确定各自权重，最终取值为各指标加权之和，得出的评估结果是专利价值分数（100 分制）。三个维度的指标详见图 11.3 至图 11.5。

$$PVD=\alpha\times LVD+\beta\times TVD+\gamma\times EVD$$

其中，$\alpha+\beta+\gamma=100\%$

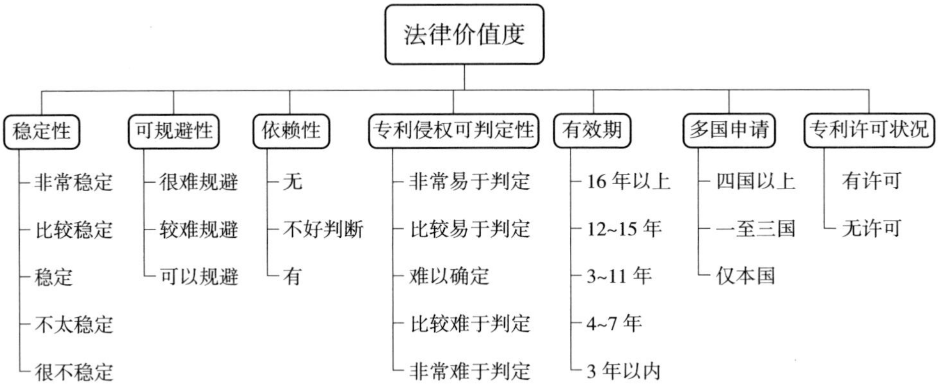

图 11.3　法律价值度指标

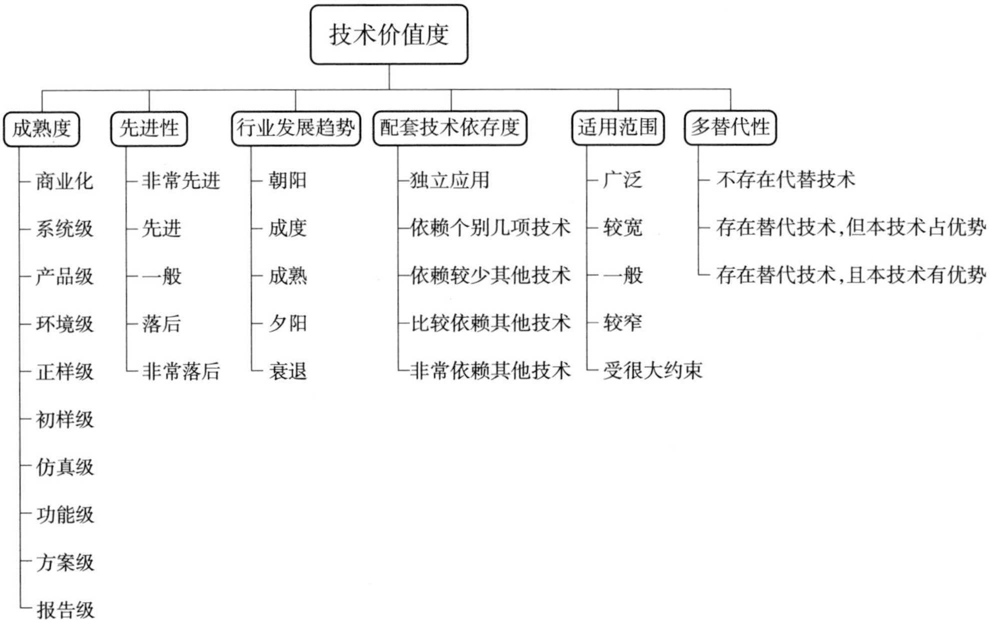

图 11.4　技术价值度指标

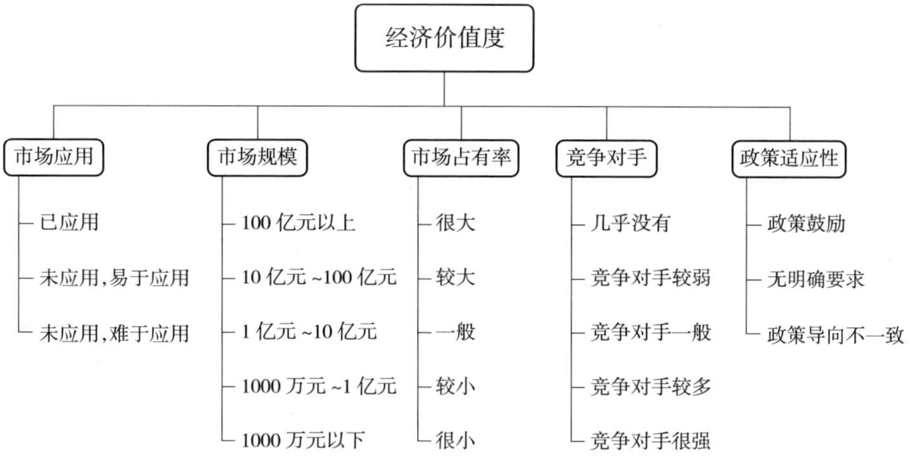

图 11.5 经济价值度指标

（二）优点与局限性

专利价值评估体系由评估标准和评估方法构成。深入推敲《专利价值分析指标体系操作手册》的专利价值评估体系，会发现它的评估标准和评估方法都处于一种信度和效度的悖论状态。专利价值评估体系的优点与局限性见表 11.5。

表 11.5 专利价值评估体系的优点与局限性

	优点	局限性
评估标准	二级指标（法律价值度、技术价值度、经济价值度）和三级指标（如稳定性、可规避性、依赖性、先进性、政策适应性等）的设定开创先河，较为全面、科学、有效地反映了构成专利价值的核心要素	四级指标的设定和判断，普遍偏主观（如先进性分为非常先进、先进、一般、落后、非常落后），依赖于专家的主观判断，缺乏客观标准和依据
评估方法	以专家打分制得出专利价值分数，结论明确、精细	得出的分数结论过于绝对，难以排除不确定因素的影响，难以说明不同分数之间的细微差异
整体评价	基于主观判断得出客观结论，基于定性基础得出定量结果，整个评估体系的科学性、有效性、可靠性因之大打折扣	

四、科技成果标准化评价

科技成果标准化评价是根据相关评价标准和规定，采用规范的科技成果评价流程，由科技成果评价师依据评价原始材料，在技术查证、市场调查和专家咨询的基础上，对科技成果进行等级评定，并得出标准化评价结果的评价方法。科技成果标准化评价起源于美国，在美国国防部（United States Department of Defense，DOD）和美国航空航天局（National Aeronautics and Space Administration，NASA）提出的“技术就绪水平”（Technology Readiness Level，TRL）[8]基础上发展而来。巨建国教授将其引进国内，在其团队研究基础上，2009 年《科学技术研究项目评价通则》（GB/T 22900—2009）发布，主要应用于科技成果评价。此后，各地陆续发布地方标准、团体标准等探索科技成果标准化评价方法。部分国内外科技成果评价标准详见表 11.6。

表 11.6 国内外科技成果评价标准一览表（部分）

范围	类别	评价标准	主要内容
国际	技术就绪水平	美国航空航天局（NASA）提出技术就绪水平（TRL）	该评价方法已在美国、澳大利亚和欧洲各国广泛应用，构成了现有科技标准化评价的重要基础和基本理念
国内	国家标准	《科学技术研究项目评价通则》（GB/T 22900—2022）	巨建国教授将 TRL 引进国内，该标准标志着科技标准化评价在我国的正式诞生（GB/T 22900—2022 替代 GB/T 22900—2009）
		《新材料技术成熟度等级划分及定义》（GB/T 37264—2018） 提出单位：工业和信息化部	将新材料的技术成熟度划分为实验室、工程化和产业化三个阶段的九个等级，同时界定了成熟度划分的等级条件、划分依据、判定规则等
	地方标准	青岛市地方标准《科技成果标准化评价规范》（DB 3720/ FW KJ 003—2017）	以技术成熟度、创新性和先进性三个指标为核心，将技术模块分解进行评价，确定每一指标的等次，并综合了效益和团队评价，给出最终专家和评价机构意见

8 MANKINS J C.Technology readiness assessments: aretrospective [J] .Acta astronautica, 2009, 65 (9/10) : 1216-1223.

续表

范围	类别	评价标准	主要内容
国内	团体标准	首都科技服务业协会《科技成果转化成熟度评价规范》（T/BTSA 001—2016） 主要起草单位：中关村天合科技成果转化促进中心	将技术成熟度分为技术先进性、外部支撑性、市场转化性三个二级指标及若干个三级指标，明确各自权重，最终取值为各指标加权之和
		中国技术市场协会《技术成果交易评价》（T/TMAC 002.F—2017） 主要起草单位：中关村巨加值科技评价研究院	技术成果的评价结论包括六部分，分别是：技术先进性、组成结构、技术创新成熟水平、专利（知识产权价值）、转化风险、市场价值
国内	团体标准	天津技术市场协会《应用研究成果评价标准》（T/TJJSSC 011.F—2022） 主要起草单位：天津市科技创新发展中心、天津市科学技术发展战略研究院、天津市科技信息研究所	增加了工艺实现度、市场推广度、市场适用度三个经济维度评价指标，以及接产条件要求、投入与产出等，构成了应用导向的科技成果标准化评价体系

青岛市在国家推行的科技成果评价试点工作中不断探索，发展出以技术成熟度、创新度和先进度三个指标为核心的科技成果标准化评价体系[9]，使用工作分解结构（Work Breakdown Structure，WBS）对技术进行分解评价，确定每一指标的等次。这是一种相对定量的等级制评价方法，目前在国内接受度较高。

2022 年，天津市技术市场协会发布团体标准《应用研究成果评价标准》（T/TJJSSC 011.F—2022），在青岛市推行的技术成熟度、创新度和先进度三个技术维度评价指标的基础上，增加了工艺实现度、市场推广度、市场适用度三个经济维度评价指标，以及接产条件要求、预期投入与产出等，构成了应用导向的科技成果标准化评价体系（见图 11.6）。本章将以该标准为例，对科技成果标准化评价方法进行介绍。

图 11.6　应用研究成果评价构成

9　青岛市科学技术局 . 科技成果标准化评价理论与实务［M］. 北京：知识产权出版社，2018：13.

（一）评价方法

技术维度的技术成熟度（technology maturity level）是指在以技术服务于生产作为技术成熟标志的前提下，技术成果在被评价时所处的发展阶段[10]，技术成熟度的级别及含义详见表 11.7。技术创新度（technology novelty level）是指一项技术区别于其他技术的新颖程度，技术创新度的级别及含义详见表 11.8。技术先进度（technology effect level）是指一项技术应用所产生的作用或效果所处的水平[11]，技术先进度的级别及含义详见表 11.9。

表 11.7　技术成熟度等级表

级别		含义
第十三级	回报级	收回投入稳赚利润
第十二级	利润级	利润达到投入的 20%
第十一级	盈亏级	批产达到 ± 盈亏平衡点
第十级	销售级	第一个销售合同回款
第九级	系统级	成功实际通过任务运行的考验
第八级	产品级	实际系统完成并通过实验验证
第七级	环境级	在实际环境中的系统样机试验
第六级	正样级	相关环境中的系统样机演示
第五级	初样级	相关环境中的部件仿真验证
第四级	仿真级	研究室环境中的部件仿真验证
第三级	功能级	关键功能分析和实验结论成立
第二级	方案级	形成了技术概念或开发方案
第一级	报告级	观察到原理并形成正式报告

表 11.8　技术创新度等级表

级别	含义
第四级	该技术创新点在国际范围内，在所有应用领域中都检索不到
第三级	该技术创新点在国际范围内，在某个应用领域中检索不到
第二级	该技术创新点在国内范围内，在所有应用领域中都检索不到
第一级	该技术创新点在国内范围内，在某个应用领域中检索不到

10　青岛市科学技术局．科技成果标准化评价理论与实务［M］．北京：知识产权出版社，2018：30.

11　青岛市科学技术局．科技成果标准化评价理论与实务［M］．北京：知识产权出版社，2018：55.

表 11.9　技术先进度等级表

级别	含义
第七级	在国际范围内，该成果的核心指标值领先于该领域其他类似技术的相应指标
第六级	在国际范围内，该成果的核心指标值达到该领域其他类似技术的相应指标要求
第五级	在国内范围内，该成果的核心指标值领先于该领域其他类似技术的相应指标
第四级	在国内范围内，该成果的核心指标值达到该领域其他类似技术的相应指标要求
第三级	该技术成果的核心指标达到国家标准或行业标准
第二级	该技术成果的核心指标达到地方标准或企业标准
第一级	该技术成果的核心指标暂未达到上述任何要求

这里重点介绍经济维度三个指标。

第一，一项技术的集成程度和复杂程度与预期实现转化的难度是直接相关的，因此判断一项发明的市场前景首先要考虑技术的工艺实现度（process implementation level）。工艺实现度是指一项技术的集成程度和可转化度。这一指标可以从成果的“技术集成度”和“可转化度”两个角度进行评估。工艺实现度的级别和含义见表 11.10，工艺实现度等级示意见图 11.7。

表 11.10　工艺实现度等级表

级别		含义
第六级	复杂精密级	该成果由多项高精尖技术进行复杂组合应用，工艺极难实现
第五级	生态体系级	该成果须多种技术进行密切配合，形成技术生态体系，工艺实现难度很大
第四级	系统集成级	该成果由不同技术进行系统集成，工艺实现难度较大
第三级	少量复合级	该成果由少量几种技术复合而成，有一定实现难度
第二级	专业较难级	该成果虽为单一技术，但工艺难度较大
第一级	单一简易级	该成果由单一或简单技术构成，工艺容易实现

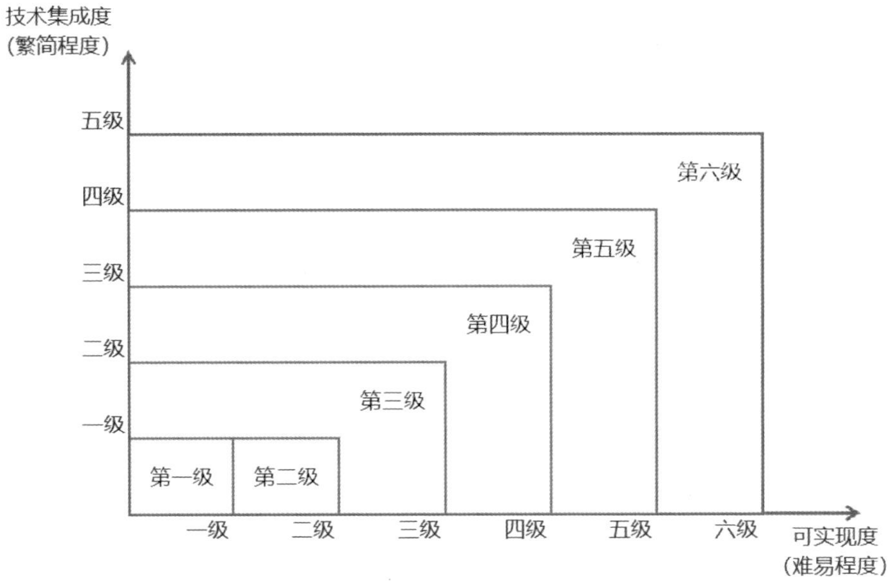

图 11.7　工艺实现度等级示意

第二，一项技术在市场上能否顺利得到推广，与目前市场上已经存在的类似技术的市场占有量的大小息息相关，因此，科技成果标准化评价需要考虑发明的市场推广度（marketing difficulty level）。市场推广度是指一项技术与市场上存在的同类技术的竞争情况及市场准入状态。这一指标可根据同类技术现有市场状况调查材料、国家或行业的准入文件，确定技术竞争情况和市场准入情况。市场推广度的级别和含义见表 11.11，市场推广度等级示意见图 11.8。

表 11.11　市场推广度等级表

级别		含义
第五级	市场垄断级	完全垄断市场，无法进入
第四级	市场壁垒级	寡头市场，极难进入
第三级	市场准入级	国家和行业设置了准入门槛，须具备相应资质才可进入；或虽有少数垄断产品，但仍可竞争进入
第二级	有限流动级	市场已有部分相关产品，但大部分市场尚未开发，较易进入
第一级	自由流动级	市场处于空白或完全竞争状态，可随时进入

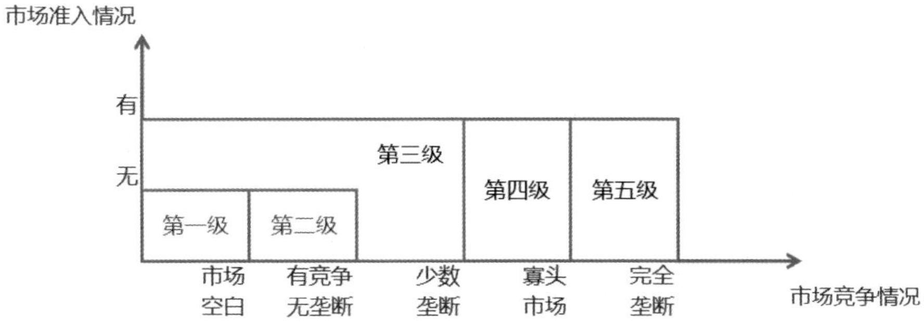

图 11.8　市场推广度等级示意

第三，技术本身的成熟度、创新度和先进度，与其市场前景存在相关性，但并不是该技术打入市场的充分条件，还需要考虑技术形成产品之后满足市场应用需求的程度，即市场适用度（market applicability level）。市场适用度是指一项技术在行业中的应用广泛度和契合度。这一指标可以从技术成果在行业中的"应用广泛度"和"应用契合度"两个角度进行评估。市场适用度的级别和含义见表 11.12，市场适用度等级示意见图 11.9。

表 11.12　市场适用度等级表

级别	含义	
	应用广泛度	应用契合度
第九级	广泛	很高
第八级	较多	很高
第七级	极少	很高
第六级	广泛	较高
第五级	较多	较高
第四级	极少	较高
第三级	广泛	较低
第二级	较多	较低
第一级	极少	较低

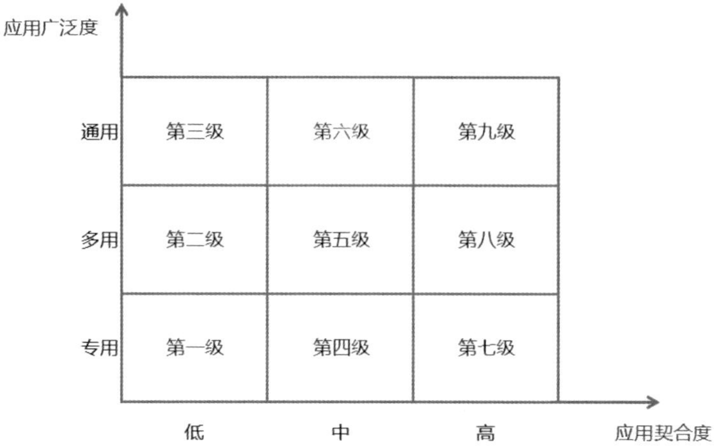

图 11.9　市场适用度等级示意

（二）优点与局限性

科技成果标准化评价被称为“科技普通话”，将不同专业领域、不同阶段、不同形态、不同状态的科技成果，用一套标准化的评价方法呈现出来，方便科技成果使用者、接产方、投资人等各类群体都能够快速了解，不再“隔行如隔山”。技术维度评价综合构成 364 种评价结果，经济维度评价综合构成 270 种评价结果，二者结合构成 98 280 种评价结果，可谓对科技成果进行了“精准画像”。科技成果标准化评价的优点和局限性见表 11.13。

表 11.13　科技成果标准化评价的优点和局限性

优点	评价指标	反映科技成果本质特征的“最少关键指标”
	评价过程	客观，依据支撑材料得出评价结论，现时评价与合理预期相结合
	评价结论	等级制评价，评价结论可复核，明确被评价成果在等级体系中所处位置及存在的差距，更加符合认知规律，有利于委托单位和评价结果使用方对评价体系及结论的理解和判断
局限性	客观条件	由于评价指标涵盖技术和经济两个主要方面，且需要依据支撑材料得出评价结论，所以通常需要委托方提供的证明材料较多，评价周期相对较长
	主观条件	对专家的依赖度下降，但对科技成果评价师的专业能力要求较高，需要其对多领域有专业知识储备，能够准确判断科技成果的价值和前景

五、科技成果评估评价方法应用与结合探讨

（一）科技成果评估评价方法应用

科技成果评估评价方法的应用包括但不限于以下方面。

1. 概念验证、小试验证与中试验证

概念验证、小试与中试验证都是科技成果向生产力转化的必要环节。概念验证是将科研人员的技术创意或概念转化为可初步彰显其潜在商业价值的技术雏形；小试即实验室小规模试制；中试是产品大规模量产前的中间阶段试验。三者的规模和工艺逐步放大，均以提高科技成果成熟度、验证技术实施可行性、识别成果商业价值为目的。这个过程主要应用的是技术成熟度评价，比如小试前科技成果一般成熟度不超过第三级功能级，即关键功能分析和实验结论成立，但成功经过小试验证后，一般应达到第六级正样级，即相关环境中的系统样机演示。为方便读者参考，分别以化学药和智能机器人为例，划分其技术成熟度（见表 11.14）。

表 11.14　化学药和智能机器人领域技术成熟度等级评价表

等级	含义	对应条件	以化学药为例		以智能机器人为例	
			含义	佐证材料	含义	佐证材料
第九级：系统级	成功实际通过任务运行的考验	产品性能全部满足使用要求和市场需求；产品具备稳定的产能和市场，成为货架产品	三期临床	三期临床试验方案，伦理批件，三期临床试验总结报告，药学工艺验证报告，新药证书	智能机器人小批量生产	用户应用证明，用户经济效益证明，量产机器人测试报告
第八级：产品级	实际系统完成并通过实验验证	产品验证满足使用要求和质量一致性要求；具备稳定生产能力	二期临床	二期临床试验方案，伦理批件，二期临床试验总结报告，药学中试放大工艺研究报告	智能机器人定型	用户应用证明，用户经济效益证明，定型机器人测试报告

续表

等级	含义	对应条件	以化学药为例		以智能机器人为例	
			含义	佐证材料	含义	佐证材料
第七级：环境级	在实际环境中的系统样机试验	完成产品验证件在使用环境中的全面测试和鉴定；生产线通过环境、安全、职业卫生等相关评审；掌握产业化制备工艺技术	一期临床	一期临床试验方案，伦理批件，一期临床试验总结报告，临床批件	智能机器人样机试用	样机用户应用证明，机器人样机测试报告
第六级：正样级	相关环境中的系统样机演示	试制品验证件在使用环境中测试，并通过应用评价	完成药理毒理研究	主要药效学一般药理／急性毒性／长期毒性／特殊毒性／单次给药／药代动力学多次给药／药代动力学研究报告；新药申报受理通知书	用户设定环境下的系统样机测试	用户评价报告，测试分析报告，技术参数测试报告
第五级：初样级	相关环境中的部件仿真验证	完成试制品验证件制备并通过模拟环境测试	完成药学研究	合成工艺质量研究报告；制剂工艺处方质量研究报告	模拟环境下智能机器人的部件功能验证	智能机器人部件功能模拟测试报告
第四级：仿真级	研究室环境中的部件仿真验证	获得试制品验证件，其性能通过实验室验证	筛选出最优药物	候选化合物生物活性筛选报告；初步药理毒理研究报告；药学成药性评估报告	智能机器人部件功能仿真验证	智能机器人部件功能仿真测试报告
第三级：功能级	关键功能分析和实验结论成立	确定产品制备实施方案并制备出样品；完成主要性能或技术测试，并满足指标要求	发现先导化合物	制备工艺技术报告；先导化合物结构解析报告；急毒预评估报告	制作智能系统原型样机	智能机器人系统相关专利申请书

续表

等级	含义	对应条件	以化学药为例		以智能机器人为例	
			含义	佐证材料	含义	佐证材料
第二级：方案级	形成了技术概念或开发方案	具备产品制备的基础条件并完成验证；明确产品关键技术指标和主要使用性能	建立生物学模型	高通量细胞筛选技术方案；动物药效毒理成药性研究方案	智能机器人总体方案与技术开发路线论证	给出智能机器人组成架构，机械结构方案、控制系统技术方案、智能软件系统技术方案
第一级：报告级	观察到原理并形成正式报告	发现可作为产品研发基础的基本概念和基本原理，据此提出产品的基本构成，并预测其基本性能及使用性能；阐明成果制备的基本原理	确定治疗的疾病目标、作用的环节和靶标	流行病学调研报告；治疗现状和新机制调研报告；技术查新报告；研究团队及基础条件资质证明	确定智能机器人研发的基本方向与目的，提出解决问题的思路与设想	产业发展状况及用户需求报告；国内外研究现状报告；科技查新报告；研究团队及基础条件资质证明

2. 科技园区项目准入

科技园区是发展新质生产力的重要载体。科技园区可以结合当地主导产业，利用标准化评价方法对拟入驻的科技成果转化项目进行准入评价，方便从海量成果中筛选出具备转化价值的成果并支持其转化落地。例如，天津市正在高标准推进天开高教科创园建设，位于东翼拓展区的津南园，就在参考北京中关村、合肥市等先进经验的基础上，制定天开高教科创园津南园科技成果转化项目准入评价标准（见图 11.10）。

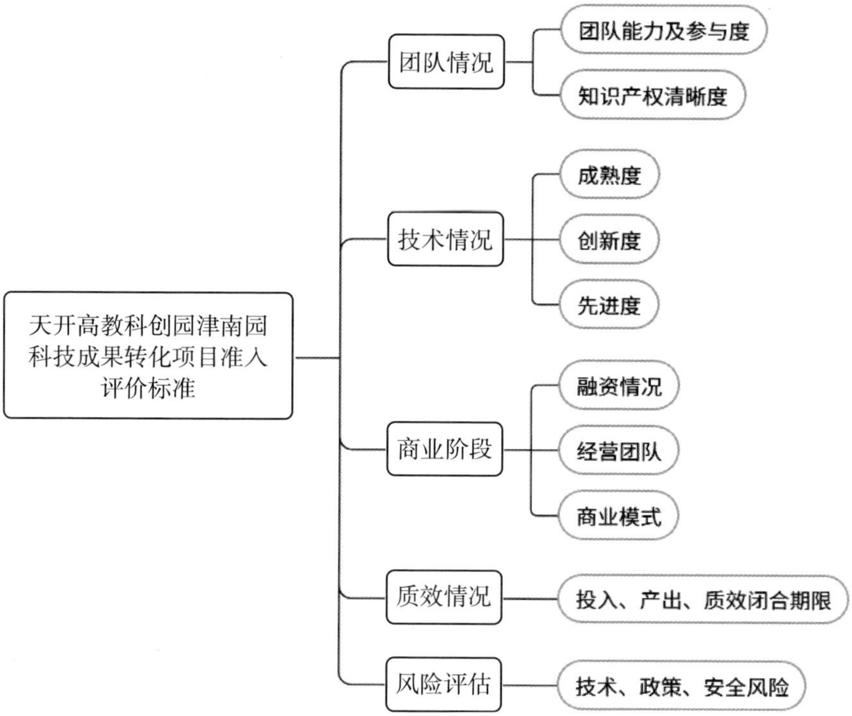

图 11.10　天开高教科创园津南园科技成果转化项目准入评价标准

3. 技术交易

无论是采取协议定价、在技术交易市场挂牌还是拍卖等定价方法，科技成果评估与评价的结果，都可以为技术交易中的成果定价提供重要参考和依据，特别是科技成果作价投资这种交易方法，必须要进行无形资产评估。

4. 技术融资

依据科技成果标准化评价的结果，投资者能够更加准确地判断其市场价值和潜在风险。一个经过科学评估、具有较高价值的科技成果，往往能够吸引更多的投资，为进一步熟化开发和产业化提供资金保障。

5. 科技奖励申报

国家科技奖励工作办公室于 2014 年发布了《关于开展二期科技成果评价试点工作的实施意见》，该意见明确了科技成果评价报告可用作科技成果登记和推荐科技奖励的佐证材料。

6. 科技计划项目管理

科技计划项目管理过程包括项目立项、实施管理、项目验收三个主要阶段，分别对应事先评估、事中评估、事后评估。科技成果评价可以为每一个阶段提供评价参考，促进科技计划项目的顺利进行。

（二）各类科技成果评估评价方法对比与结合

上述各类方法，有的称为“评估”，有的称为“评价”，二者虽然都以基准日为评判时点，但在科技成果评判的对象、主体、动态性、客观性等方面还是存在较大差异的（见表 11.15）。

表 11.15　“评估”与“评价”差异比较

	评估	评价
对象	经济价值（价格）	技术价值
主体	以专家（技术专家、企业家和投资人）为主，评估师 / 技术经理人把握评价流程与规范	以评估师 / 技术经理人为主，并在关键问题上咨询技术专家的意见
动态性	现时评价与合理预期相结合，市场瞬息万变，具有较大的不确定性	现时评价，虽然技术迭代一直在进行，但在短时间内能够保持相对静态，确定性较强
客观性	包含专家理性预判与合理评估成分	评价标准、规范、结论均较为客观

在实践中，如果能将科技成果评估与评价结合使用，例如，在科技成果无形资产评估收益法公式参数的取值中引入其他评估评价方法，再辅以更加详尽的技术尽职调查，将会极大地提高科技成果定“价”（价值 + 价格）的客观性、权威性和可靠性，提高科技成果转化的效率。收益法不同参数的主要影响因素的结合举例见表 11.16。

表 11.16　收益法参数主要影响因素的结合举例

参数	主要影响因素	结合举例
n	被评估科技成果有无法律保护期限或合同期限	专利状况、合同情况
	成果产权方的情况	技术尽职调查
	成果实施方的情况	接产条件要求
	科技成果的权属状况	技术尽职调查
	被评价科技成果所属领域的技术进步状况与更新周期	技术尽职调查
	被评价科技成果所处生命周期阶段	技术创新度、技术先进度等
	被评价科技成果的技术复杂程度	工艺实现度等
	其他因素	—
K	被评价科技成果法律因素	专利状况
	被评价科技成果技术因素	技术成熟度、技术创新度、技术先进度
	被评价科技成果市场因素	市场竞争度等
	其他因素	—
r	被评估科技成果市场风险	市场适用度、市场竞争度等
	被评估科技成果管理风险	人的因素
	被评估科技成果财务风险	预期投入与产出
	被评估科技成果技术风险	技术成熟度等
	其他因素	—

科技成果评估与评价方法走向成熟和完善需要学界和业界共同探索推进，我们需要结合实践编制科学的指标和方法，并在实践中不断验证和修正；需要培养专业评估师或技术经理人队伍，引导其掌握操作规范，恪守职业操守，审慎得出结论。尽管如此，仍然要意识到，科技成果评估与评价的探索是一条无限接近真理的道路，在此过程中难免存在过程或结果争议，我们应当正视这一点并持续完善评估理念、评估指标、评估方法和评估过程。

第十二章

科技成果转化投融资图解

投融资的作用机制凭借发达的投融资体系和完善的风险控制系统实现金融集聚，通过输送科技创新资金、分散科技创新风险等促进科技成果转化。投融资体系的不断完善，不仅为科技成果转化提供了强有力的资金支持，更引导社会资本向战略性新兴产业领域聚集，加快了产业结构优化升级的步伐。为了方便大家更好地了解科技成果转化中投融资发挥的作用，本章主要阐述投融资内涵、体系、策略，投融资对科技成果转化的支持方式，以及成果转化相关的投融资运营实务。

一、投融资内涵及体系

1. 投融资内涵

投融资是企业在经营发展过程中，通过特定渠道和方式进行的资金筹集（融资）与资金运用（投资）的行为，投融资方式详见表 12.1，投融资分类详见表 12.2。融资旨在解决企业资金短缺问题，满足运营、扩张或创新需求；而投资则是为获取未来收益或实现战略目标，将资金投放于不同项目或资产的过程。

表 12.1 投融资方式

投融资	分类	具体方式	说明
投资方式	直接投资	股权投资	投资者直接购买企业股票或参与企业增资扩股，成为企业股东，享有企业经营管理权和利润分配权
		债权投资	投资者通过购买企业债券或借款等方式，成为企业债权人，享有按期收回本金和利息的权利
	间接投资	基金投资	投资者通过购买基金份额，将资金交给专业基金管理机构进行投资，享受基金收益分配
		证券投资	投资者通过购买股票、债券等有价证券，实现资金增值，但一般不直接参与企业经营
	风险投资	高风险投资	投资者将资金投向高风险、高收益的领域，如初创企业、高科技企业等，以期获得高额回报
		创业投资	投资者向初创企业提供资金、技术、管理等支持，帮助企业快速成长，实现投资收益
	天使投资	早期投资	天使投资主要关注初创企业或创意项目，提供资金和资源支持，帮助企业度过初创期
		个人投资	天使投资通常以个人名义进行，投资者利用自身经验和资源为企业提供指导和帮助，实现共赢

续表

投融资	分类	具体方式	说明
融资方式	股权融资	股票发行	公司通过发行股票的方式，向投资者出售公司所有权的一部分，以换取资金
		风险投资	投资者向初创或成长型企业提供资金，以换取公司股权和未来收益的一部分
		私募股权	通过非公开方式向特定投资者出售公司股权，以筹集资金
	债务融资	银行贷款	企业向银行申请贷款，以债务形式获取资金，需按期还本付息
		公司债券	企业发行债券，向投资者借款，承诺按期还本付息，债券可在市场上交易
		租赁融资	企业通过租赁方式获取所需资产，以租金形式偿还债务
	内部融资	留存收益	企业将盈利的一部分留存在公司内部，用于再投资或扩大生产
		折旧融资	企业利用资产折旧形成的资金，进行再投资或更新设备
		员工持股计划	企业鼓励员工购买公司股票，将员工利益与公司利益相结合，增强员工归属感
	混合融资	可转换债券	企业发行一种特殊债券，持有者有权在规定时间内将债券转换为公司股票
		优先股	企业发行一种特殊股票，优先股股东在分红和清算时享有优先权，但通常不参与公司经营管理
		资产证券化	企业将部分资产打包成证券化产品，向投资者出售，以获取资金

表 12.2　投融资分类

分类	具体分类	说明
角色分类	普通合伙人（GP，General Partner）	在投资领域中，通常指的是股权投资基金的管理公司或团队，其负责基金的日常运营和投资决策，并承担无限责任
	有限合伙人（LP，Limited Partner）	通常指投资资金但不参与基金管理的投资者，其享有基金投资收益的分配权，但仅以其出资额为限对基金债务承担责任

续表

分类	具体分类	说明
阶段分类	天使投资	通常发生在企业初创期，由个人或机构对具有巨大发展潜力但风险也较高的初创企业进行早期投资。天使投资人一般具有丰富的行业经验，能够为企业提供除了资金以外的支持
	风险投资	指风险投资者对具有高增长潜力的初创或成长期企业进行投资，并提供管理和经营上的支持，以期在企业发展成熟后通过股权转让等方式获取高额回报
来源分类	私募	指通过非公开方式向特定投资者募集资金，包括私募股权基金、私募证券基金等。投资者一般具有较高的风险承受能力和投资经验
	公募	指通过公开发行方式向广大公众投资者募集资金，包括政府支持的项目、股票发行、债券发行等。公募资金来源广泛，包括私人投资、金融机构、国际资金等
轮次分类	种子轮	最早期的投资，一般发生在项目只有想法和必要团队但尚未有具体产品的阶段。融资额较小，多由创业者自己或亲朋好友出资
	天使轮	公司已经有了产品雏形和初步的商业规划，但商业模式尚待验证。此轮融资额度通常在 100 万到 1 000 万元之间
	Pre-A 轮	介于天使轮和 A 轮之间的融资，公司项目已具有一定规模但还未达到市场前列地位，融资额在 500 万到 1 500 万元之间
	A 轮	公司已经有了成熟的产品和打通的商业模式，在行业内也有了一定的地位和口碑。融资额在 1 000 万到 1 亿元之间
	B 轮	公司商业模式已经得到了很好的验证，需要资金来扩大规模或进行市场扩张。融资额在 2 亿人民币以上
	C、D、E……轮	通常发生在企业经过 A 轮和 B 轮融资之后，此时企业已经形成了较为成熟的商业模式，并具备了一定的市场竞争力和赢利能力
	Pre-IPO 轮	企业已满足上市标准，在上市前进行的融资，用于补充公司的资金储备
IPO 与上市		IPO 是上市的前提和准备阶段，上市是 IPO 成功后的结果和目标实现阶段。企业通过 IPO 和上市，可以吸引更多的投资者和资金，进一步推动企业的快速发展

投融资旨在支持企业或项目的成长和发展，在这个过程中，投资者通常会根据项目的不同阶段和特点，采取不同的投资策略，其中“投早、投小、投长期、投硬科技”是一种重要的投资导向，详见表 12.3。

表 12.3 投融资导向

投资导向	概念	优势
投早	指在初创企业或项目发展的早期阶段进行投资。这通常意味着在企业或项目尚未形成规模、尚未产生显著收入或利润的时候进行投资	高回报潜力：早期投资能够以较低的估值获得较多的股权，随着企业或项目的成长，投资者有机会获得高额回报。 占据先机：通过早期投资，投资者可以更早地了解企业或项目的发展潜力，并有机会在市场竞争中占据有利地位。 影响决策：作为早期投资者，可以对企业或项目的决策产生一定影响，从而推动其按照更有利于投资者的方向发展
投小	指投资于规模较小、处于初创或成长阶段的企业或项目。这些企业或项目通常具有较高的成长性和创新性，但也需要更多的资金支持和市场培育	成长性高：小规模企业或项目往往具有更高的成长性，一旦成功，投资者将获得丰厚回报。 市场机会多：在快速发展的市场中，小规模企业或项目更容易找到新的市场机会和增长点。 政策支持：政府和社会各界通常对初创和成长型企业给予更多的政策支持和资源倾斜
投长期	指投资者持有投资标的较长时间，以获取长期稳定的回报。这通常要求投资者具有较长的投资期限和较强的耐心	稳定回报：长期投资能够穿越经济周期和市场波动，为投资者提供相对稳定的回报。 复利效应：通过长期持有并复投收益，投资者可以实现财富的快速增长。 企业价值提升：长期投资有助于推动企业或项目的长期发展和价值提升，为投资者带来更高的回报
投硬科技	指基于科学发现和技术发明之上，需要长期研发投入、持续积累形成的，具有较高技术门槛和明确应用场景，难以被复制和模仿的关键核心技术。硬科技通常处于全球价值链的高端环节，对经济社会发展具有重大支撑作用	高回报潜力：硬科技领域的投资具有较高的回报潜力，一旦成功，将为投资者带来丰厚的回报。 国家战略支持：硬科技是国家战略的重要组成部分，受到政府和社会各界的广泛关注和支持。 产业控制力：硬科技领域的突破将提升国家的产业控制力和国际竞争力

2. 支持科技成果转化的投融资类型与方式

投融资对科技成果转化的主要资金支持类型可以分为以下几种：风险投资、私募股权投资、财政科技投入、政府引导基金、证券市场、债券市场、科技贷款、科技保险、企业自有资金、天使投资等，详见表 12.4。

表 12.4　支持科技成果转化的主要资金支持类型

类型	优势	科技成果支持特点
风险投资	可选择的资本多，愿意承受较高风险，高效的市场化机制	对科技成果产业化的高成长性要求高，要求团队功能完整、有固定的退出期限
私募股权投资	资金来源稳定、高附加值服务、降低财务成本	对科技成果的创新性和前瞻性比较关注
财政科技投入	有周期较长的资金，资金无偿资助或回报要求较低	对科技成果的技术先进性要求高，要求成果对产业有关键作用或较高带动性
政府引导基金	资金来源稳定且多样，政策导向明确，风险共担机制完善	支持科技型中小企业和初创企业的技术创新和产品研发，有助于推动整个行业的技术进步和产业升级
证券市场	资金池大，持续融资能力强，流动性强，创富效应明显	证券市场的准入门槛高，对项目的财务、业务、合规等情况要求严格
债券市场	可选择的资本较多，融资成本低	对项目的资信、还款能力要求严格，准入门槛很高
科技贷款	不占有项目股权，融资成本较低	对项目的知识产权、项目成果和高管的资信审查严格，中小企业不易获得
科技保险	作为科技企业成果信用担保的一种保险保障方式，往往有政府支持	尚处于起步阶段，可选择的保险种类较少，需要银行的认可
企业自有资金	来源稳定、使用期长、无须还本付息、数额相对固定、使用灵活等	更加关注企业自身的发展利益，因此更有可能为具有市场前景和赢利潜力的科技成果转化项目提供资金支持
天使投资	对企业的长期回报期望相对较低	注重创业者的成长和企业的社会价值

科技成果转化是一个历经实验室研发、中间试验、项目孵化直至产业化的漫长且充满挑战的过程。在这个过程中，投融资与技术转移和知识产权管理并列，构成了推动成果转化的科技服务体系。从不同阶段的转化需求出发，投融资展现出了其多样化的支持模式，各种模式各具特色，详见表 12.5。

表 12.5 科技成果转化不同阶段的投融资支持方式

科技成果转化阶段		投融资需求特点	投融资支持方式
成果运营视角	成果开发应用视角		
成果验证	小试	资金需求量相对不大，资金需求时效性强，风险高	以财政科技投入、各类课题资金为主，天使投资为辅
	中试		
	产品化		
企业初创	商品化	资金需求量较大，需求频率高，风险较高	以风险投资为主，政府引导基金、财政科技投入、银行信贷等为辅
企业发展	产业化	资金需求量大，风险相对较低	财政科技投入、风险投资、银行贷款等多种手段联动

科技成果转化在各个阶段对资金的需求量、构成、循环特性以及所能承受的风险水平的要求均不尽相同。因此，在推进成果转化时，成果方应基于不同阶段的特点，灵活选择适宜的融资策略。建议成果方全面审视科技成果转化的全过程，制定出综合性的融资规划。这样的规划不仅有助于确保获得必要的资金支持，还能通过最小化融资成本、最大化融资效率来加速科技成果转化，最终获得良好的经济效益。

3. 风险投资对科技成果转化的促进作用

风险投资（Venture Capital，VC）又称为“创业投资”，主要组织形式即为有限合伙（LP），较少采用公司制，通常以基金的形式存在。从宽泛的角度来看，天使投资、风险投资、私募股权投资三者都可以被认为是风险投资。从严格意义上来讲，私募股权投资特指针对那些尚未在证券交易所公开上市交易的企业进行的投资，它实际上囊括了天使投资和风险投资，并拓展至更广泛的领域。这三者主要是依据被投资企业所处的不同发展阶段来界定的，天使投资面向种子期（成果验证阶段），风险投资面向早期 / 成长期（企业初创阶段），私募股权投资面向的则是成熟期（企业发展阶段）。同时，三者的区别并不仅仅体现于时间的先后，不同阶段的投资往往是由不同的投资者进行的，投资的金额、来源及投资者的关注点都有差别。

在科技成果转化过程中，风险投资扮演了无可替代的核心角色。它突破了传统投资模式的界限，将金融服务、管理咨询与市场营销服务深度融合，旨在通过支持科技成果的成功转化来实现高额的资本增值。同时，科技成果转化的最终成效直接关联着风险投资的收益水平，构成了其投资回报的关键驱动力。风险投资支持科技成果转化的类型详见表 12.6。

表 12.6　风险投资支持科技成果转化的类型

类型	主要投资的科技成果转化阶段	投资规模
天使投资	成果验证	额度较小，个体或者小型商业行为
风险投资	企业初创	额度较大，正规化、专业化、系统化的大型商业行为
私募股权投资	企业发展	

4. 投、贷、保、租、证联动体系

投、贷、保、租、证联动体系是一种综合性的金融服务模式，旨在通过不同金融工具的有机结合，为企业提供全方位、多层次的金融支持，投、贷、保、租、证的内涵与特点详见图 12.1。

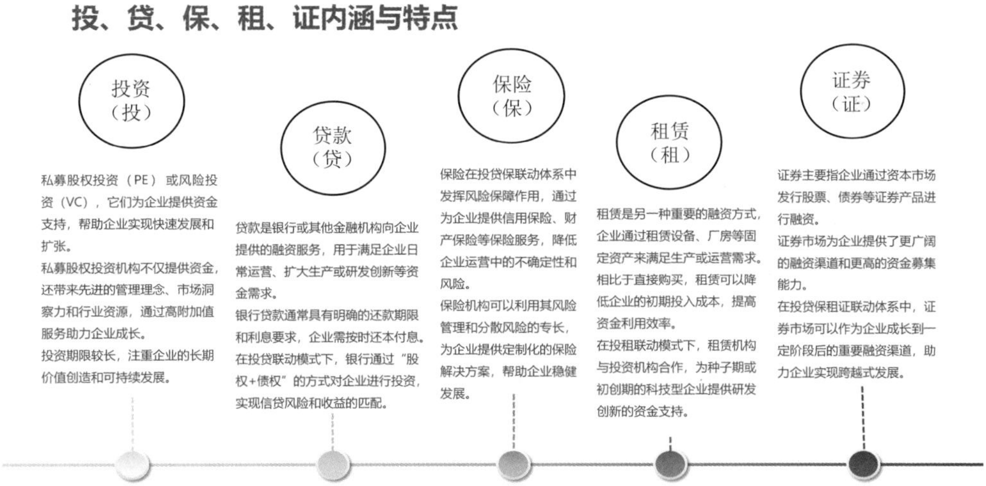

图 12.1　投、贷、保、租、证内涵与特点

投、贷、保、租、证联动体系是一种高效、综合的金融服务模式，对于促进企业发展、优化资源配置和推动经济转型升级具有重要意义，投、贷、保、租、

证联动体系的优势详见图 12.2。

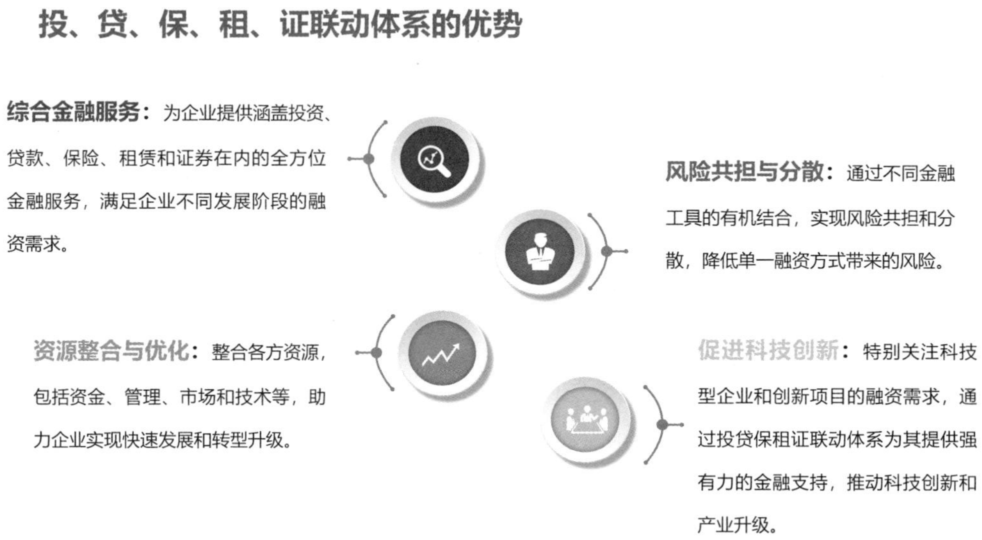

图 12.2　投、贷、保、租、证联动体系的优势

二、投融资策略

（一）科技成果转化者的融资策略

科技成果转化是推动科技进步与产业升级的重要驱动力，而融资作为科技成果商业化过程中的关键环节，对于创业者而言至关重要。科技成果转化者应根据自身实际情况和市场环境选择合适的融资策略，灵活运用多种融资方式，确保科技成果的顺利转化和市场化应用，相关融资策略详见表 12.7。

表 12.7　科技成果转化者（创业者）的融资策略

策略	实施重点
天使投资引入	准备充分：制作详尽的商业计划书，清晰展示团队实力、市场前景、技术优势及资金需求
	寻找匹配：通过行业网络、创业孵化器、天使投资平台等渠道寻找与项目匹配的天使投资人
	谈判技巧：合理评估企业估值，灵活调整融资条件，保持与投资人的良好沟通

续表

策略	实施重点
风险投资合作	展示潜力：强化市场验证，展示技术壁垒、商业模式创新性及可扩展性
	专业对接：通过专业机构或投资人网络，寻找对口的风险投资机构
	协议明确：明确投资条款，包括股权比例、资金用途、退出机制等
政府补助申请	政策研究：深入了解国家和地方政府的扶持政策，确保项目符合申请条件
	材料准备：按照要求准备齐全申请材料，突出项目创新性和社会价值
	跟踪进度：密切关注申请进展，及时响应反馈，确保补助顺利到位
银行贷款融资	信用建设：加强企业信用管理，提升贷款审批通过率
	抵押担保：提供足够的抵押物或寻求第三方担保，降低银行风险
	灵活选择：根据企业需求选择合适的贷款产品和银行
股权融资策略	股权结构设计：合理规划股权结构，平衡创始人与新投资者的利益
	估值合理：基于市场情况和企业发展潜力进行合理估值
	信息披露：确保信息披露的真实性和完整性，维护投资者信心
知识产权质押	评估价值：准确评估知识产权的市场价值，确保质押物充足
	法律风险：注意知识产权的法律状态，避免质押无效风险
	金融机构选择：寻找支持知识产权质押的金融机构
上市融资规划	战略规划：制定清晰的上市路径和时间表
	合规经营：确保企业财务、法律等方面的合规性
	市场推介：加强与投资机构的沟通，提高市场认可度
并购重组拓展	目标明确：明确并购目标，评估其市场价值、技术实力及协同效应
	尽职调查：深入调查目标企业的财务状况、法律风险和经营能力
	风险防控：制定详细的风险防控方案，确保并购过程顺利进行

1. 商业计划书（BP）逻辑及制作

商业计划书是对自身商业的梳理，创业者要提炼和梳理创业思路，分析市场和用户，明确产品定位切入点、业务走向、发展路径、团队搭建、资金规划，BP 内容说明详见图 12.3。主要内容包括：行业分析（产业链的分析、市场存在的问题），公司的战略思路（主要产品、竞品分析、核心竞争力），团队介绍（团队以往的经验、参与的项目、学历等），融资计划（需要的资金金额、出让股份比例等），等等，详见图 12.4 至图 12.11。

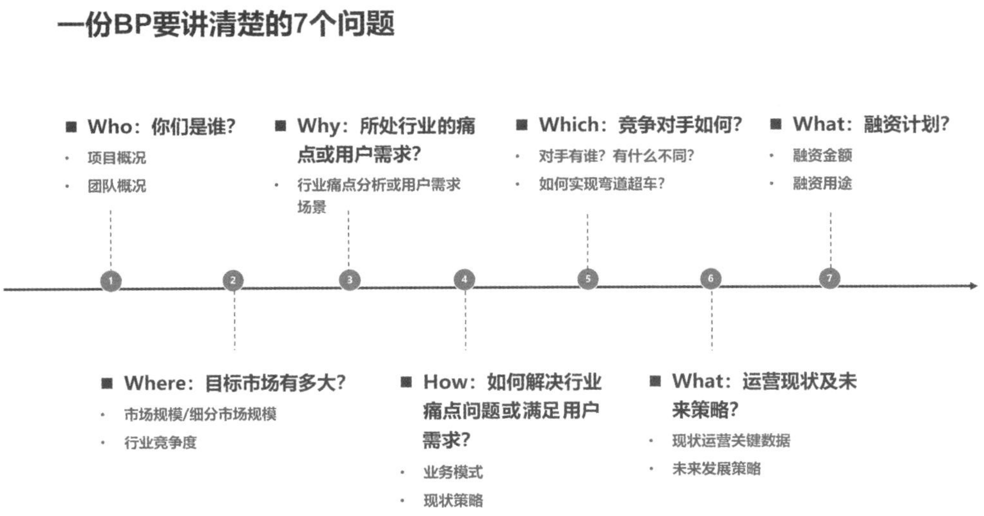

图 12.3　BP 内容说明

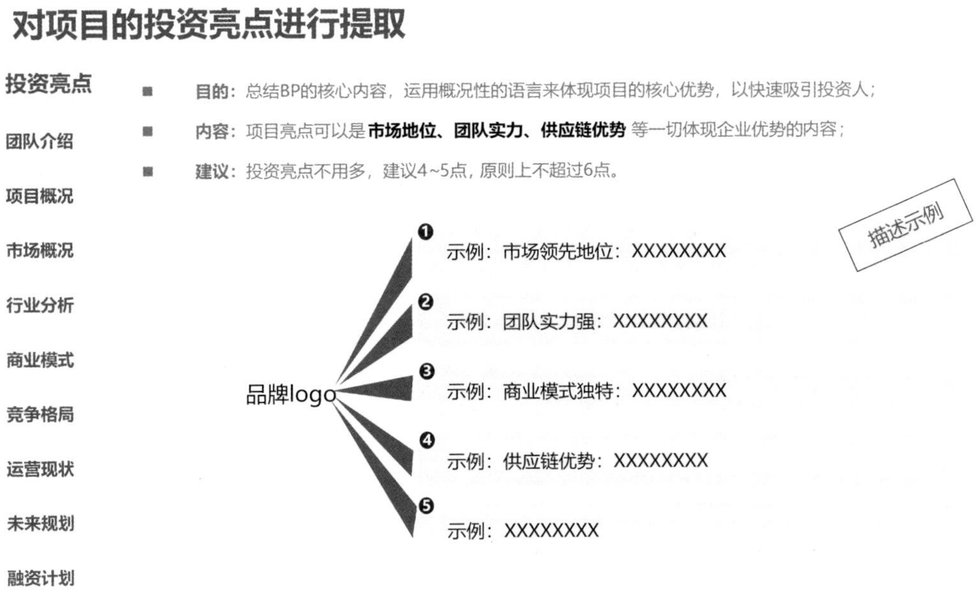

图 12.4　BP- 投资亮点

团队介绍是早期项目最重要的部分，要体现团队的契合度

投资亮点

团队介绍

项目概况

市场概况

行业分析

商业模式

竞争格局

运营现状

未来规划

融资计划

- **目的：**运用概况性、精练的语言来描绘团队的实力，因为团队是投资人选择早期项目的关键考核因素；
- **内容：**主要介绍CEO、联合创始人、关键管理人员或整体团队概况，要体现团队经历和背景与项目的契合度；
- **建议：**早期项目最重要的部分；作为TMT行业创业项目，具备优秀互联网基因的团队必不可少；注意，团队描述中最好能够展现团队中有具备项目所在行业相关经验的人员。

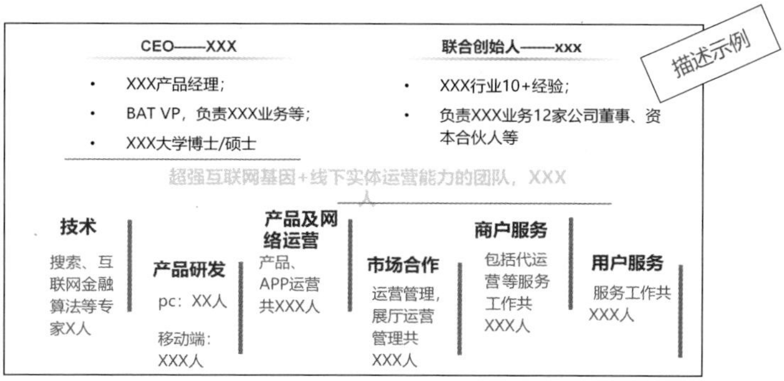

图 12.5　BP- 团队介绍

通过项目概况使投资人对项目有个初步的了解

投资亮点

团队介绍

项目概况

市场概况

行业分析

商业模式

竞争格局

运营现状

未来规划

融资计划

- **目的：**描绘项目整体情况，使投资人对项目有个大致的了解；
- **内容：**可以是项目推出什么产品、采用什么模式，进军什么领域等整体业务的描绘或发展历程的描述等；
- **建议：**如若该章节内容与【商业模式】章节内容有重复，可以考虑删除；务必使投资人通过该内容，能够对项目有个直观的感知。

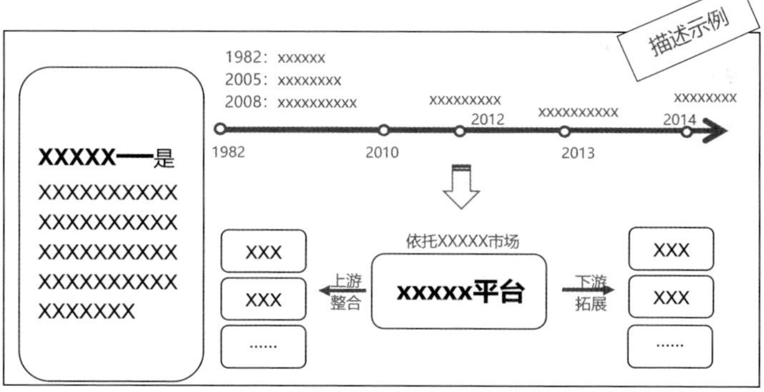

图 12.6　BP- 项目概况

市场概况中市场成长性是描述的关键

投资亮点
团队介绍
项目概况
市场概况
行业分析
商业模式
竞争格局
运营现状
未来规划
融资计划

- **目的：**通过对市场规模或行业集中度的描述，让投资人对项目所处行业有清晰的认识；
- **内容：**利用数据，描述项目所在行业的用户规模、经济规模及行业集中度（CR4\CR5\CR8）等情况；
- **建议：**市场规模直接决定项目未来的成长性，是投资人关注的重点，建议给出准确数据，行业集中度如无相关数据，可考虑不描述。

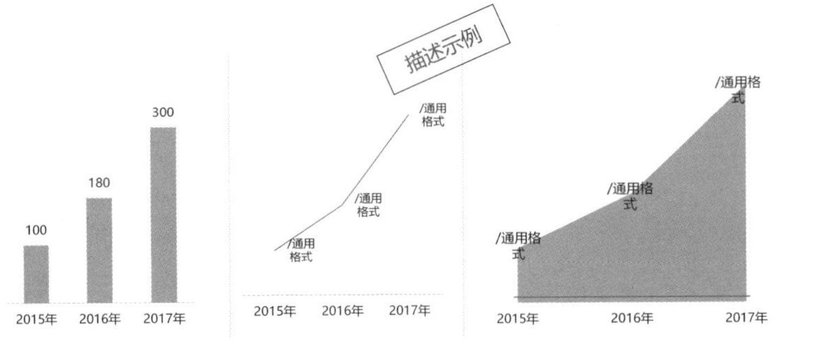

图 12.7　BP– 市场概况

行业痛点分析是确定商业模式的基础

投资亮点
团队介绍
项目概况
市场概况
行业分析
商业模式
竞争格局
运营现状
未来规划
融资计划

- **目的：**让投资人了解行业存在哪些问题/痛点，如何通过项目有效解决；
- **内容：**主要描述所处行业存在的痛点；如若项目满足的是用户某些方面的需求，可以将标题更改为**【用户需求】**，在内容上描述用户需求场景
- **建议：**需明确，该部分是为引出下一章节商业模式而设置的；其逻辑类似于行业存在哪些痛点或用户存在哪些需求，紧接着在【商业模式】中描绘项目如何解决痛点问题或满足需求；因此，需注意与下一章节呼应。

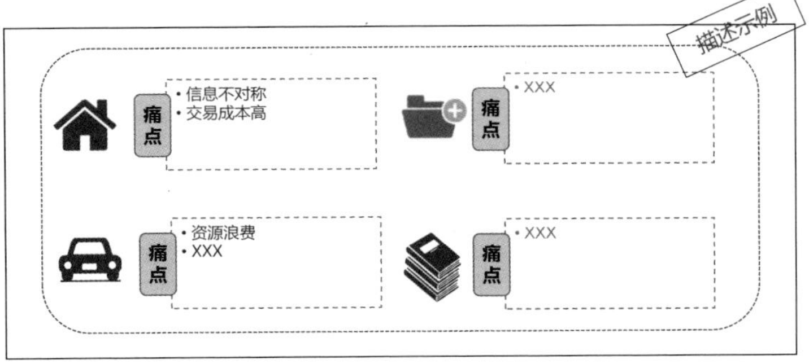

图 12.8　BP– 行业分析

商业模式的着眼点在用户的策略

- **目的：**介绍项目的业务模式；
- **内容：**描述项目通过什么产品、采用什么模式等来解决行业存在的痛点问题或满足用户需求
- **建议一：**尽量从用户的视角出发；可以考虑描述项目业务的策略（例如渠道、营销、用户拓展、服务等方面的策略），以增强投资人认可度；
- **建议二：**该部分可以根据实际需求，描述1-2张，原则上不超过2张。

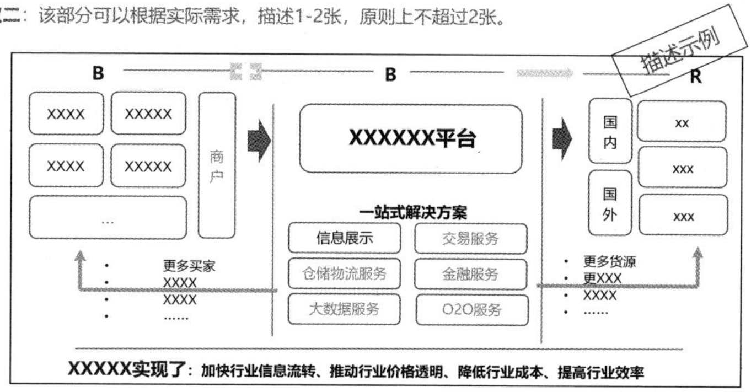

图 12.9　BP– 商业模式

运营现状要突出关键指标的成长性

- **目的：**通过数据，直观展示项目现有的运营能力；
- **内容：**能够体现运营现状的关键数据：包括但不限于页面浏览量、独立访问、日活跃用户数量、用户规模、市场份额等；展现的方式可以是具体数值、历史增长比较或与竞争对手比较等三个维度；
- **建议一：**所需呈现的数据维度，必须是所处行业关键指标，具体指标可以根据行业的不同进行变更；
- **建议二：**如果已经运营了一段时间，建议进行历史对比、竞争对比以体现增速；
- **建议三：**该模块为投资人判断企业经营能力的关键参考，是其最为关心的内容之一，请务必呈现。

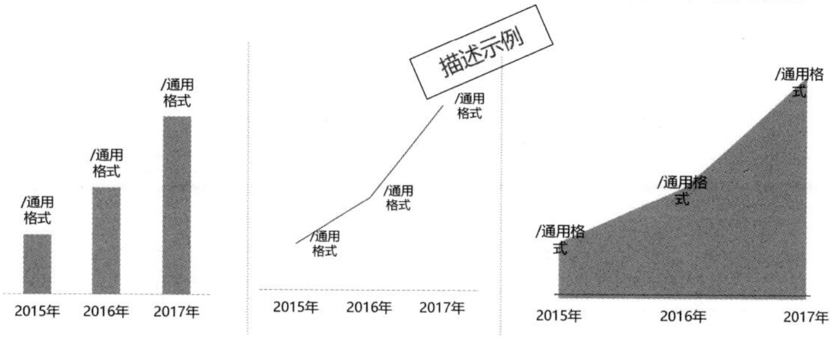

图 12.10　BP– 运营现状

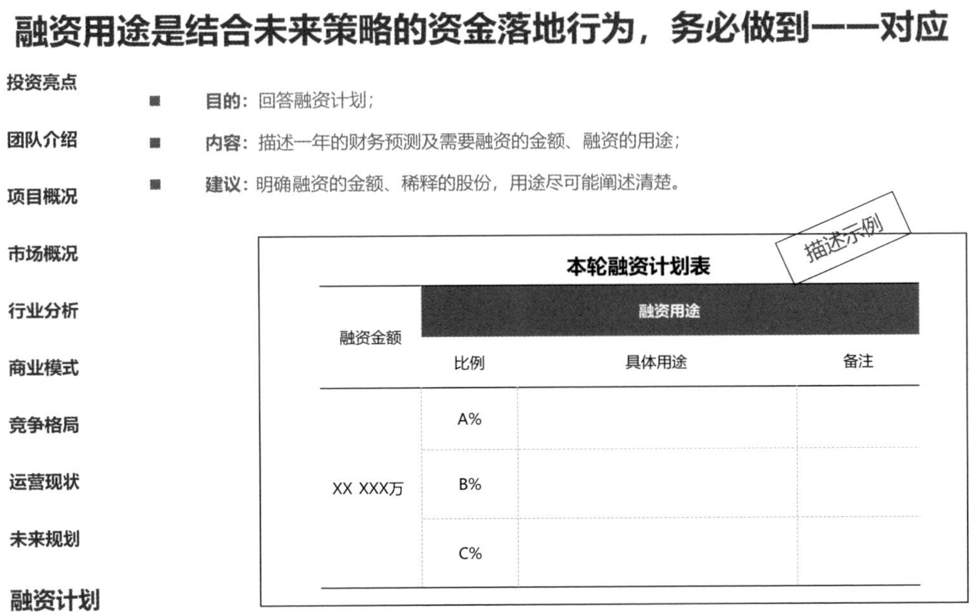

图 12.11　BP- 融资计划

2. 通过路演寻找投资人

科技成果转化者（创业者）寻找投资人的常见方式是路演，通过项目路演吸引投资人。创业者们要保持积极的心态和足够的耐心，不断提升项目的竞争力和吸引力，项目路演渠道详见图 12.12。

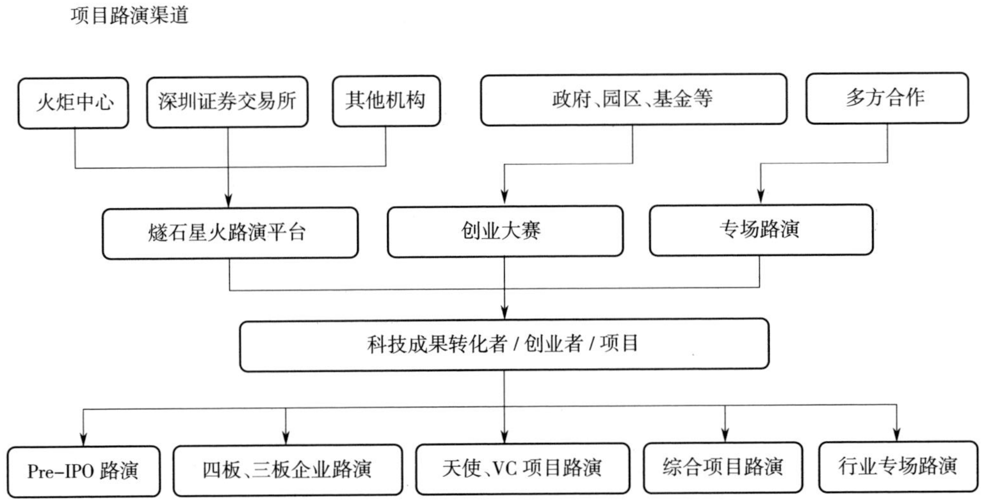

图 12.12　项目路演渠道

（二）投资者的投资策略

在复杂多变的金融市场环境中，投资者制定并执行一套科学合理的投资策略是确保资本增值、降低风险的关键，投资策略需要从资金筹集、投资策略制定、项目评估与选择、投资组合管理、风险管理、退出机制规划、税务与合规管理以及持续监控与调整等多个方面进行全面规划和实施。通过科学合理的投资策略（详见表 12.8），投资者可以在复杂多变的金融市场中实现资本的增值和风险的降低。

表 12.8　投资者的投资策略

策略	实施重点
资金筹集策略	多元化筹资渠道：利用个人储蓄、银行贷款、股权融资、债券发行等多种方式筹集资金，确保资金来源的稳定性与灵活性
	成本控制：在筹资过程中，合理控制融资成本，如通过优化债务结构、选择低成本融资渠道等方式降低资金成本
	时机把握：根据市场利率变动、经济周期等因素，选择合适的筹资时机，以降低融资成本并提高资金利用效率
投资策略制定	明确投资目标：根据投资者的风险偏好、收益期望和投资期限，设定清晰的投资目标
	资产配置：将资金分散投资于不同行业、地区和市场，以实现资产的多元化配置，降低单一投资带来的风险
	策略选择：结合市场环境、行业趋势和个人能力，选择合适的投资策略，如价值投资、成长投资、量化投资等
项目评估与选择	尽职调查：对潜在投资项目进行全面深入的尽职调查，包括财务状况、市场前景、管理团队等方面
	量化评估：运用财务指标、市场数据等量化工具，对项目的赢利能力、成长性和风险水平进行评估
	决策机制：建立科学的投资决策机制，确保投资决策的合理性、客观性和及时性
投资组合管理	定期审视：定期对投资组合进行审视，评估各项投资的表现和风险状况
	再平衡：根据市场变化和投资目标，适时调整投资组合的资产配置比例，保持投资组合的平衡
	优化组合：通过剔除表现不佳的投资项目、增加有潜力的新项目等方式，不断优化投资组合的结构和表现

续表

策略	实施重点
风险管理策略	风险识别：建立风险识别机制，及时发现和识别潜在的投资风险
	风险评估：对识别出的风险进行量化评估，确定风险的严重程度和可能性
	风险应对：制定相应的风险应对措施，如设置止损点、购买保险、分散投资等，以降低风险对投资组合的影响
退出机制规划	明确退出目标：根据投资项目的特点和市场环境，设定明确的退出目标和时间表
	选择退出方式：根据项目的实际情况和市场环境，选择合适的退出方式，如 IPO、并购、股权转让等
	执行与评估：在退出过程中，确保退出方案的顺利执行，并对退出效果进行评估和总结
税务与合规管理	税务筹划：合理利用税收优惠政策，降低税务成本，提高投资收益
	合规经营：确保投资活动符合相关法律法规的要求，避免违法违规行为带来的风险
	专业咨询：在税务和合规管理方面寻求专业咨询机构的帮助，确保相关工作的准确性和合法性
持续监控与调整	市场动态跟踪：密切关注市场动态和政策变化，及时调整投资策略和组合
	绩效评估：定期对投资组合的绩效进行评估，分析投资效果和市场反应
	灵活调整：根据绩效评估结果和市场变化，灵活调整投资策略和组合结构，以应对市场挑战并抓住投资机会

1. 不同类型投资者的投资目的

不同投资者的投资目的因其个人情况、财务状况、风险偏好及未来规划的不同而异，呈现出多样化的特点。不同的目的反映了他们各自的需求和期望，详见表 12.9。因此，在制定投资策略时，必须充分考虑投资者的个性化需求，以实现投资目的与风险偏好的最佳匹配。

表 12.9　不同类型的投资者的投资目的

类型	目的
天使投资人	一般多为行业大佬、实业家。 目的多为获取财务回报、鼓励创业。一般投资种子轮、天使轮的项目
风险投资（VC）者	以基金形式设立，多投资于天使轮到 C 轮之间的项目。 进行风险投资的是纯财务投资机构，只为获得投资回报

续表

类型	目的
私募股权投资（PE）者	以基金形式设立，一般投资 B 轮之后的项目。 进行私募股权投资的也是纯财务投资机构，目的也是获得投资回报
政府产业引导基金	政府产业引导基金一般是由地方政府牵头出资，成立专项投资基金，吸引社会资本和优秀项目。 政府产业引导基金一般采用 FOF（基金中的基金）或 MOM（管理人中的管理人）模式，成为一些知名基金的 LP
战略投资者	战略投资者主要是大型公司的战略投资部，各大互联网公司都有自己的战略投资部。 战略投资的目的可能是获得财务回报，也可能是服务于公司本身的业务条线，也可能是拓宽公司的业务范围

2. 投资者的关注点

投资者在投资项目时，他们的关注点通常是综合性的，涵盖了项目本身、创始人以及团队等多个方面，但每个方面的权重可能因投资者的投资策略、风险偏好及市场环境等因素的不同而有所不同，详见表 12.10。

表 12.10　投资者的关注点

关注点	目的
项目本身	市场潜力与需求：投资者首先会考察项目所在市场的规模、增长潜力、竞争格局以及用户需求满足程度。一个具有巨大市场潜力和明确用户需求满足点的项目更可能吸引投资者
	商业模式：项目的赢利模式、成本结构、收入来源等商业模式的设计也是投资者关注的重点。清晰、可持续且具有竞争力的商业模式有助于提升项目的投资价值
	技术或产品创新性：对于技术驱动或产品导向的项目，其技术或产品的创新性、成熟度、竞争优势等也是投资者评估的重要因素
项目创始人	领导力和愿景：创始人的领导能力和对公司未来发展的愿景对项目的成功至关重要。投资者希望看到创始人具备强烈的使命感、领导力和执行力
	行业经验与背景：相关行业的经验和专业知识可以帮助创始人更好地把握市场动态、制定战略并应对挑战。因此，创始人的行业背景和过往经验也是投资者考察的重点
	诚信与责任感：诚信和责任感是投资者评估创始人品质的重要标准。投资者希望与值得信赖的创始人合作，共同推动项目的发展

续表

关注点	目的
项目团队	团队构成与互补性：一个多元化的团队通常能够带来不同的视角和解决方案，从而提升项目的创新能力和竞争力。投资者会关注团队成员的专业背景、技能和经验是否互补
	团队结构与协作：良好的团队结构能够促进成员之间的有效沟通和协作，提高整体工作效率。投资者会观察团队成员之间的配合默契程度以及团队文化的建设情况
	成长潜力：除了现有的能力和表现外，团队的学习能力和成长潜力也是投资者关注的重点。一个不断学习、适应能力强和上进的团队更有可能在未来取得更大的成功

（三）FA 项目筛选机制

FA（Financial Advisor）是金融行业内的财务顾问，通过向客户提供投融资咨询服务，促成创始人和投资者之间的合作。FA 项目筛选机制是一个全面、系统、科学的过程，详见表 12.11，旨在通过深入分析市场趋势、行业前景、项目质量、商业模式、赢利模式以及风险等因素，为投资者筛选出具有潜力和价值的投资项目。同时，FA 还会根据投资者的需求和偏好进行项目匹配，并提供后续的跟踪和服务，以确保投资项目的成功实施和投资者获得长期回报。

表 12.11　FA 项目筛选机制

筛选机制	细分	筛选重点
初步筛选	行业与领域匹配	FA 会首先根据项目所属的行业和领域进行初步筛选，确保项目与其擅长或关注的领域相匹配。这有助于 FA 更好地理解项目，并更有效地对接潜在投资者
	基本资质审核	对项目的基本资质进行审核，包括但不限于公司的注册信息、经营状况、财务状况等。这有助于排除存在明显风险或不合规的项目

续表

筛选机制	细分	筛选重点
深入进行尽职调查	商业模式与团队评估	对项目的商业模式进行深入分析，评估其创新性、可行性及市场竞争力。同时，对团队成员的背景、能力和经验进行评估，确保团队具备实现项目愿景的能力
	市场前景与增长空间	分析项目所在市场的规模、增长趋势及竞争格局，评估项目的市场潜力和增长空间。这有助于确定项目的投资价值和未来发展潜力
	财务与法务审核	对项目的财务报表进行详细审核，包括收入、成本、利润等关键财务指标。同时，进行法务尽职调查，确保项目在法律合规性方面没有问题
综合评估与匹配	项目估值与融资需求	基于项目的商业模式、市场前景、团队能力等因素，对项目进行合理估值。同时，了解项目的融资需求和融资计划，确保与潜在投资者的投资偏好和策略相匹配
	投资者偏好与资源对接	根据项目的特点和融资需求，FA 会筛选并对接最适合的投资者。这包括考虑投资者的投资领域、投资阶段、投资规模等因素，以及投资者能够提供的资源支持
	风险与收益评估	对项目的风险进行全面评估，包括市场风险、技术风险、运营风险等。同时，评估项目的潜在收益和投资回报率，确保项目对投资者具有足够的吸引力
谈判与签约	投资条款协商	在确定投资意向后，FA 会协助项目方与投资者进行投资条款的协商，包括投资金额、估值、股权比例、投资期限等关键条款
	协议签署	一旦投资条款达成一致，FA 会协助项目方与投资者签署正式的投资协议。这标志着项目成功获得融资，并正式进入新的发展阶段
持续跟踪与管理	投后管理	FA 在项目获得融资后，通常会继续提供投后管理服务，包括协助项目方进行资金管理、战略规划、业务拓展等方面的支持
	关系维护与沟通	FA 会保持与项目方和投资者的密切沟通，及时传递项目进展和市场动态信息，促进双方的合作，增强信任

三、投融资流程及实操

如上文所述，在科技成果转化的广阔领域内，投融资的支持分为多种形式，呈现多元化特点，为科技创新提供了丰富的资源、资金池。其中，风险投资（创业投资）作为科技成果转化支持的核心环节，扮演着至关重要的角色。本节以科技成果项目风险投资申请和风险投资机构投资为例，介绍投融资流程及实操。

（一）创业者角度的融资流程

科技成果项目风险投资申请过程主要包括撰写商业计划书、寻找投资者、路演、与投资者单独约谈、交易价格谈判、签订投资意向书、签署正式的法律文件、股权变更、获得注资等步骤，详见图 12.13。

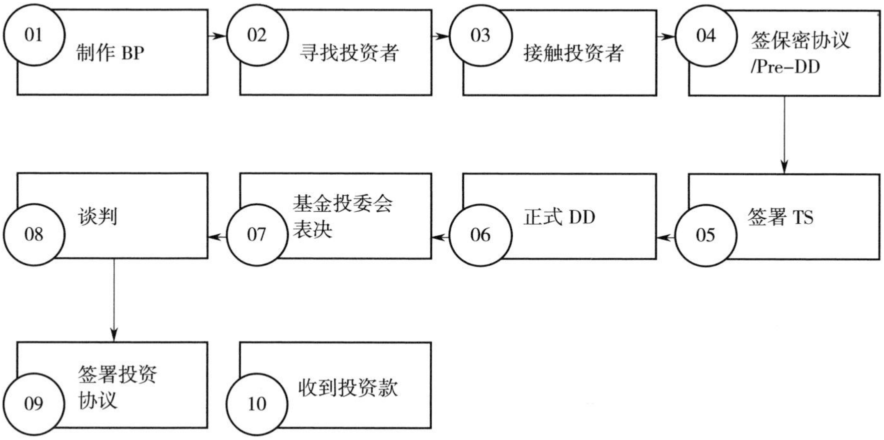

图 12.13　创业者角度的融资过程

（二）投资者角度的投资流程

在复杂多变的金融市场中，作为一名理性的投资者，遵循一套系统而严谨的投资流程至关重要。这不仅有助于降低投资风险，还能最大化投资回报。以下是从投资者角度出发，详细阐述的投前阶段、投中阶段和投后阶段的关键投资步骤，详见图 12.14。

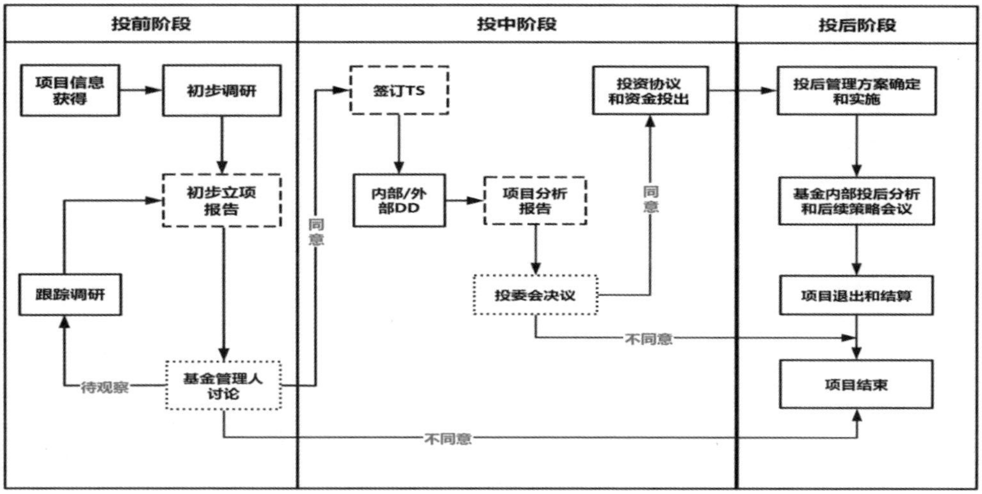

图 12.14　投资者角度的投资过程

（三）融资路演流程

融资路演是创业者向潜在投资者展示项目价值、吸引资金注入的重要过程。一个成功的融资路演需要周密的准备、精彩的展示、有效的沟通以及后续的跟进，融资路演流程详见图 12.15。

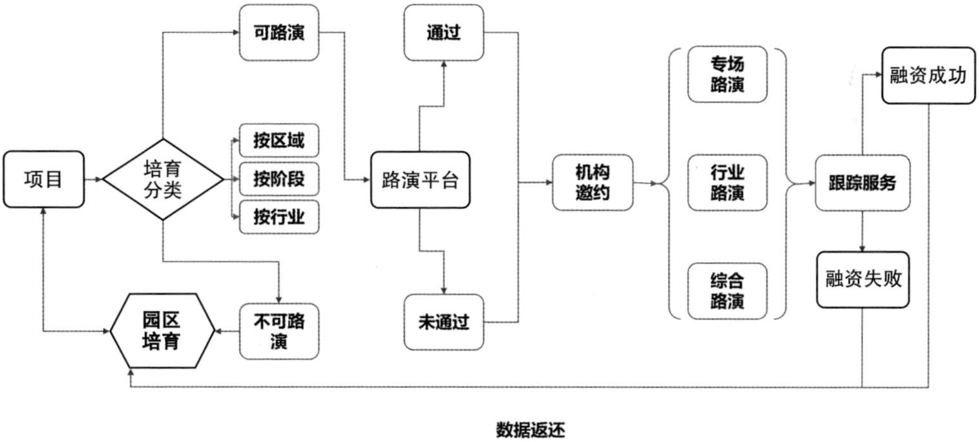

图 12.15　融资路演流程

（四）投融资实操

本节结合北洋海棠基金和天津费曼动力科技有限公司（以下简称“费曼动力”）的投融资实例更好地介绍投融资流程和注意事项。

1. 北洋海棠基金投资

北洋海棠基金由天津大学宣怀学院院长、天津大学天津校友会会长、天津九安医疗电子股份有限公司董事长刘毅等十多位知名校友在2018年发起成立，得到了天津大学校友总会、校团委、宣怀学院等学校部门的大力支持。主要投资天津大学优秀创业学生、校友、教师、学校科技成果转化项目，及其他具有高成长性的科技项目。北洋海棠基金致力于成为天津大学校友创业路上的第一位合作伙伴，推动天津大学“斯坦福 + 硅谷”创新创业模式的形成。

北洋海棠基金积极参与科技成果转化，致力于以基金带动创新创业生态体系的建设，发现、赋能、投资一批具有产业化价值的科技成果，助力科研成果形成的满足市场需求的产品的产业化落地。针对科学家创业、成果转化问题，北洋海棠基金提出“三驾马车”解决方案，详见图12.16。“三驾马车”即科学家 + 创业家 + 投资家。给科学家配上投资家，梳理项目的方向并验证可行性，针对科学家的研究成果，发现可应用的市场方向；和科学家一起挑选创业家，制定相关的期权奖励机制、激励政策，最大限度调动科学家和创业家的积极性；组建专业化合作团队，搭建股权结构，引入投资，投资流程详见图12.17；除技术问题外，其他一切问题由专业人士负责，从融资、商业计划到最后的商业谈判、退出机制等。从项目发现到投资的流程详见图12.18，科技成果产业化流程详见图12.19。

图 12.16 “三驾马车”

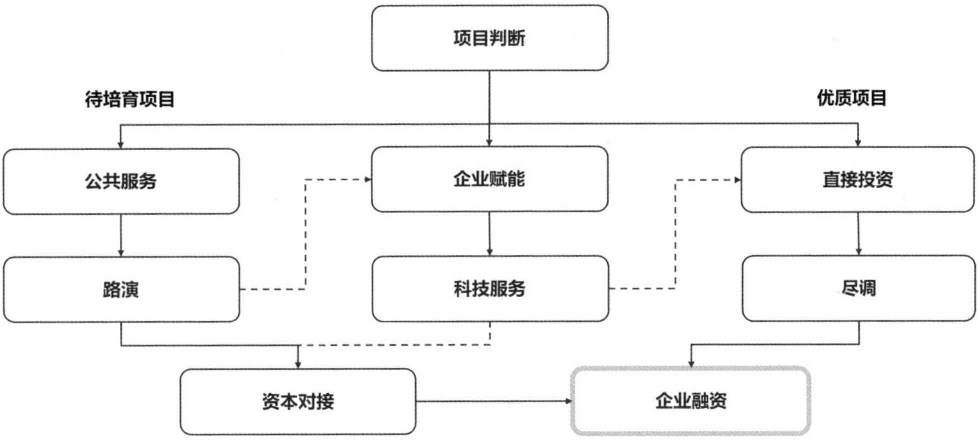

图 12.17 投资流程

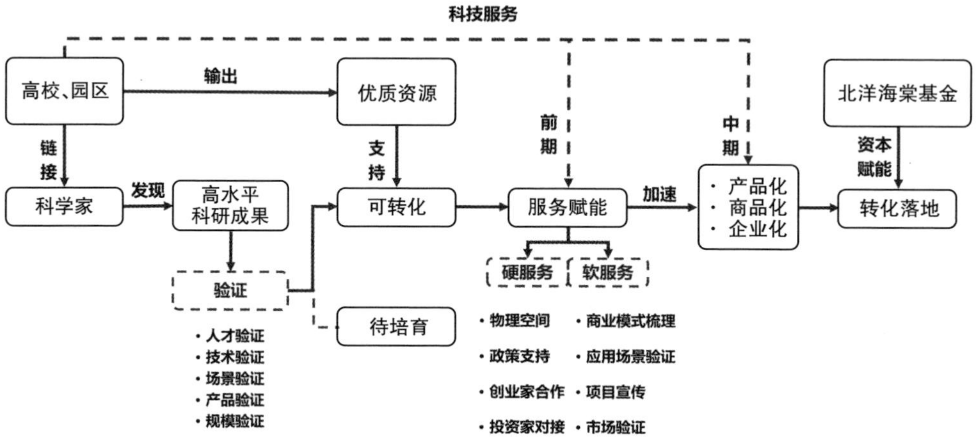

图 12.18　从项目发现到投资的流程

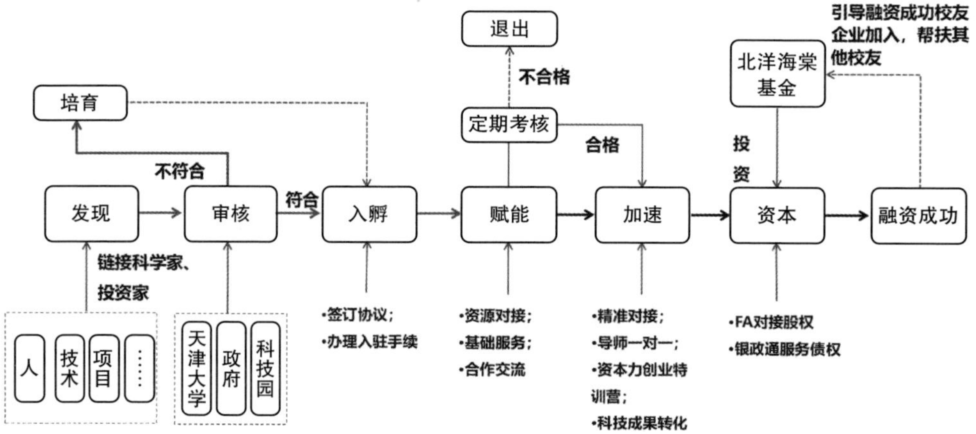

图 12.19　科技成果产业化流程

2. 费曼动力融资

天津费曼动力科技有限公司位于天开高教科创园津南园，是一家发源于天津大学、由师生共创的高科技公司，创始人有着十余年的纳米合成和电催化研发经验，公司凝聚了多个拥有不同学科背景的研究人员，是一个极具开拓精神和创新能力的团队。费曼动力主要开展基于质子交换膜的电解水、电解二氧化碳及燃料电池催化剂的研发、生产、膜电极集成、销售和相关数据分析。公司以原始创新为根基，以技术进步为动力，致力于推动可再生能源的高效利用和经济发展，费曼动力发展历程详见图 12.20。

费曼动力商业化成功的关键在于其工程化能力与其产品可实现的转化效率。其中，二氧化碳的电化学转化效率与催化剂、膜电极的性能息息相关，这也正是费曼动力的核心竞争力所在。随着大尺寸膜电极的研发完成并进入量产阶段，费曼动力现已成为全球领先的具备工业级二氧化碳电解催化剂及膜电极量产能力的科技型初创企业。

在商业化方面，费曼动力已经完成了超亿元的 Pre-A+ 轮融资，不仅为公司提供了资金上的支持，也为公司的资源对接和市场拓展提供了帮助。资本市场的认可和资金的注入，为费曼动力的未来发展奠定了坚实的基础，推动了公司在技术研发、产能扩张及市场拓展等方面的进一步发展，费曼动力融资详情详见表 12.12。

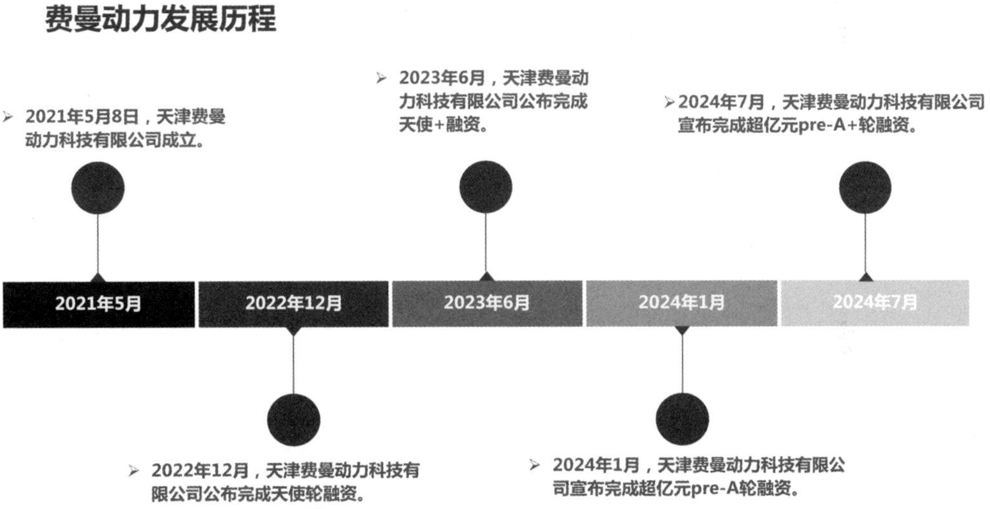

图 12.20　费曼动力发展历程

表 12.12　费曼动力融资详情

公布日	投资方	交易金额	融资轮次
2024 年 7 月	腾讯、允泰、天创、HKX、水木	超亿人民币	Pre-A+ 轮
2024 年 1 月	天创、海棠、光速、高瓴、智选、陆石、尚势、仁爱、利安隆、顶晟、辉旺、泰有	超亿人民币	Pre-A 轮
2023 年 6 月	光速、高瓴、辉旺、怀昔、智选、泰有、陆石	未披露	天使 + 轮
2022 年 12 月	光速、高瓴	未披露	天使轮

天津费曼动力科技有限公司的成功，体现了科学家、创业家和投资家三者结合的模式，展示了科学家的深厚研发实力、创业家的市场洞察力和投资家的资金支持三者结合的巨大潜力。这种模式不仅加速了科技成果的转化，也为公司的快速成长和行业的创新发展提供了强有力的支持。随着全球对于清洁能源和碳中和技术的日益关注，费曼动力有望在未来的市场竞争中占据有利地位，为推动全球能源结构的绿色转型贡献更多力量。

致　　谢

在这个科技日新月异的时代，每一项科技成果的转化都是对人类智慧的致敬，也是对未来无限可能的探索。在这本《科技成果转化体系图解》面世之际，我们怀着敬意与感激，向所有为本书的诞生付出努力的人们致以最深切的谢意。

首先，我们要特别感谢天津市科学技术局作为坚实的后盾，为本书的编纂提供了大力支持。局领导及科技成果与技术市场处等相关处领导的智慧与经验，为本书的编写提供了宝贵的方向和不竭的动力，使得这本书在深度和广度上不断拓展，为天津市乃至全国的科技成果转化从业者呈现了一本案头“工具书”。

同时，我们要感谢为本书提出宝贵意见与建议的天津大学副校长王天友、天津市科学技术局科创服务处处长梁传辉、上海市科学学研究所正高级工程师吴寿仁、天津市科技创新发展中心副主任马凤岭、中部知光技术转移有限公司董事长罗林波、北洋海棠基金总经理何勇军、南开大学科学技术研究部副部长李伟、中国科学院福建物质结构研究所副处长邱超凡、青岛农业大学副教授肖克峰，您们学识渊博、见解独到，为本书注入了深厚的底蕴。在科技成果转化的道路上，您们的经验与洞见，为我们指明了方向，提供了宝贵的指导与借鉴。

我们还要感谢天津大学出版社的同人们，你们的辛勤工作与专业精神，确保了书籍的高质量出版。从策划到编辑，从设计到校对，每一个环节都凝聚了你们的心血与智慧。

我们还要感谢所有给予我们支持与鼓励的朋友们，你们的信任与期待，是我们不断前行的动力。在本书的筹备与编写过程中，你们的每一次鼓励和建议，都让我们备感温暖，也让我们更加坚定了完成这本书的决心。

最后，我们要感谢这个伟大的时代，是科技的飞速发展，让我们有机会去探索、去创新、去转化。愿《科技成果转化体系图解》能够成为连接科技与社会的桥梁，为推动科技成果的转化与应用，贡献一份力量。

再次感谢所有人的辛勤付出，愿我们的努力能够开花结果，为发展新质生产力添砖加瓦。

谨致，最诚挚的谢意！

《科技成果转化体系图解》编写委员会

2024 年 7 月 30 日